동양고전신역 8

신식 비문척독

新式 備門尺牘

저자 조남희 趙男熙
번역 박상수 朴相水

傳統文化硏究會

동양고전신역 08
신식 비문척독 新式 備門尺牘 정가 20,000원
2022년 07월 20일 초판 인쇄
2022년 08월 10일 초판 발행

저 자 조남희
번 역 박상수
편 집 남현희
교 정 박승주
출 판 백준철
관 리 백한기
보 급 서원영

발 행 인 박홍식
발 행 처 (사)전통문화연구회
서울시 종로구 삼일대로 428 낙원빌딩 411호
전화 : (02)762-8401 전송 : (02)747-0083
전자우편 : juntong@juntong.or.kr
홈페이지 : juntong.or.kr
사이버書堂 : cyberseodang.or.kr
온라인서점 : book.cyberseodang.or.kr

등 록 1989. 7. 3. 제1-936호
인 쇄 처 한국법령정보주식회사(02-462-3860)
총 판 한국출판협동조합(070-7119-1750)

I S B N 979-11-5794-513-9 (04820)
979-11-5794-000-4 (세트)

목 차

13. 칭호류 일람

부록

간 행 사

고전古典은 수백 수천 년에 걸쳐 형성된 인류의 다양한 경험과 지혜가 온축된 문화와 지식의 보고寶庫로서, 인간의 근원적인 문제에 대한 각종 질문과 해답이 여기에 고스란히 담겨 있다. 그래서 길게는 2천 년이 넘는 시간적 거리를 초월하여 오늘날에 이르기까지 여전히 우리에게 지적知的 정서적情緖的 자양분이 되어 지식과 교양을 가르쳐주는 인생 교과서로 확고하게 자리잡고 있다.

동도서기東道西器라고 하듯이, 동양의 정신문화와 서양의 과학기술이 소통과 조화를 이루는 가운데 인류문명의 균형 있는 발전을 도모하는 것은, 오늘날에도 여전히 우리에게 중요한 화두가 되고 있다. 그리고 동도東道의 핵심은 수천 년의 역사와 전통이 살아 있는 동양고전東洋古典에 오롯이 담겨 있다.

그런데 오늘날 우리는 고전의 시대와 사회적 문화적 환경이 현격하게 다른 시대를 살고 있다. 그 차이만큼 언어적으로 괴리감과 이질감이 생겨 고전을 어렵게 느끼는 독자들이 많이 있다. 오랜 세월 우리 언어생활에서 중요한 도구로 쓰였던 한자漢字와 한문漢文을 교육함으로써 그 괴리감과 이질감을 일정 정도 해소할 수도 있겠으며, 그것과 함께 고전을 현대적으로 쉽게 번역하여 독자들이 친근감을 갖고 접근하게 하는 방안도 마련할 필요성이 제기된다.

이에 본회에서는 동양문화를 이해하는 데 필수적인 기본서이자 우리나라에 많은 영향을 끼친 고전을 중심으로 하여, '동양고전신역東洋古典新譯'을 기획하였다.

이 책은 사계斯界의 최고 전문가들로 번역진을 구성하여 동양고전을 원의原義에 충실하게 현대화하고 대중화함으로써, 일반인의 교양을 증진시키고, 지식인과 문화인에게는 동양고전 이해의 기초자료를 제공하며, 아울러 한국학과 동양학 연구의 자생력과 효율성을 제고하는 데도 기여할 것이다. 더 나아가 인문 분야는 물론 정치·경제·사회·문화 전 분야에도 긍정적인 영향을 미칠 것으로 기대된다.

문화의 시대 21세기의 시대적 상황에 걸맞게 동양고전을 새롭게 번역하고 정리하는 일은, 오랜 역사 위에 축적된 선현先賢들의 업적과 현대 학문을 이어주는 튼튼한 가교架橋와 초석礎石이 될 것이며, 그것을 기반으로 우리의 문화를 창조적이고 획기적으로 발전시켜 동북아의 선도가 되고 세계 문화에도 크게 기여할 것이다. 이에 각계의 많은 관심과 성원을 기대하는 바이다.

전통문화연구회 이사장 이계황李啓晃

해제

1. 저자의 활동

척재惕齋 조남희趙男熙(?~?)의 생몰연대는 명확하지 않다. 하지만 1926년 3월 1일 경성京城 소재 동양서원東洋書院에서 발행한 《신식비문척독》의 표지에 '보성고등보통학교원교유普成高等普通學校元教諭'라고 자신을 소개한 것으로 보아 그는 당시 보성고등학교 교사였던 것으로 확인된다.

그는 1925년 8월, 교직을 그만두고 진명여학교 민대호閔大鎬와 함께 경영에 어려움을 겪던 동양서원을 인수받아 공동으로 경영하면서, 《신식비문척독》을 비롯한 《신식부인치가법新式婦人治家法》, 고소설 《추풍감별곡秋風感別曲》·《산양대전山陽大戰》 등을 출간하였다. 동양서원은 '동양서원소설구락부東洋書院小說俱樂部'라는 이름으로, 우리나라 최초로 근대소설전집을 출판한 지명도 있는 출판사이기도 하였다. 이후 어떠한 이유인지, 자신의 출판사가 아닌 회동서관滙東書舘에서 1925년 《흥부전興夫傳》, 1933년 박문서관博文書館에서 한자를 조선어와 일본어로 풀이한 《모범한화사전模範鮮和辭典》을 정경석鄭敬晳 · 민대호閔大鎬와 함께 출간하였다.

이 무렵 월간 종합지인 《개벽》 제48호(1924년 6월 1일 발행)에, '관상자觀相者'라는 필명으로 기고한 〈경성京城의 인물백태人物百態〉에 다음과 같이 그를 소개하고 있다.

普成高普 校長 鄭大鉉 씨의 머리 빼드름하고 여성적으로 말하는 것

도 귀염성스럽거니와 다루마의 別名을 듯는 幹事 趙男熙씨도 뚱뚱하 기로는 京城에 名物男이다.

이러한 몇 가지 사례를 통해 보더라도 조남희는 당시 출판계뿐 아니라 사회적으로도 매우 활발하게 활동하던 인물로 확인된다.

2. 《신식 비문척독》의 발간 배경과 특징

1) 발간 배경

1920년 무렵 민가에서 영리를 목적으로 간행된 방가본坊刻本을 비롯한 구활자본, 신활자본, 금속활자본 등 다양한 서식집이 발간되어 근대적 유통망 속에서 배급되었다. 이는 당시 사람들에게 근대적 지식을 전달하는 큰 역할을 하게 되었다. 《신식비문척독》과 같은 서식집은 19세기 후반에서 20세기 전반에 걸쳐 집중적으로 발간되는데, 그중 가장 큰 요인은 관官에서 보급하는 서적의 양이 민간의 충족에 따라가지 못한 것이 가장 큰 원인이었다.

이렇게 출간된 서간문 자료집은 구한말부터 식민지 시대에 걸쳐 약 200여종 가까이 발행될 만큼 대중적인 인기를 누렸다. 이러한 기저에는 신분의 대변화를 이끈 갑오경장甲午更張이 있었다. 이로 인해 신분 질서는 점차 재정립되어 갔지만, 상하·존비에 따라 달리 사용하는 서간문의 독특한 표현법은 여전히 존재하였다. 어찌 보면 신분 해방이 중하류층 사람들까지 상류층의 글쓰기를 효빈效顰함으로써 자신의 신분적 한계를 표양적表樣的으로나마 드러내고자하는 욕구도 한 몫을 차지하였다. 또 하나의 원인으로 서양 인쇄술의 도입으로 비교적 쉽게 출판할 수 있는 여건의 마련과 서양식 우편 제도의 도입에 따른 규격화된 글쓰기도 원인의 한 축을 차지하였다.

평소 한문에 대한 소양을 갖춘 사람들에게도 지위·친분·친척·붕우·위문 등 서로 다른 관계 속에서 각기 달리 사용해야 하는 투식구를 격식에 맞추어 쓴다는 것은 결코 쉬운 일이 아니었는데, 그 밖의 사람들에게는 이를 보완하고 학습할 수 있는 지침서는 반드시 필요하였다. 이같은 시대적 필요성과 그에 다른 수용층의 요구에 수많은 서식집들이 방각본의 형태로 출현하게 되었다.

2) 특징

당시 발간된 대다수의 서간문 서식집은 편지를 쓰는 전형적인 문장을 전달하는 것을 가장 큰 목적으로 삼고 있었다. 다시 말해 수발신자 사이에서 발생하는 관계에 따른 호칭이나 표현들을 격식에 맞게 정중하게 구성하는 사례를 보여주는 공통점과 함께 몇 가지 다른 점이 있다. 1904년에 출간된 김우균金雨均의 《척독완편尺牘完編》의 서문을 살펴보겠다.

> 무릇 척독은 감정을 말하는 것이기 때문에 작은 기미도 정확히 밝히는 것이다. 그러나 법식을 따르지 않으면 안된다. 존비·장유·친소에 따라 쓰는 문자가 갖추어 있어 진시로 시의에 맞으며, 진실로 정을 드러내며 혼잡해서는 안된다.

이상의 경우처럼 대부분의 서식집은 존비·장유·친소 등 매우 제한적인 관계와 상황을 설정하여 적절한 용어를 제시하고 있다. 하지만《신식비문척독》은 서언緖言에서도 밝혔듯이 기존 발간된 서식집과 비교하여도 확연히 구분될 정도로 세분화하였다.

> 서간문이 세상에 간행된 수가 매우 많고 좋고 훌륭한 책이 부족한 것은 아니지만, 모두가 종류를 갖추고 글을 꾸미는 것을 일삼고 있고 편지를 쓰는 서식을 명확하게 제시하거나 사례를 엄밀하게 구분해 놓은 것은 드물다. 이에 이를 모아 하나의 책으로 만들어 《신식비문척독》이라고 이름을 붙이고, 일반 서간문에 있어서 통용되는 여러 종류의 일정

한 서식에 관하여 사례를 들고, 각 항목에 따라 구분하고 다음으로 서식을 갖춘 문장으로 문장의 사례를 제시하였으니, 초학자들 가운데 투식을 익히는 자들로 하여금 붓을 뽑아 편지지를 마주하고 규칙에 따라 좋은 뜻이나 아름다운 말로 썼다고 하더라도 서식을 어겨 도리어 남의 나쁜 감정을 불러일으키게 하는 매개에 이르지 않도록 하려는 것이 저자의 바람이니, 나의 바람은 다만 여기에 그칠 뿐이다.

그가 《신식 비문척독》을 발간하는 목적은 매우 명확하다.

첫째, 발신인의 의도가 명확하게 수신인에게 전달되어 불필요한 오해를 없앴다.

둘째, 여타의 서간문 서식 자료집과는 달리 명확하고 엄밀하게 각 관계와 상황들을 밝혀 누구나 따라 쓰기 쉽도록 하였다.

또한 다른 관련 책들에서는 찾아볼 수 없는 두주頭註를 달아, 일반적으로 서간문에서 가장 흔하게 사용하는 용어임에도 불구하고, 명확한 근거를 제시하지 못하던 투식의 의미를 제시하고 있다. 예컨대, '구구區區'는 '간절한 모양이다.〔懇切之貌〕'라고 하였고, '취백就白'은 '다른 말은 각설하고 관계된 일을 가지고 말하는 것이다.〔除却他說 惟就所關事而言也〕'라고 명확히 주석을 달았다. 이를 통해 분명치 않은 상태로 통용되던 투식구의 의미를 명확히 하였다.

3. 《신식비문척독》의 구성과 수발신인受發信人의 관계 제시

1) 《신식비문척독》의 구성

서간문을 쓰는 데 방식을 크게 8가지로 정리하였는데, 이러한 배경을 '서간활투書柬活套'에서 밝히고 있다

대개 서간은 있었던 사실을 기술하는 것과 안부의 민첩함에 그칠 뿐

일정한 투식에 한 통의 편지를 쓰려고 하면 의구심이 곧바로 생기고 겨우 반줄 쯤 썼는데도 꺼리는 것을 번번이 저촉하여 마침내 문자 중에 가장 어려운 일이라고 지목하기 때문에 이렇게 서간의 투식을 우선 낱낱이 들어서 스스로 익히는 자들이 참고하는데 이바지하니, 이에 따른다면 세속에서 '망발'이라고 하는 것들을 조금은 면할 수 있을 것이다.

① 도입부로, 처음 만났을 때 보내는 편지인지, 안면이 있을 때 보내는 편지인지, 편지를 받고 보내는 답장인지, 소식이 막혔을 때 보내는 편지를 구분하여 보내는 기두起頭 : 미회통후未會通候, 초회통후初會通候, 구별통후久別通候, 잠별통후暫別通候, 원지별통후遠地別通候, 근지별통후近地別通候, 조방미우造訪未遇, 피방득우被訪得遇, 호방미우互訪未遇, 방욕치서方欲致書, 승서계답承書稽答, 치서무답致書無答, 연속승서連續承書, 답후答候

② 탐문探問 : 소식을 몰라 편지를 보낼 때 사용하는 '미심未審', 상대의 편지를 받고 편지를 쓸 때 사용하는 '승서承書'

③ 각 계절에 따라 달리 사용하는 시령時令 : 신하辰下, 사시시령四時時令, 십이월시령十二月時令, 임시시령臨時時令

④ 수신인이 어떠한 상황인지에 대해서 정리한 기거起居 : 보통普通, 사환仕宦, 시하侍下, 중시하重侍下, 시중형제侍中兄弟, 형제兄弟, 병중病中, 객중客中, 상인喪人

⑤ 상대가 편안한지 유고한지를 알 때 사용하는 보중保重 : 만안문萬安門, 병안문竝安門, 송양문頌揚門, 복모문伏慕門. 복위문伏慰門, 흠안문欠安門, 복려문伏慮門

⑥ 자기의 안부를 전할 때 사용하는 자기안부自己安否 : 보통자서문普通自敍門, 연속자서문連屬自敍門, 흔행문欣幸門, 우려문憂慮門

⑦ 실제 사연을 전달하는 사실事實 : 각설문却說門

⑧ 최종 인사말에 해당하는 결미結尾 : 치의결미문致意結尾門, 보중결미

문保重結尾門, 치의결미문致意結尾門, 간단결미문簡短結尾門, 간단결미문簡短結尾門

수신인이 어떠한 상황에 놓여 있는지 살펴 이에 따라 사용해야 하는 투식구를 안내하면서 다른 관계와 상황 속에서 주고받아야 하는 서간문에 사용하는 용어를 매우 자세하게 정리함으로써 자칫 잘못 사용하는 무례無禮를 예방하고 있다. 예컨대 병든 사람에게 보내는 '병중부문〔病中門〕'에서 존장에게 보낼 때는. "병을 조리하시는 중의 안부〔調中氣體候〕 / 병을 조리하시는 안부〔調體候〕 / 병중의 안부〔愼中氣體候〕"라고 썼고, 집사와 노형〔執事及老兄〕에게는, "병을 조리하시는 안부〔調體度〕 / 병을 조리하시는 안부〔調體節〕 / 병을 조리하시는 안부〔愼體節〕"라고 쓰고 있다. 존장에게는 주로 "~候"자를 쓰고, 집사와 노형에게는 "~節·~度"자를 사용하여 구분하였다.

2) 수발신인受發信人의 관계 제시

지위에 따른 관계를 다섯 가지로 구분하여 존장尊丈·집사執事·평교平交·시생侍生·수하手下로 정리하였다.

첫째, 존장은 지위가 높은 어른으로, 나보다 벼슬이 높거나 그 밖에 내가 복종해야 하는 사람. / 아버지뻘 되는 높은 어른으로, 나의 아버지와 할아버지와 서로 사귐을 허락한 사람. / 나이가 많은 어른이니 나보다 16살이 많은 사람이다. 다만 스승이나 인척이나 노비와 주인, 그 밖의 특별한 경우에는 여기에 해당되지 않는 사람.

둘째, 집사는 자기보다 13살이 많거나 15세가 어린 사람으로, 존장이 아니고 노형이 아닌 사람이고, 노형은 자기보다 12세 아래이거나 10세가 많은 사람.

셋째, 평교는 자기보다 9살이 많거나 9살이 어린 나이가 비슷한 사람.

넷째, 시생은 평교간인 벗의 아들과 아우·조카이거나 자기보다 16살이 어린 사람.

다섯째, 수하는 시생보다 더 낮은 대우를 받는 사람이니 인척이나 자식과 조카·손자 항렬이나 나이가 어린 사람, 종과 서로 비슷한 대우를 받는 사람.

이렇게 수발신자와의 관계를 구분하고, 또 상대가 어떠한 상황에 처해 있느냐에 따라 달리 사용되는 투식구를 정리하였다. 그밖에 '부否·호乎·재哉·야耶·여歟'자는 모두 문장을 의문사로 쓰이는 종결사이지만, 존장尊丈에게는 '부否'자를 사용해야 하고, '호乎·재哉·야耶·여歟'자를 사용하는 것은 예절에 어긋난 표현이다. 또한 '야也'자의 경우 명령어에 해당하기 때문에 수하手下에게만 사용하는 글자로 명확하게 밝히고 있다.

4. 결론

조선 후기의 선비들이나 문인들도 한문 문장을 통해 자유롭게 서간문을 쓰는 데는 어려움이 있었다. 과거 제도의 폐지로 더 이상 한문 작문에 노력을 기울일 필요가 사라진 것도 하나의 원인이 되었다. 그러나 이러한 환경 속에서도 일반인들의 인식 속에는 여전히 한문으로 쓴 편지는 주고받았고, 한문 작문에 익숙하지 않은 신진학자들에게 이를 보완할 수 있는 《신식비문척독》은 매우 유용하게 활용되었다.

일러두기

1. 본서本書는 동양고전신역東洋古典新譯으로, 《신식新式 비문척독備文尺牘》을 번역하였다.
2. 본서는 《新式備門尺牘》(趙男熙 著, 東洋書院, 1925, 국회도서관 소장 808.6 ㅈ378ㅅ)을 저본으로 하였다.
3. 본서는 내용의 이해를 돕기 위해 원문과 번역문을 함께 실었다.
4. 번역飜譯은 원의原義에 충실하게 하였고 필요에 따라 의역意譯을 하였다.
5. 문장 가독성을 위하여 번역문을 앞에 놓고, 원문을 뒤에 놓았다.
6. 제목에 표기된 '甲'·'乙'·'丙'의 '甲'은 '보내는 편지〔往書〕', '乙'은 '답장 편지〔答書〕', '丙'은 보내는 편지〔往書〕'와 '답장 편지〔答書〕'에 통용되는 것을 표시한 것이다.
7. 번역문飜譯文은 한글과 한자漢字를 병기倂記하였으며, 맞춤법과 띄어쓰기는 한글 맞춤법과 표준어 규정을 따르는 것을 원칙으로 하였다.
8. 사례에 따라 일련번호를 표시하여 독자의 이용에 편리하도록 하였다.
9. 역주譯註는 전문적이고 난해한 내용에 한해 일반 독자들도 이해할 수 있도록 간결하고 쉽게 풀어주었다.
10. 두주頭註의 경우, 단순한 뜻풀이에 해당하는 것은 생략하고 주석이 필요한 경우를 선별하여 번역하였다.

> 예) 惟 : 思也(×)
> 鴻鈞 : 猶造化也(○)

11. 원문과 현토는 저본을 따르되, 오자가 있는 경우에는 바로잡았다.

> 예) 手下 : 侍生보담 더 最下의 待遇를 受하는 人이니……
> 예) 懸想之心 : 저본에는 '懸想知心'으로 되어 있으나, 문맥을 살펴 '知'를 '之'로 바로잡았다.

12. 원문에 현토가 있을 경우 아래 줄로 내렸다.

예) ○ 영업이 날마다 번성하시는지요? 營業이 日臻繁盛否아

13. 원문에 현토가 없을 경우 번역문 오른쪽에 병기하고, 번역문과의 간격은 조절하였다.

예) ○ 그리움이 지극합니다.	伏溸之至

14. 원문에 독음을 단 경우에는 '한글漢字'의 형태로 병기하고, 1줄에 항목을 3개 이상 표기하였다.

예) ○ 존장尊丈	○ 집사執事	○ 평교平交	○ 수하手下

15. 본서에 사용된 주요 부호符號는 다음과 같다.

" " : 대화, 인용
' ' : 재인용, 강조
《 》: 서명書名
〈 〉: 편명篇名, 작품명作品名, 보충역
( ) : 간단한 주석註釋
〔 〕: 보충 원문原文

신식 비문척독

서언〔緖言〕

친척과 벗이 서로 멀리 있어서, 진실로 서간이 아니면 자신의 뜻을 말하거나 소식을 전달할 수가 없다. 그렇지만 말을 구성하거나 글자를 쓸 때 간혹 서식에서 어긋나게 되면, 좋은 뜻이나 아름다운 말을 썼다고 하더라도 도리어 남의 나쁜 감정을 불러일으키게 하는 매개가 되니, 이를 등한시할 수 없는 것이 바로 이러하다. 서간문이 세상에 간행된 수가 매우 많고 좋고 훌륭한 책이 부족한 것은 아니지만, 모두가 종류를 갖추고 글을 꾸미는 것을 일삼고 있고 편지를 쓰는 서식을 명확하게 제시하거나 사례를 엄밀하게 구분해 놓은 것은 드물다.

이에 이를 모아 하나의 책으로 만들어 《신식비문척독》이라고 이름을 붙이고, 일반 서간문에 있어서 통용되는 여러 종류의 일정한 서식에 관하여 사례를 들고, 각 항목에 따라 구분하고 다음으로 서식을 갖춘 문장으로 문장의 사례를 제시하였으니, 초학자들 가운데 투식을 익히는 자들로 하여금 붓을 뽑아 편지지를 마주하고 규칙에 따라 좋은 뜻이나 아름다운 말로 썼다고 하더라도 서식을 어겨 도리어 남의 나쁜 감정을 불러일으키게 하는 매개에 이르지 않도록 하려는 것이 저자의 바람이니, 〈나의 바람은 다만〉 여기에 그칠 뿐이다.

대정 14년(1925) 6월 중순. 저자 씀.

親戚友朋이 相在遠方하야 苟非書簡이면 不能道其意而通其信이나 然이나 措語下字에 或違乎規矩면 便以好意美語로 返[1]作起人惡感之媒하나니 其不可等閒視之者 乃如是也로다 書簡文之刊于世者 其數甚多하여 良書美本이 固不

---

1 反 : 저본에는 '返'으로 되어 있으나, 문맥을 살펴 '反'으로 바로잡았다.

乏種이로되 擧以具種類飾文辭로 爲務오 至於確示其式하고 覈別其例者는 盖鮮矣라 乃玆集爲一書하여 名以新式備文尺牘하여 先擧一般書簡文上諸種通行規例하여 逐條揭之하고 次以具式之文으로 示其文例하니 盖使初學有習者로 抽筆臨楮에 循從其軌하여 不至以好意美語로 因於違[2]式而反作起人惡感[3]之媒 著者之望이 斯止於是矣로다

大正 十四年 六月 中旬 著者識

2 違 : 저본에는 '遠'으로 되어 있으나, 문맥을 살펴 '違'로 바로잡았다.

3 感 : 저본에는 '憾'으로 되어 있으나, 문맥을 살펴 '感'으로 바로잡았다.

서간구조순서〔書簡構造順序〕

⊙ 보통 서간의 구성은 아래와 같이 배열하여야 한다.

普通 書簡을 構成함에는 左와 如히 排列을 要하니

○ 제1 기두起頭에 관한 말이니 보내는 편지에는 '통후례通候例' 가운데, 아직 만난 적이 없을 때 보내는 안부편지〔1-1. 未會通候〕, 처음 만났을 때 보내는 안부편지〔1-2. 初會通候〕, 오랫동안 헤어졌을 때 보내는 안부편지〔1-3. 久別通候〕, 잠깐 이별했을 때 보내는 안부편지〔1-4. 暫別通候〕, 멀리 헤어졌을 때 보내는 안부편지〔1-5. 遠地別通候〕, 가까운 곳으로 헤어졌을 때 보내는 안부편지〔1-6. 近地別通候〕, 찾아갔지만 만나지 못했을 때 보내는 편지〔1-7. 造訪未遇〕, 찾아온 상대를 만났을 때 보내는 편지〔1-10. 被訪得遇〕, 서로 방문하여 만나지 못했을 때 보내는 편지〔1-11. 互訪未遇〕, 초대하고 싶을 때 보내는 편지〔1-12. 方欲致書〕, 편지를 받고 답장이 지체되었을 보내는 편지〔1-13. 承書稽答〕, 편지를 보냈는데 답장이 없을 때 보내는 편지〔1-14. 致書無答〕, 연이어 편지를 받고 나서 보내는 편지〔1-15. 連續承書〕, 회답하는 편지에는 '답후서위례答候敍慰例' 중에서, 연이은 위문편지〔連續敍慰〕, 간단한 위문편지〔簡短敍慰〕, 소식이 막혔을 때 보내는 편지〔間阻〕 등 이상은 각 부문에서 한 구절을 선택하여 사용한다.

第一 起頭에 關한 語니 往書에는 通候例 中 未會通候, 初會通候, 久別通候, 暫別通候, 遠地別通候, 近地別通候, 造訪未遇, 被訪得遇, 互訪未遇, 方欲致書, 承書稽答, 致書無答, 連續承書, 答書에는 答候敍慰例 中 連續敍慰, 簡短敍慰, 間阻 等 以上 各門에서 一句를 擇用한 後

○ 제2 탐문探問에 관한 말이니, 보내는 편지에는 '탐문례探問例' 가운데 '아직 소식을 모르겠습니다.〔未審〕', 답장에서는 '편지를 받고 소식을 알았습니다.〔承知〕' 등 이상은 각 부문에서 한 구절을 선택하여 사용한다.

第二 探問에 關한 語니 往書에는 探問例 中 未審 答書에는 承知 等 以上 各門에서 一句를 擇用하며

○ 제3 시령時令에 관한 말이니, 안부편지와 답장에 모두 '시령례時令例' 가운데 신하辰下, 사계절 시령〔四時時令〕, 12월 시령十二月時令, 임시 시령臨時時令 등 이상은 각 부문에서 한 구절을 선택하여 사용한다.

第三 時令에 關한 語니 往書와 答書에 共히 時令例 中 辰下, 四時時令, 十二月時令, 臨時時令 等 以上 各門에서 一句를 擇用하며

○ 제4 기거起居에 관한 말이니, 안부편지와 답장에 모두 '기거례起居例' 가운데 보통普通, 사환仕宦, 시하侍下, 중시하重侍下, 시중형제侍中兄弟, 형제兄弟, 병중病中, 객중客中, 상인喪人 등 이상은 각 부문에서 한 구절을 선택하여 사용한다.

第四 起居에 關한 語니 往書와 答書에 共히 起居例 中 普通, 仕宦, 侍下, 重侍下, 侍中兄弟, 兄弟, 病中, 客中, 喪人 等 以上 各門에서 一句를 擇用하며

○ 제5 보중保重에 관한 말이니, 안부편지에는 '보중례保重例' 가운데 먼저 만안부문〔萬安門〕의 말을 쓴 다음 병안부문〔竝安門〕, 송양부문〔頌揚門〕, 복모부문〔伏慕門〕에 관한 말을 쓴다. 답장에는 두 가지로 구별하여야 하니 상대가 무고하게 지낸 줄 알 때는 먼저 만안부문〔萬安門〕, 복위부문〔伏慰門〕의 말을 쓰며, 상대가 유고한 줄 알 때는 먼저 흠안부문〔欠安門〕, 복려부문〔伏慮門〕의 말을 쓴다.

第五 保重에 關한 語니 往書에는 保重例 中에서 先히 萬安門語를 用하고 次에 竝安門 語次에 頌揚門 語次에 伏慕門語를 用하며 答書에는 二種區別을

要하니 彼가 無故한줄 知한 時는 先히 萬安門 語次에 伏慰門語를 用하며 彼가 有故한 줄 知한 時는 先히 欠安門 語次에 伏慮門語를 用하며

○ 제6 자기안부自己安否에 관한 말이니, 안부편지와 답장에 모두 '자서례自敍例' 가운데 칭호부문〔稱號門〕의 말을 쓰고, 다음으로 자기가 무고하거나 먼저 보통자서부문〔普通自敍門〕의 말을 쓰며, 다음으로 연속자서부문〔連屬自敍門語〕의 말을 쓰고, 다음으로 흔행부문〔欣幸門〕의 말을 사용한다. 만약 자기에게 유고가 있을 때는 먼저 그 사실을 적고 나서 우려부문〔憂慮門〕의 말을 사용한다.

第六 自己安否에 關한 語니 往答書에 共히 自敍例 中 稱號 門語를 用하고 次에 自己가 無故하거나 先히 普通自敍門語를 用하고 次에 連屬自敍門語를 用하고 次에 欣幸門語를 用하며 若自己가 有故한 時에는 先히 其事實을 記入하고 次에 憂慮門語를 用하며

○ 제7 사실事實에 관한 말이니, 안부편지와 답장에 모두 각설부문〔却說門〕의 말을 쓰고 나서 사실대로 적는다.

第七 事實에 關한 語니 往答書에 共히 却說門語를 用하고 次에 事實대로 記入하며

○ 제8 결미結尾에 관한 말이니, 안부편지와 답장에 모두 사용한다. 그러나 '결미례結尾例' 가운데 치의결미부문〔致意結尾門〕의 말과 보중결미부문〔保重結尾門〕의 말을 연이어 사용하거나, 치의결미부문〔致意結尾門〕의 말과 간단결미부문〔簡短結尾門〕의 말을 연이어 사용하거나, 보중결미부문〔保重結尾門〕의 말만 사용하거나, 간단결미부문〔簡短結尾門〕의 말만 사용하거나 마음대로 사용해도 괜찮다.

第八 結尾에 關한 語니 往答書에 共用하되 結尾例 中에서 或致意結尾門語와 保重結尾門語를 連用하던지 或致意結尾門語와 簡短結尾門語를 連用하던지 或保重結尾門語만 用하던지 或簡短結尾門語만 用하던지 隨意用之함이 可함

서간의 상투어〔書簡活套〕

대개 서간은 있었던 사실을 기술하는 것과 안부의 민첩함에 그칠 뿐 일정한 투식에 구구할 필요는 없지만 초학자나 어린아이들의 솜씨가 격식에 본디 밝지 못해 한 통의 편지를 쓰려고 하면 의구심이 곧바로 생기고, 겨우 반줄 쯤 썼는데도 꺼리는 것을 번번이 저촉하여 마침내 문자 중에 가장 어려운 일이라고 지목하기 때문에 이렇게 서간의 투식을 우선 낱낱이 들어서 스스로 익히는 자들이 참고하는데 이바지하니, 이에 따른다면 세속에서 '망발妄發'이라고 하는 것들을 조금은 면할 수 있을 것이다.

蓋書簡은 敍事와 寒暄의 明敏에 止할 뿐이요 一定한 圈套에 區區할 必要는 無하나 初學幼手가 格式에 素昧하여 欲裁一書면 疑懼便生하고 纔綴半行에 忌諱에 輒觸하야 遂目之爲文字中에 最難底事일새 玆에 書簡活套를 先擧하야 自習者의 參考에 供하노니 此에 遵用하면 俗語所謂妄發이라함은 或可以少免일가하노라

지위의 구별〔地位의 區別〕

○ 존장尊丈[1] : 세 종류의 구별이 있으니,

尊丈 : 三種의 區別이 有하니

▷ 하나, 지위가 높은 어른이니 나의 상관이거나 그밖에 내가 복종할 만한 사람이오.

一, 地位尊丈이니 我의 上官이던지 其外我가 其服從을 受할만한 人이오

▷ 둘, 아버지뻘 되는 높은 어른이니 나의 아버지와 할아버지와 서로 사귐을 허락한 사람이오.

1 尊丈 : 《신식비문척독新式備門尺牘》에는 '존장尊丈'이란 표현과 '존장尊長'이란 표현이 혼재되어 있는데, '존장尊丈'으로 일괄 수정하였다.

二, 父執[2]尊丈이니 我의 父與祖와 互相許交하는 人이오

▷ 셋, 나이가 많은 어른이니 나보다 16살 위인 사람이다. 다만 스승이나 인척이나 노비와 주인, 그 밖의 특별한 경우에는 여기에 해당되지 아니한다.

三, 年齒尊丈이니 我보담 十六歲以上되는 人이라 但師丈連戚奴主 其外特別한 境遇에는 此限에 不在함

○ **집사**執事 : 자기보다 13살 위이거나 15세 아래로, 존장이 아니고 노형이 아닌 사람을 부르는 칭호이고, **노형**老兄은 자기보다 12세 아래이거나 10세 위인 사람을 이른다.

執事 : 自己보담 十三歲以上 十五歲以下 非尊丈 非老兄의 稱號오, 老兄은 自己보담 十二歲以下 十歲以上의 人을 云함이라

○ **평교**平交 : 자기보다 9살 위이거나 9살 아래인 사람이니, 바로 나이가 비슷한 사람이다.

平交 : 自己보담 九歲以上 九歲以下의 人이니 卽年相若한 人이라

○ **시생**侍生 : 평교간인 벗의 아들과 아우, 조카이거나 자기보다 16살 아래인 사람을 이른다.

侍生 : 平交間朋友의 子與弟姪이거나 自己보담 十六歲以下의 人을 云함이라

○ **수하**手下 : 시생보다 더 낮은 대우를 받는 사람이니 인척이나 자식과 조카, 손자 항렬이나 나이가 어린 사람, 종과 서로 비슷한 대우를 받는 사람을 이른다.

手下 : 侍生보담 더 最下의 待遇를 受하는 人이니 連戚間及子姪孫行 或卑幼 或婢僕과 相等한 待遇를 受하는 人을 云함이라

---

2 父執 : '아버지의 벗'을 이른다. 執은 '아버지와 같은 뜻을 가진 사람'을 이른다.

1. 안부를 주고받는 사례〔通候例〕

1-1 아직 만난 적이 없을 때 보내는 안부편지 부문 : 갑〔未會通候門 : 甲[1]〕

통용〔通用〕

존장〔尊丈〕

○ 당신을 그리워한지 이미 오래되었지만 찾아뵐 방법이 없어 저의 송구한 마음이 세월과 함께 깊어만 갑니다.

景韓[2]已久하되 趨謁無階하와 下懷伏悚이 與時俱深이라

○ 늘 당신의 도범道範을 그리워하였지만 아직도 직접 가르침을 받지 못하였으니, 저의 죄송한 마음을 말로 다할 수 없습니다.

恒慕道範[3]하되 親炙尙遲하니 下懷悚仄을 不可盡達이라

○ 그리운 당신의 풍도는 그 이름이 태산북두泰山北斗처럼 무겁습니다. 그런데 아직도 달려 나아가 내리신 가르침을 받지 못하고 있으니 한갓 그

---

1 甲 : 제목에 표기된 '甲'·'乙'·'丙'의 '甲'은 '보내는 편지〔往書〕', '乙'은 '답장 편지〔答書〕', '丙'은 보내는 편지〔往書〕'와 '답장 편지〔答書〕'에 통용되는 것을 표시한 것이다.

2 景韓 : '경景'은 '사모하다.', '한韓'은 한유韓愈를 이르는 말로, '평소 존경하는 인물을 한 번 만나 인정을 받고 싶다.'는 뜻으로 흔히 쓰인다. 당唐나라 한조종韓朝宗이 형주 장사荊州長史로 명망이 높아서 한 형주로 일컬어졌는데, 이백李白의 〈여한형주서與韓荊州書〉에 "태어나서 만호후에 봉해지기보다는 단지 한 번 한 형주를 알기를 원한다.〔生不用封萬戶侯 但願一識韓荊州〕"라는 말에서 유래하였다.

3 道範 : '남달리 빼어나고 고아한 풍채'를 이르는데, 남의 외모를 높여 이르는 말이다.

리움만 쌓일 뿐입니다.

仰慕高風에 名重山斗[4]라 而尙未得趨領下誨하니 徒塵[5]瞻望而已라

집사와 노형〔執事及老兄〕

○ 오랫동안 당신의 덕망을 그리워하면서도 끝내 한 번 만나 뵙지 못하니, 늘 애타게 사모하여 마음이 날마다 편치가 않습니다.

稔服德望하되 末由一拜하니 居常渴慕하야 惟日憧憧이라

○ 마음에 잊지 못한지 오래되었지만 그대의 집을 찾아가지 못한 채 당신을 그리워하는 마음만 태산북두泰山北斗처럼 간절합니다.

佩服有素하되 未獲被接龍門하야 翹企芝宇하니 恒切山斗之思라

○ 매번 달려가 대감의 가르침을 받고 싶지만 어찌하겠습니까. 길이 험하고 소식을 듣지 못해 축지술縮地術도 없으니 한갓 매우 송구할 뿐입니다.

每擬趨領台誨호되 奈間關[6]阻隔하야 縮地無術하니 徒切悚懼라

평교〔平交〕

○ 오랫동안 높으신 풍도를 그리워하면서도 아직도 가르침을 들을 길이 막혔으니 정성이 부족한 탓입니다. 부디 용서해주십시오.

久仰高風하되 尙阻聽教하니 誠薄攸致라 尙蒙厚恕아

---

4 山斗 : '태산북두泰山北斗'의 줄임말로, 세상 사람들이 흠앙欽仰하는 훌륭한 사람을 비유한다. 《신당서新唐書》〈한유열전韓愈列傳 찬贊〉에 "한유가 작고한 뒤 그의 말이 크게 행해져, 학자들이 그를 태산북두처럼 우러러 받들었다.〔自愈沒 其言大行 學者仰之如泰山北斗云〕"라고 한데서 유래하였다.

5 塵 : 두주頭註에 "쌓이다〔累〕"라고 하였다.

6 間關 : 수레에 걸쇠를 거는 소리로, 길이 험한 것을 이르는 말이다. 《시경詩經》〈소아小雅 차할車舝〉에, "덜커덩 수레 걸쇠여, 예쁜 막내딸을 생각하여 가도다.〔間關車之舝兮 思孌季女逝兮〕"라는 구절이 있다.

○ 오랫동안 태산북두처럼 우러렀는데 아직도 뜻을 이루지 못하고 있으니, 그리운 회포를 실로 낱낱이 말씀드리기 어렵습니다.

宿仰山斗하되 尙未遂誠하니 耿耿之懷를 實難枚陳이라

○ 평소 뵙고 싶지만 당신을 만날 방법이 없어 목을 빼고 태광台光을 기다리니, 봄철 나무와 저녁 구름에 한갓 그리움만 간절할 뿐입니다.

雅慕瞻韓하되 無由御李[7]하니 引領台光[8]에 春樹暮雲[9]이 徒切思戀而已라

시생〔侍生〕

○ 그대를 만나고 싶지만 찾아갈 인연이 없어 북쪽 길을 바라보니 아득하여 미치기 어렵네.

識荊[10]有願호되 訪戴[11]無緣하니 瞻望北道에 迢迢難及이라

---

7 御李 : 어진사람을 공경하는 일을 이른다. 《후한서後漢書》〈이응열전李膺列傳〉에, 동한東漢 때 이응이 어질다는 명성이 있었는데, 그가 직접 접견한 사대부들은 신분이 크게 높아졌으므로 당시 사람들이 그것을 보고 '용문에 올랐다.'라고 하였다. 순상荀爽이란 사람이 어느 날 이응을 찾아가서는 이응이 탄 수레를 몰게 되었는데, 집에 돌아와서 다른 사람에게 말하기를, "오늘에야 내가 이응의 수레를 몰 수 있게 되었다.〔今日乃得御李君矣〕"라고 한데서 유래하였다.

8 台光 : '태台'는 별 이름으로 삼태성三台星을 뜻하며, 삼공三公의 지위에 있는 벼슬아치를 이른다. 여기서는 존장자의 모습을 이른다.

9 春樹暮雲 : '벗을 그리워하는 마음'을 말한다. 두보杜甫의 시 〈봄날에 이백을 생각하며〔春日憶李白〕〉에 "위북渭北엔 봄날의 나무가 있고, 강동江東엔 저녁 구름이 있네.〔渭北春天樹 江東日暮雲〕"라고 한 표현에서 인용한 말이다.

10 識荊 : 평소에 흠모하던 사람을 만나게 되어 영광스러움을 뜻하는 말이다. 당唐나라 이백李白이 당시 형주荊州의 자사刺史로 존경받던 한조종韓朝宗에게 보낸 편지에 "제가 들으니, 천하의 담론하는 선비들이 서로 모여 말하기를 '태어나서 만호萬戶의 후侯에 봉해질 것 없으니, 다만 한 번 한 형주韓荊州를 뵙기를 원한다.〔生不用封萬戶侯 但願一識韓荊州〕'라고 합니다. 어쩌면 사람들이 이렇게까지 우러르고 사모하게 만드셨습니까?"라고 한데서 유래하였다.

11 訪戴 : 진晉나라 왕휘지王徽之가 폭설이 내린 달밝은 밤에 산음山陰에서 홀로 술을 마시며 좌사左思의 초은시招隱詩를 읊다가, 불현듯 섬계剡溪에 있는 벗 대규戴逵가

○ 언제나 모某 친구와 종유하면서 그대의 아름다운 이름을 들었지만 아직도 가르침을 듣지 못하였으니 간절히 그립네.

常從某友하야 奉承芳名하되 聽誨尙遲하니 惟切渴仰이라

○ 그대를 향하는 정성이 날마다 간절하지 않은 적이 없었는데 일면식도 없어 스스로 안부를 통할 수가 없었네.

向仰之誠이 非日不勤이언마난 因無一面하야 不敢自通이라

수하〔手下〕

○ 오래전에 자네의 아름다운 명성을 들은 것이 하루 이틀이 아니었는데 인연이 없어 아직도 만나지 못하고 있으니, 소원한 허물은 실로 말로 하기 어렵네.

久耳芳名이 非朝伊夕이로되 因於緣慳하야 尙未言逢하니 疏遠之咎는 實難言喩라

○ 늘 그리워하면서도 아직까지 한 번 만나지 못하였으니 서운함을 다할 수 있겠는가?

居常欽仰호되 尙遲一握하니 悵不可旣라

○ 일찍이 자네의 훌륭한 명성을 그리워했지만 만나지 못한 것이 참으로 가슴 속에 크나큰 한이라 오직 마음속에서 잊지 못할 뿐이라네.

夙仰芳名하되 未獲拜晤하야 眞胸臆間一大恨事라 惟寸心이 耿耿而已로다

보고 싶어지자, 밤새도록 배를 몰고 그 집 앞까지 갔다가 그냥 돌아왔는데, 그 이유를 물으니 "흥이 나서 갔다가 흥이 다해서 그냥 돌아왔다.〔乘興而行 興盡而返〕"라고 대답한 고사에서 유래하였다.

친인척·사돈 및 일가〔戚誼姻査同族〕

친인척·존장〔姻族戚誼尊丈〕

○ 일찍이 친척(친족·인척이나 사돈)의 정에 매여 있으면서도 아직도 찾아뵙지 못하니 저의 지극히 죄송한 마음을 금할 수 없습니다.

夙係戚誼(花樹·姻査)어늘 尙欠趨謁하니 下情伏悚이 無任其極이라

○ 일찍이 그리움을 품고 있는 사람이고 또 보잘 것 없는 친척이니 사리로 보아 마땅히 벌써 찾아뵈었어야 했는데, 어찌할 수 없이 길이 멀어 아직도 뜻을 이루지 못하였으니 늘 죄송합니다.

夙抱景慕오 又兼葭戚[12]하니 理固早已晉謁이나 無如道途修遠하야 尙未遂誠하니 恒庸伏悚이라

집사와 노형과 평교간에 통용〔執事老兄及平交通用〕

○ 친척의 의리가 소중한데도 아직도 찾아뵙지 못하였으니 너무나 죄송한 마음을 어떻게 말해야 할지 모르겠습니다.

蔦蘿[13]誼重이어늘 揖拜尙遲하니 慊然之極에 不知攸白이라

○ 사돈의 의리가 소중한데도 아직도 만나뵙지 못하였으니 그리움이 날

---

12 兼葭戚 : '겸兼'은 '겸蒹'과 통용한다. 《세설신어世說新語》〈용지容止〉에, 위魏나라 명제明帝가 왕후의 아우인 모증毛曾을 황문시랑黃門侍郎 하후현夏侯玄과 함께 앉게 하자, 당시 사람들이 "갈대가 옥수에 의지하고 있는 것과 같다.〔蒹葭倚玉樹〕"라고 한데서 유래한 말로, 보잘것없는 갈대가 옥수玉樹와 같은 훌륭한 인물에 기대어 있는 것과 같다는 뜻이다. 후세에는 상대를 높이고 자신을 낮추어 겸양하는 뜻으로 사용되었다.

13 蔦蘿 : '새삼덩굴과 더부살이'를 이른다. 친밀하여 서로 의지하고 삶을 비유하는 말이다. 《시경詩經》〈소아小雅 규변頍弁〉에 "새삼덩굴과 더부살이, 소나무 잣나무에 뻗어 있네〔蔦與女蘿 施于松柏〕"라고 하였는데, 집전集傳에서 "이는 형제와 친척들이 이에 의지하여 화목한 생활을 할 수 있음을 비유한 것이다."라고 하였다.

과 함께 쌓여갑니다.

朱陳[14]誼重이어늘 奉拜尙遲하니 景仰이 惟與日俱積이라

○ 보잘 것 없는 먼 친척으로 아직도 당신을 뵙지 못하였으니, 소홀한 허물은 실로 제 스스로 불러온 것입니다. 오히려 용서해주시기를 바라겠습니까?

葭末疎戚으로 尙遲揖光하니 疎忽之咎는 實所自取라 尙冀原宥아

○ 화수花樹는 동일한 뿌리이니 하나의 뿌리에서 수 없이 나누어진 것입니다. 그 근본으로 거슬러 올라가면 정의情誼가 태산보다 무거운데 저의 게으름으로 인하여 아직도 안부를 지체하여 평소의 회포를 저버렸으니 오직 간절한 그리움만 더할 뿐입니다.

花樹[15]同根하니 一本萬殊라 溯究其源하면 誼重泰山이어늘 因於懈嬾하야 尙遲問聞하니 素懷徒負라 惟增眷戀而已라

시생과 수하간에 통용〔侍生及手下通用〕

○ 인척인 나머지 아직도 만남을 지체하고 있으니 그리운 회포를 필설로 다 거론할 수가 없네.

姻戚之餘에 尙遲把揖하니 悵仰之懷를 不可以紙筆로 枚擧로다

---

14 朱陳 : '두 집안이 혼인을 맺는 일'을 이른다. 옛날에 중국 서주徐州 고풍현古澧縣 어느 마을에 주씨朱氏와 진씨陳氏 두 성씨만이 살면서 대대로 두 집안끼리 혼인을 맺으며 정의가 두텁게 살았다고 한다.

15 花樹 : '같은 성을 가진 사람들'을 이르는 말이다. 당唐나라 잠삼岑參의 〈위원외화수가韋員外花樹歌〉에 "그대의 집 형제를 당할 수 없나니 열경과 어서와 상서랑이 즐비하구나. 조회에서 돌아와서는 늘 꽃나무 아래 모이나니, 꽃이 옥 항아리에 떨어져 봄 술이 향기로워라.〔君家兄弟不可當 列卿御使尙書郎 朝回花底恒會客 花撲玉缸春酒香〕"라고 한데서 유래하였다.

○ 같은 뿌리에서 나왔는데 아직도 만나지도 못하고 있으니, 소홀함이 너무 심하여 매우 아쉽네.

根是同株어늘 尙未言逢하니 疎忽已甚이라 惟耿悵之甚이로다

○ 비록 서로 안부를 묻지는 못했지만 늘 그립네. 비록 남이라고 하더라도 오히려 옳지않은데 더구나 그대와 나 사이에 어찌 이와 같을 수 있단 말인가?

縱無相問이나 居常耿結이라 雖屬他人이라도 猶爲不可온 況在君我하야 其可如此오

○ 사돈끼리는 서로 잘 지내야 하는데, 아직 한 번도 만나지 못하고 있으니 인연이 적음을 어찌하겠는가? 사람을 서운하게 할 뿐이라네.

晋秦[16]相好하되 尙阻一面하니 其於緣慳에 爲之何哉오 惟令人悒悵而已라

벼슬아치〔宦仕〕

존장〔尊丈〕

○ 일찍이 복성福星을 사모하고도 아직도 찾아 뵙고 은혜를 입지 못하고 있었습니다.(오래전에 이미 은혜를 입었습니다.) 나아가 찾아뵙는 것도 다시 지체하고 있으니 제 마음이 송구합니다.

夙慕福星[17]이오 尙未沾惠(久已沾惠)라 造謁復遲하니 下情伏悚이라

---

16 晋秦 : 춘추시대 진秦나라와 진晋나라가 대대로 혼인을 맺었기 때문에 나온 말로, 사돈 관계를 뜻한다.

17 福星 : 지방관인 상대를 이르는 말이다. 《산당사고山堂肆考》에, 송宋나라 철종哲宗 때 선우신鮮于侁이 경동 전운사京東轉運司가 되어 부임할 적에 사마광司馬光이 말하기를 "지금 동쪽 지방의 폐해를 구하려면 자준이 아니면 안 되니, 이 사람이 바로 한 지방의 복성이다. 제로전운사의 모범이 될 수 있을 것이다.〔今欲救東土之敝 非子駿不可 此一路福星也 可以爲諸路轉運模範矣〕"라는 구절에서 유래하였다.

집사와 노형과 평교에 통용〔執事老兄及平交通用〕

○ 깃발이 가리키는 곳은 초목이 모두 봄입니다. 그리운 회포가 진실로 간절하지 않음이 없지만 아직도 만나 뵙지 못하고 있으니 죄송한 마음을 금할 수 없습니다.

旌旄[18]所指에 草木皆春이라 慕仰之懷가 固非不篤이나 尙阻一拜하니 不勝主臣[19]이라

○ 오마五馬가 남쪽을 가리키니 불야성을 이룹니다. 그대의 풍모를 바라보고 그리워하는 마음이 한갓 해바라기처럼 기웁니다.

五馬[20]南指하니 不夜其城이라 望風瞻仰하니 徒切葵傾이라

○ 군자가 덕이 있으니 풀 위에 부는 바람과 같습니다. 어떻게 은혜를 입어 아래 풀들이 본받도록 하겠습니까? 자나깨나 그리우니 참으로 제 마음이 수고롭습니다.

君子有德하니 草上之風[21]이라 安得沾澤하야 以效下草오 寤寐維思하니 實勞我心이로다

---

18 旌旄 : 정절旌節과 모절旄節을 이르는 말로, 군대를 통솔하는 관찰사를 이른다.

19 主臣 : '황송하다.'는 뜻이다. 《한서漢書》 〈진평전陳平傳〉에 "문제文帝가 진평에게 결옥決獄과 전곡錢穀에 대해 묻자, 진평이 사죄하며 '주신입니다.'라고 하였다.' 하였다. '주신'에 대해 장안張晏은, '오늘날 사람의 황공惶恐하다는 사죄의 말과 같다.'라고 하였고, 문영文穎은, '요즘에 말하는 사죄死罪라는 말과 같다.'라고 하였고, 진작晉灼은 '주主는 격擊이요, 신臣은 복服이니, 내려쳐서 복종하듯이 황공함을 말한 것이다.'라고 하였다. 옛날에는 주장奏狀에 이 두 글자를 쓰지 않았는데, 우리나라에서는 서독書牘에 이 두 글자를 쓴다."라고 하였다.

20 五馬 : '태수太守'의 별칭으로, 한나라 때 태수의 수레는 다섯 필의 말이 끌었던 사실에서 유래하였다.

21 君子有德 草上之風 : 통치자의 모범적인 행동을 본받아 중국 사람들이 모두 교화되었다는 말이다. 《논어論語》 〈안연顔淵〉에 "다스리는 자의 행동은 바람과 같고, 다스림을 받는 자의 행동은 풀과 같다. 풀 위에 바람이 불어오면 풀은 한쪽으로 눕게 마련이다.〔君子之德風 小人之德草 草上之風 必偃〕"라는 공자의 말에서 유래하였다.

시생과 수하간에 통용〔侍生及手下通用〕

○ 사람들이 두려워하는 것은 후생이 있어서이네. 이때 고상한 기풍이 있다는 소문을 들었으니 나라를 위해 헌신하기 바랄 뿐이네.

人之可畏는 其有後生[22]이라 時聞高風하고 惟爲國家獻賀而已라

◎ 이상은 일면식도 없는 사람에게 문안하는 것이다.

右는 一面도 無한 人에게 問候함이라

22 人之可畏 其有後生 : 《논어論語》 〈자한子罕〉에 "후생後生을 두렵게 여겨야 하니, 앞으로 후생이 지금의 나보다 못할 것이라고 어떻게 장담할 수 있겠는가.〔後生可畏 焉知來者之不如今也〕"라는 구절이 있다.

1-2 처음 만날 때 보내는 안부편지 부문 : 갑 〔初會通候門 : 甲〕

통용〔通用〕

존장〔尊丈〕

○ 평소 그리워하다가 방금 편지를 받고, 비록 조금이나마 평소의 바람에 위안이 되었지만 곧바로 물러나 오랫동안 소식을 전하지 못하였으니 입설立雪의 정이 거의 몇 배나 더합니다.

生平慕仰타가 曩纔受教하와 雖稍慰素願이나 仍卽辭退하야 曠違至今하니 立雪[23]之情이 幾乎倍蓰라

○ 최근에 몸소 당신을 찾아뵙고 비록 잠시 모셨지만 매우 총애해주시어 평소의 바람과 비교하면 참으로 천만 뜻밖의 일입니다. 죄송하고 감사하던 끝에 또 소식이 끊기니 저의 답답한 마음을 변명할 말이 없습니다.

邇者에 躬謁台光하야 雖陪承片刻이니 寵賜太甚하야 比之素心하면 寔出望外千萬이라 悚感之餘에 因又阻候하니 下情伏鬱이 無辭可白이라

집사와 노형과 평교간에 통용〔執事老兄及平交通用〕

○ 일찍이 당신의 높은 풍모를 앙망하여 날로 간절히 사모하였었는데

---

23 立雪 : '정문입설程門立雪'의 줄임말로, 스승을 존경하는 제자의 마음이나 배움을 간절히 구하는 자세를 비유한 것이다. 송나라 유작游酢과 양시楊時가 스승인 정이程頤를 찾아가 뵈었는데 마침 정이가 눈을 감고 앉아 있으므로 두 사람이 물러간다고 말씀드릴 수 없어 눈이 한 자 가량이나 쌓이도록 서서 기다렸다는 고사에서 유래하였다.

만나지 못하여 직접 가르침을 받을 길이 없으니 마음이 매우 아쉬웠습니다. 이전에 다행히 고상한 당신을 만나 내려주신 온화한 가르침이 끝없이 가슴에 새겨져 있습니다. 잠깐 만났다가 갑자기 이별하여 마침내 영원한 이별이 되었으니, 언제 다시 무릎을 맞대고 서쪽 창가에서 촛불의 심지를 자르며 옛 인연을 이을 수 있을지 아직은 점칠 수 없습니다.

夙仰高風하야 日切慕藺[24]하되 但以未獲星覩로 親炙無門하야 寸衷이 殊覺耿耿이러니 前者에 幸接芝範[25]하야 藹藹俯敎가 銘心靡涯라 奈乍會遽分하야 遂爾參商[26]하니 未卜何時에 再圖促膝하야 剪燭西窓하야 以續舊緣고

○ 산천이 아득히 멀어 소식이 오랫동안 뜸하니 안부를 묻지 못하는 잘못을 용서받을 수 있겠습니까?

山川遙隔하야 音問久疎하니 失候之咎를 尙蒙原宥아

○ 예전 흠모하던 마음은 한 번의 만남을 통해 조금이나마 펼 수 있었지만, 요사이 보고픔은 예전에 비해 더 심하니 만남이 진실로 기쁘기야 하지만 누가 만나자 이별할 줄 알았겠습니까? 북쪽 창문 언 매화 아래에서 차 마시며 마음을 논하던 것을 추억하면 오직 울적한 생각이 아득히 내 마음속에서 싹틀 뿐입니다.

昔者之欽慕는 藉一拜而少敍하나 邇來之悵仰은 比昔者之更甚하니 拜晤는 固

---

24 慕藺 : '어진 사람을 사모한다.'는 말로, 한漢나라 사마상여司馬相如가 인상여藺相如를 사모하여 이름을 바꾼 고사에서 유래하였다.

25 芝範 : '지芝'는 '지우芝宇'의 줄임말로, 당나라 때 원덕수元德秀를 말한다. 자는 자지紫芝이다. 《신당서新唐書》〈원덕수열전元德秀列傳〉에, 재상 방관房琯이 항상 덕수를 보며 탄식하기를 "자지의 미간眉間을 보면 사람으로 하여금 명리名利의 마음이 다 없어지게 한다.〔見紫芝眉宇 使人名利之心都盡〕"라고 한데서 유래하였다.

26 參商 : '서로 멀리 떨어져 있는 것'을 뜻하는 말이다. 삼성參星은 동쪽 하늘에 있고 상성商星은 서쪽 하늘에 있어서, 각각 뜨고 지는 시각이 다른 관계로 영원히 서로 만날 수가 없는 데에서 유래하였다.

屬可喜어니와 誰知逢場是別筵고 憶北窓凍梅下에 試茶論心하면 惟黯然之想이 悠然復萌于五中[27]而已라

시생과 수하간에 통용〔侍生及手下通用〕

○ 몇 년을 그리워하다가 지난번 만나 그대의 인품에 흠뻑 젖어들었으니, 사뭇 늦은 것이 한스러웠을 뿐이네. 그러나 마음이 기우는 것은 이미 예나 마찬가지여서 받은 것이 더욱 많으니 늦은 것도 무슨 한이겠나?

數年景仰타가 嚮得接膝浴光하니 殊可恨晩이라 然傾旣若故하니 領益旣多라 晩亦何恨이리오

○ 우러러 사모한 지가 하루 이틀도 아니었는데, 지난번 모모某某의 일로 그대를 만나니 조금이나마 지금까지의 회포에 위안이 되었네. 다만 또 소식을 듣지 못해 만날 수 없게 되었으니 서운한 마음은 오히려 만나 얼굴을 알기 전보다 더 심하다네.

欽仰者 非止一日터니 嚮因某某事故하야 獲接芝宇하니 稍慰生來之懷로되 但又阻隔하야 無有更晤하니 悵悵之思가 猶甚於未會知面이로다

○ 여러 해를 그리워하던 끝에 지난 날 한 번 만남은 평소 바람에 자못 위안이 되었지만, 산천이 다시 가로막힌 탓에 미처 인사도 하지 못하였으니 서운함이 다시 절실하네.

多年渴仰之餘에 嚮日一拜는 殊慰生平之願이나 但山川이 更復阻隔하야 未及時候하니 爲悵更切이라

○ 지난번 모某 친구의 소개로 비로소 평원군平原君과 같은 그대에게

---

27 五中 : '오장五臟' · '오내五內'와 같은 말이다.

이름을 의탁하게 되었으니 매우 다행스럽고 위안이 되었네. 그러나 다시 이별하니 길이 멀고 산이 아득해서가 아니네. 서운한 마음 더욱 심하다네.

嚮因某友紹介하야 始獲托名于平原[28]之門하니 爲幸大矣며 爲慰甚矣라 然間復闊別하니 除是路遠山遙之所致也라 悵然更甚이로다

◎ 이상은 한 번 만난 뒤에 보내는 서신이다.

右는 一度面會한 後에 與하는 書信이라

---

28 平原 : 전국시대 조趙나라 공자公子 조승趙勝의 봉호로, 인품이 어질고 빈객을 좋아하여 그를 추종하는 빈객이 수천 명에 이르렀다고 한다. 상대방을 평원군과 같이 훌륭한 인품을 가졌다고 비유하여 이른 말이다.

1-3 오랫동안 헤어졌을 때 보내는 안부편지 부문 : 갑 〔久別通候門 : 甲〕

통용〔通用〕

존장〔尊丈〕

○ 당신 곁을 떠난지 여러 해가 지났으니 지극히 서운한 마음을 금할 수 없습니다. 당신 곁을 떠나고 나서 달력이 몇 번이나 바뀌었으니, 제 마음의 송구함이 세월과 함께 깊어갑니다.

自違道範[29]으로 荏苒數載라 下懷伏悵이 無任其極이라 拜違顏範으로 蓂莢[30]幾易하니 下懷悚惶이 與時俱深이라

○ 문하를 떠난 지 벌써 몇 번의 구갈裘葛이 되었으니 서운한 마음이 날과 함께 쌓여만 갑니다.

叩別門下가 已更幾箇裘葛[31]하니 伏悵之情이 與日俱積이라

집사와 노형과 평교간에 통용〔執事老兄及平交通用〕

○ 당신과 이별한 지 몇 년이나 지났으니 태산북두와 같은 당신에 대한 그리움으로 한갓 마음이 울적합니다.

---

29 道範 : 상대의 용모나 풍모를 높여 이르는 말이다.

30 蓂莢 : 요堯 임금 때 조정 뜰에 났다는 서초瑞草로 초하룻날부터 매일 한 잎씩 나서 자라다가 보름이 지나면 한 잎씩 지기 시작하여 그믐이 되면 말라 버린 까닭에 이것을 보고 달력을 만들었다 한다.

31 裘葛 : '갖옷과 갈옷'을 이르는 말로, 겨울에는 갖옷을 입고 여름에는 갈옷을 입는다는 '동구하갈冬裘夏葛'의 줄임말이다. 겨울과 여름을 이르는 말로 쓰인다.

睽隔憲度가 幾易星霜하니 山斗之仰이 徒悒寸衷이라

○ 남북으로 서로 헤어져 하늘 끝에 있는 것이나 마찬가지이니, 한 글자 편지도 쉽게 소통하지 못해 그리운 회포가 날과 함께 깊어만 갑니다.

南北懸絶하야 便同天涯하니 一字魚雁[32]도 亦未易通이라 慕仰之懷가 與日俱深이라

○ 당신과 헤어진 것을 손꼽아 헤아려보니 몇 년이나 흘렀는가요. 당신을 그리워하는 마음 한갓 해바라기가 해를 바라는 것처럼 간절합니다.

揖別丰神[33]이 彈指幾載오 溯洄伊人하니 徒絶葵忱이라

○ 구름 낀 산이 아득하여 진실로 만남이 소원하니, 당신을 그리는 마음에 한갓 정신이 당신께 기웁니다.

雲山迢遞하야 良晤久疎하니 慕仰高風에 徒注神情이라

○ 생각해보면 이별한 뒤로 추위와 더위가 몇 번이나 바뀌었습니까? 벗을 그리워하는 마음은 피차 마찬가지일 것이고, 꽃피는 아침이나 달뜨는 저녁이면 양쪽 하늘에서 모두 한스러워할 것입니다.

憶別以來로 寒暑가 幾更고 想渭樹江雲[34]之思는 彼此同志오 花朝月夕之辰에

---

32 魚雁 : 물고기〔魚〕와 기러기〔雁〕가 서신을 대신 전한다는 뜻에서 편지를 뜻한다. '물고기〔魚〕'는, 《문선文選》〈음마장성굴행飮馬長城窟行〉에 "먼 곳에서 손님이 와 두 마리 잉어를 주었는데, 아이를 시켜 요리했더니 배 속에서 비단 편지가 나왔네.〔客從遠方来 遺我雙鯉魚 呼兒烹鯉魚 中有尺素書〕"라는 구절에서 유래한 것이다. '기러기〔雁〕'는 《한서漢書》〈소무전蘇武傳〉에, 흉노에 억류된 소무의 소식이 적힌 비단이 한 소제昭帝가 잡은 기러기발에 묶여 있었다는 고사에서 나온 말이다.

33 丰神 : '상대의 훌륭한 풍채나 모습'을 이르는 말이다.

34 渭樹江雲 : '멀리 있는 벗을 그리워하는 것'을 말한다. 두보杜甫의 시 〈춘일억이백시春日憶李白詩〉에 "위수 북쪽엔 봄날 나무, 장강 동쪽엔 날 저녁 구름. 언제나 술동이 하나 앞에 놓고, 다시 만나 자세히 문장을 논할까?〔渭北春天樹 江東日暮雲 何時一樽酒 重與細論文〕"라는 구절에서 유래하였다.

兩天이 共恨이로다

시생〔侍生〕

○ 오랫동안 소식을 듣지 못해 늘 서운하였네.

久阻音信하야 恒切悵仰이라

○ 오랫동안 소식을 듣지 못해 마음에 잊히지 않아 날마다 소식을 묻고 싶었지만 아직도 그렇게 하지 못하니, 나 자신을 돌아보면 미안한 마음에 볼 낯이 없네.

阻久耿耿하야 日欲探候하되 而尙未能하니 自顧慊然이라

○ 추억해보면 옛날 모지某地에서 잠깐 만났지만 미처 이야기도 나누지 못하고 곧바로 각기 헤어졌으니 지금까지 서운하네.

憶昔在某地暫拜하야 未及討話하고 因卽各分하니 悵結至今이라

수하〔手下〕

○ 오랫동안 소식을 듣지 못해 서운하고 답답한 것은 피차 마찬가지일 것이라 생각하네. 그런데도 소식 한 자 전하지 못한 것은 허물이 나에게 있으니 어찌하겠는가?

阻久悵菀은 想彼此同然이라 然이나 未能以一字相通하니 咎實在我라 爲之何哉오

○ 심부름꾼이 없는 것은 아니었건만 늘 바쁘고 급하여, 소식 한 자 주고받지 못하였으니 서운함을 말로 하겠는가?

非曰無褫언마는 恒因悤急하야 無一字相通하니 悵不可言이라

스승과 학생〔師長及學生〕

존장〔尊丈〕

○ 강의하시는 자리를 가까이 하지 못한지 몇 년이나 되었습니다. 강장絳帳을 잊지 못하는 그리움이 오매불망 잊지 못하겠습니다.

不親講席이 居諸數年이라 依依絳帳[35]之思가 縈結寤寐로다

○ 선생님의 소식을 듣지 못한 지 어느덧 몇 년이 되었습니다. 언제나 정자程子의 문하에 서서 공자의 목탁소리를 계속 듣겠습니까?

阻拜函丈이 忽爾數年이라 何時에 重立程門[36]하야 續聆孔鐸[37]고

○ 오랫동안 안부를 여쭙지 못하였으니 이때 더욱 답답합니다.

久闕問候하니 時切伏鬱이라

○ 오랫동안 문안을 소홀히 하였으니 매우 죄송합니다.

問安久疎하니 伏悚萬萬이라

○ 오랫동안 안부를 받지 못해 제 마음이 서운합니다.

久未承安候하니 下懷伏悵이라

---

35 絳帳 : '붉은 장막'이라는 뜻으로, 사석師席을 가리킨다. 후한後漢의 마융馬融이 항상 붉은 휘장을 드리워 앞을 가린 채 학생들을 가르친 고사에서 유래하였다.

36 程門 : 송나라 유작游酢과 양시楊時가 스승인 정이程頤를 찾아가 뵈었는데 마침 정이가 눈을 감고 앉아 있으므로 두 사람이 물러간다고 말씀드릴 수 없어 눈이 한 자 가량이나 쌓이도록 서서 기다렸다는 고사에서 유래하였다. 이것이 '정문입설程門立雪'의 고사를 가리킨다. 문하에서 가르침을 받는 것을 의미한다.

37 孔鐸 : 목탁은 고대에 정교政教를 펼 때에 흔들어서 사람들을 경계시키던 도구인데, 여기서는 공자가 세상에 가르침을 편 것을 말한다. 《논어論語》〈팔일八佾〉에, 의儀 땅의 봉인封人이 공자를 만나 본 뒤 제자들에게 "천하에 도가 사라진지 오래이니, 하늘이 장차 부자를 목탁으로 삼으실 것이다.〔天下之無道也久矣 天將以夫子爲木鐸〕"라고 한데서 나온 말이다.

○ 오랫동안 안부가 소원해 제 마음이 서운합니다.

久疎承候하니 下懷伏悵이라

○ 오랫동안 문안을 드리지 못하니 죄송합니다.

久闕問安하니 伏庸罪悚이라

집사와 노형, 평교와 시생간에 통용〔執事老兄平交侍生通用〕

○ 인생에 만남과 헤어짐은 참으로 피하기 어렵습니다. 추억해보면 옛날 모某 학교에 있으면서 공부를 잘했고 저는 못하였으며 장점과 단점을 비교했었는데, 지금은 어떠한지요. 오직 봄날 꿈처럼 그립습니다.

人生聚散은 固所難免이라 憶昔同在某校하야 爾優我劣이오 較長比短이러니 而今何如오 惟春夢依然이로다

○ 추억해보면 모某 학교에서 함께 몇 년 동안 동고동락 하였는데 겨우 한통의 편지를 받았을 뿐, 각자 서로 먼 곳에 있으니 옛날을 거슬러 올라가면 실로 저의 그리움을 간절하게 합니다.

憶同在某校하야 閱盡幾年甘苦하고 纔獲一紙証書에 便爾天各一方하니 溯洄舊日에 實勞我思로다

○ 오랫동안 소식을 듣지 못하니 날마다 간절히 그립습니다.

許久阻候하니 日切渴仰이라

○ 옛날에 함께 공부했었는데 지금은 천리에서 서로를 그리워하니 흘러가는 구름과 흐르는 물들에도 모두 마음에 걸립니다.

昔以一窓同業으로 今作千里相思하니 行雲流水가 總是關情이로다

○ 추억하면 같은 창문 아래에서 머리를 모으고 기뻐하였더니 머리를

돌려 회상하면 지금은 제각기 하늘 끝에 있습니다.

憶在同窓하야 聚首言歡터니 回首而今에 各在天涯라

○ 추억하면 모某 학교에서 함께 지내면서 고생할 때는 생사고락을 함께 하며 서로 헤어지지 말자고 맹세했었는데, 어쩔 수 없이 졸업해서는 곧바로 동분서주하고 있습니다.

溯憶同在某校하야 喫甘嘗苦할제 意謂生同死共하야 誓無相分터니 無奈一自卒業으로 便自東奔西散이라

○ 추억하면 모시某時, 모지某地에서 함께 모사某事를 경영하다가 한 번 헤어져, 마침내 소식을 듣지 못해 지금에 이르렀으니 그립고 보고픈 회포를 어찌 말로 다하겠습니까?

緬憶某時에 在某地하야 共與經營某事하고 一別遂阻하야 以至今日하니 悵仰之懷를 何以盡述고

○ 생각하면 모시某時, 모지某地에서 만났다가 곧바로 다시 헤어져 지금까지 소식을 듣지 못하니, 기러기 같은 발자취는 사라지기 쉽고 부평초 같이 떠도는 자취는 머물기 어려운 것은 하늘이 그렇게 한 것이니 사람이 어찌하겠습니까?

想到某時에 在某地邂逅하고 仍復分袂하야 阻隔至今하니 鴻跡은 易消하고 萍蹤은 難定이라 天之所使니 人其奈何오

○ 추억해보면 함께 모某 학교에서 함께 글을 읽고 밤으로 낮을 이어 함께 담소하였는데 만날 기약이 없으니, 머리를 돌려 하늘에 물어보니 한갓 더욱 울적하기만 합니다.

回憶共在某校하야 同窓聯席하고 夜以繼晝하야 與共談笑터니 不過幾何하야 聚合無期하니 回首問天에 徒增黯然이로다

○ 지난번 모某 자리에서 잠시 당신을 만나고 서로 헤어져 세월이 흘러 오늘이 되었습니다.

向在某席上하야 暫挹光儀하고 因以相分하야 居諸今日이라

○ 한 번 모시某時에 헤어진 뒤로 계절이 바뀌었으니, 당신을 그리는 마음이 마치 주리고 목마른 듯합니다. 비록 잠을 자고 꿈을 꿀 때에도 정신이 당신께 달려가지 않은 적이 없습니다.

一自某時拜別以來로 寒暑迭更하니 望風懷仰하야 有若飢渴이라 雖夢寐間이라도 未嘗不神馳左右也로다

수하〔手下〕

○ 자네 얼굴을 보니 못한지 이미 몇 년이나 되니 잊지 못하는 이 마음을 실로 말로 하기 어렵네.

疎逖君顔이 已幾年하니 此心耿耿이 實難爲喩로다

○ 소식이 오랫동안 끊기니 언제나 간절히 아쉬웠네.

音信久阻하니 恒切耿悵이라

○ 모시某時, 모某 노선 기차 안에서 잠시 만났다가 헤어지고 나서 서신이 끊어지고 만날 수도 없으니, 서운한 회포가 부질없이 꿈속에서도 자꾸 생각하네.

某時在某線汽車中하야 暫把하고 仍以相分하야 書面俱阻하니 悵結之懷가 徒勞夢想이라

○ 옛날 모지某地에서 함께 일할 때 정이 참으로 형제와 같았는데 한번 동서로 헤어진 뒤로 마치 초나라와 월나라처럼 멀어졌으니, 인정의 변천은 모두 상황이 그렇게 만드는 것이라네.

昔在某地同事에 誼孚兄弟터니 一自東西各分으로 便若楚越[38]하니 人情變遷이 總由時勢所使로다

○ 자네와 헤어진 뒤로 연꽃이 두 번이나 피었네. 집은 가깝지만 사람은 머니 마음이 천리라네.

自君之別로 芙蓉이 兩度開矣라 室邇人遐[39]하니 寸心千里로다

벼슬아치〔仕宦〕

존장〔尊丈〕

○ 오랫동안 당신과 소원하고 다만 당신의 어진 풍모를 흠모하며 멀리서나마 제 마음을 펼치니 송구한 마음을 어떻게 말씀드려야 할지 모르겠습니다.

久疏龍門[40]이오 徒挹仁風이 遠披下懷하니 悚惶不知攸白이라

집사와 노형〔執事及老兄〕

○ 오랫동안 당신을 만나지 못한 것을 회상함에 벌써 몇 년이나 지나 멀리서 봉각鳳閣을 바라보니 한갓 답답한 마음만 간절합니다.

---

38 若楚越 : '먼 거리'를 비유하여 이르는 말이다. 《장자莊子》〈덕충부德充符〉에 "다른 것으로 따지자면 간과 쓸개도 초나라와 월나라처럼 멀다.〔自其異者視之 肝膽楚越也〕"라는 구절이 있다.

39 室邇人遐 : 사모하는 사람을 만나지 못해 안타까운 심정을 표현한 것으로, 《시경詩經》〈정풍鄭風 동문지선東門之墠〉에, 좋아하는 사람이 자기를 멀리함을 두고 "그 집은 가까우나 그 사람은 몹시 멀도다.〔其室則邇 其人甚遠〕"라고 한데서 나온 말이다.

40 龍門 : '성망聲望이 높은 사람'을 비유한 것으로, 후한後漢 영제靈帝 때 조정이 문란하고 기강이 무너졌으나, 유독 이응李膺만이 지조를 지켜 고결한 명망이 있었으므로 당시 사람들이 그의 인증을 받는 것을 '등용문登龍門'이라고 한 고사에서 나온 말이다.

久違儀光이 回首已易幾箇星霜하니 遙瞻鳳閣[41]에 徒切鬱結이라

평교〔平交〕

○ 멀리서 복성福星과 떨어져 지낸지 몇 년이나 되었습니다. 비록 때때로 고매하신 당신의 가르침을 얻지는 못하지만 해를 향하듯 당신을 향하는 그리움은 더욱 간절합니다.

遐隔福曜[42]에 居諸[43]幾年이라 雖不獲時屆高誨나 向日之忱은 尤切憧憧이라

시생〔侍生〕

○ 그대를 직접 뵙지 못한 지가 지금 얼마나 되었는가. 마음은 간절히 그대에게로 향하지만 그리워만 할뿐 미칠 지를 못하네.

不親旌棨[44]가 而今幾何오 心切拱北[45]하되 仰望而不可及이라

---

41 鳳閣 : 중서성中書省의 별칭인데, 여기서는 중앙 관서를 두루 이르는 말인 듯하다.

42 福曜 : '행복을 주관하는 별'이란 뜻으로, 한 지방을 잘 살게 할 수 있는 지방관이나 어사御史 등을 이른다. 《송사기사본말宋史紀事本末》에, 송宋 철종哲宗이 일찍이 선우신鮮于侁을 동경 전운사東京轉運使로 삼았는데, 그가 부임길에 오를 때 사마광司馬光이 말하기를 "지금 다시 자준子駿(선우신)을 전운사로 삼은 것이 참으로 마땅치는 않은 듯하나, 동쪽 지방의 폐해를 구하려면 자준이 아니고는 할 수가 없으니 이 사람이 바로 한 지방의 복성인 것이다.〔今復以子駿爲轉運使 誠恐非宜 然欲救東土之敝 非子駿不可 此一路福星也〕"라고 한데서 나온 말이다.

43 居諸 : '일거월저日居月諸'의 줄임말로, 세월이 흘러가는 것을 말한다. 《시경詩經》 〈패풍邶風 일월日月〉에 "해와 달이 하토를 굽어본다.〔日居月諸 照臨下土〕"라고 한데서 유래하였다.

44 旌棨 : 관원이 출행할 때 의장儀仗으로 사용하는 깃발과 나무로 만든 창을 이르는 말로, 고관高官을 가리키는 말로도 썼다.

45 拱北 : 北은 '북극성'을 이른다. 뭇별이 북두성을 옹위하는 것처럼 신하가 임금을 모시는 것을 말하는데, 여기서는 상대에 대한 존경의 마음을 담았다. 《논어論語》 〈위정爲政〉에 "덕정德政을 펴는 것은 비유하면, 북두성이 가만히 제자리를 지키고 있는데 뭇별이 그를 향해 도는 것과 같다.〔爲政以德 譬如北辰居其所 而衆星共之〕"라는 말에서 유래하였다.

수하〔手下〕

○ 그대와 이별한지 벌써 몇 년이 흘렀네. 그리움은 간절하지만 뜻을 이루지 못하니 날마다 서운하네.

自別台旌[46]으로 已幾年矣라 景仰則切호되 不得遂意하니 日以爲悵이라

◎ 이상은 만난 지 매우 오래되어 소식을 전하지 못한 상황에서 보내는 편지이다.

右는 相逢한지 深久하되 通信치 못한데 與하는 書信이라

---

46 台旌 : 벼슬아치가 길을 나설 때 들고 가는 깃발을 이르는 말로, 대감벼슬을 한 상대를 이른다.

1-4 잠시 이별했을 때 보내는 안부편지 부문 : 갑 〔暫別通候門 : 甲〕

통용〔通用〕

존장〔尊丈〕

○ 절하고 물러난 지 여러 날이 되니 제 마음이 서운합니다.

拜退有日하니 下懷伏悵이라

○ 지난번 찾아뵈었던 것이 지금까지 매우 위안이 됩니다.

向日拜謁은 尙今伏慰萬萬이라

○ 물러난 이후로 어느덧 여러 달이 되니 제 마음이 서운합니다.

拜退以後에 焂爾數朔하니 下懷伏悵이라

○ 여러 번 찾아뵙고 싶었지만 모사某事로 정성을 이루지 못하였으니 죄송한 마음뿐입니다.

屢欲進謁하되 只以某事로 未能遂誠하니 下懷伏悚而已라

○ 지난 번 찾아주신 것은 아직도 감사합니다.

向者下臨은 尙庸伏感이라

○ 지난번 다정하게 말씀을 해주시니, 마치 검은 구름을 헤치고 밝은 태양을 보는 것 같았습니다.

向蒙諄諄下教하와 渾似披黑雲而覩白日이라

집사와 노형과 평교간에 통용〔執事老兄及平交通用〕

○ 지난번 모지某地에서 잠깐 만난 것은 아직도 위안이 됩니다.

頃在某地暫拜는 尙庸伏慰라

○ 그간 소식이 막혀 서운합니다.

間阻伏悵이라

○ 갑자기 소식이 막히니 매우 서운합니다.

乍阻하니 旋切伏悵이라

○ 이별한지 벌써 이미 며칠이 지났습니다.

拜別后에 已經幾日이라

○ 모지某地에서 잠깐의 만남은 자못 꿈속 같았습니다.

某地暫拜는 殆如夢境이라

○ 지난번 모지某地 길가에서 잠깐의 만남은 사뭇 위안이 되었지만, 바쁘고 급하여 미처 가르침을 받지 못하였으니 서운한 마음이 아직도 새롭습니다.

向在某地道上하야 暫拜는 殊爲伏慰나 因於悤急하야 未及穩承淸誨하니 悁悵이 尙如新이라

○ 지난번 헤어졌던 것이 아직도 서운합니다.

向別은 尙耿悵이로다

○ 막힌 회포는 굳이 길게 제론할 필요가 없습니다.

阻懷는 不須長提라

○ 길이 험하여 가르침을 받을 길이 막힌 것이 너무 심합니다.

間關承誨하니 茅塞이 已甚이라

○ 한 번 헤어져 세월이 하염없이 흘러서 봄이 가고 다시 가을이 되었습니다.

一別荏苒하야 春復徂秋라

○ 지난번 모지某地에서 잠깐 당신을 만났다가, 곧바로 각자 헤어지니 서운한 마음이 새롭습니다.

向在某地하야 略挹淸光하고 因卽各散하니 悵結如新이라

○ 지난번 집으로 돌아올 때(모지某地로 갈 때) 꼭 찾아뵙고 싶었지만, 곧 개학이라 뜻을 이룰 수가 없으니 매우 서운합니다.

向日歸家(作某地行)時에 必欲晉拜터니 因開學在卽하야 未承遂意하니 甚庸悵悚이라

○ 당신을 떠난지 얼마 되지 않아 마침내 심신이 정처 없이 떠도는 것을 느끼니 이러한 감정을 절로 마지못하겠습니다.

違敎未幾에 遂覺心神이 飄蕩하야 不能自禁이라

시생〔侍生〕

○ 갑자기 소식을 듣지 못해 서운하네.

乍阻悵仰이라

○ 지난번 모지某地에서의 만남은 마치 봄꿈 같았네.

向於某地拜晤는 渾如春夢一般이라

○ 이전 모지某地에서 하루 동안 논 것은 평생의 기쁨에 필적하기에 충분했다네.

先在某地一日之遊는 足以敵百年之歡이라

○ 지난날 모某 자리에서 잠깐의 만남은 서운함이 위안보다 심하네.

頃日某席上暫晤는 悵甚於慰라

○ 지난번 모사某事로 우연히 그대를 만났다가 지금까지 소식이 막혔으니, 만남은 헤어짐의 근원이라 기뻐할 수가 없네.

頃因某事하야 偶獲承光하고 阻又至今하니 逢是別之源이라 不足以爲喜로다

○ 헤어지고 열흘도 되지 않았는데 마치 구추九秋나 소식이 막힌 듯하네.

別未旬日이어늘 宛似九秋[47]之隔이로다

수하〔手下〕

○ 지난번의 이별은 아직도 서운하네.

向別은 尙悵이라

○ 아침저녁으로 서로 짝하며 지내다가 갑자기 헤어지니 어찌 견디겠나?

日夕相伴타가 忽地相分하니 是豈可堪者耶아

---

47 九秋 : 가을철의 90일을 이른다.

○ 한번 그대와 헤어진 뒤로 마치 양손을 잃어버린 것 같네.

一自別君으로 殆如失左右手也로다

○ 여러 날 만나지 못하니 마음이 타는 듯하고, 잠깐 사이 양쪽으로 헤어져 때때로 그리움만 더하네.

數日不面하니 中心如焚이오 頃刻兩地에 時增眷眷之思라

○ 비록 잠깐 동안 그대와 헤어졌지만, 이 마음이 그대에게 있지 않은 적이 없네.

雖暫違君顔이라도 此心은 未嘗不在左右也라

○ 그대와 만나지 못한지 벌써 열흘이나 되었네. 나를 이끌어주어 답답한 마음을 열어주게.

與君不面이 忽已旬日이라 望賜指南하야 開我茅塞하라

◎ 이상은 만난 지 매우 오래되지 않은 사이에 주는 편지이다.

右는 相逢한지 甚久치 아니한데 與하는 書信이라

가정〔家庭〕

○ 집을 하직하고 세월이 쏜살같이 흐르니 높은 하늘을 우러러보니 제 마음이 서운합니다.

拜退庭下에 日月이 悠悠하오니 瞻望雲天에 下懷伏悵이오이다

○ 오랫동안 안부를 묻지 못하니 제 마음이 더욱 간절합니다.

久闕承候하오니 下懷罙切이오이다

○ 이별하고 나서 세월이 흐르니 떠가는 구름을 날마다 쳐다보니 다만 간절히 멀리서 사모하는 마음만 간절합니다.

辭退以后로 日月이 居諸하오니 日望行雲에 只切遠慕之忱이오이다

○ 말씀을 어기고 멀리 유학왔는데 세월이 빨라 벌써 몇 년이나 지나고 보니 고향 생각이 날과 함께 깊어만 갑니다.

違命遠遊에 歲月이 迅速하와 已經幾載하오니 家鄕之戀이 與日俱深이오이다

○ 한 번 하직한 뒤로 우러러 사모하는 정성이 날로 간절하지 않은 적이 없습니다.

一自拜退之后로 慕仰之誠이 靡日不勤이오이다

○ 오랫동안 만나 뵙지 못하여 그리움이 더욱 간절합니다.

久未承顔에 慕仰益切이오이다

○ 그사이 만나 뵙지 못해 그립고 답답한 마음 간절합니다.

間未承顔하와 慕鬱伏切이오이다

◎ 이상은 아들이나 손자가 아버지나 할아버지께 올리는 편지이다.

右는 子孫이 上父祖라

○ 집을 떠난 뒤로 편지가 모두 막혔으니 매우 울적하다.

離家以後로 魚鴈이 俱隔하니 甚庸紆菀이라

○ 네가 집을 떠나고 나서 해가 바뀌었으니 너에 대한 염려와 그리움이 갈수록 더욱 심하다.

自汝之出로 歲改焉하니 懸想馳念이 去去愈甚이라

○ 한 번 네가 떠난 뒤로 내 마음에서 사라지지 않는 그리움이 마치 뭔가를 잃어버린 것 같구나. 더구나 세월이 빨라 어느덧 해가 바뀌었으니 그리운 마음을 어찌 억누르겠느냐.

一自送汝之後로 此心耿耿이 如有所失이라 況又光陰이 迅速하야 於焉改歲하니 戀戀之懷를 何以爲抑가

○ 네가 집을 떠나고 나서 춥거나 덥거나 바람이 불거나 비가 올 때면 한결같은 마음으로 그립더니, 한번 떠난 뒤로 이렇게까지 오래 있을 줄 누가 알았겠느냐.

自汝離家로 寒暑風雨에 一念이 耿耿터니 誰知一往이 如此久遠가

◎ 이상은 할아버지나 아버지가 아들이나 손자에게 부치는 편지이다.

右는 祖父가 寄子孫이라

◎ 다만 형제간이나 숙질간에도 여기에 따라 적절하게 적용하여야 한다.

但兄弟叔姪間에도 此에 遵하야 隨宜適用함을 得함이라

1-5 멀리 헤어졌을 때 보내는 안부편지 부문 : 갑 〔遠地別通候門 : 甲〕

통용〔通用〕

존장〔尊丈〕

○ 길이 멀어서 안부를 물을 길이 없으니 제 마음이 서운합니다.

道途脩遠하야 承候無路하니 下懷伏悵이라

○ 그간 모사某事로 꼭 찾아뵙고 싶었지만 공교롭게도 모모某某의 사고가 있어서 끝내 뜻을 이루지 못하였으니 죄송한 마음이 지극합니다.

間以某事로 必欲晉謁터니 巧値某某事故하야 竟未遂誠하니 悚惶之至라

○ 매번 찾아뵙고 싶었지만 모사某事 때문에 자유롭게 활동하지 못하니, 마음이 간절하지 않은 것은 아니지만 일이 뜻대로 되지 않습니다.

每欲晉謁호되 只緣某役하야 未能自由活動이라 心非不切이언마는 事不由意로다

집사와 노형〔執事及老兄〕

○ 까마득히 서로 멀리 헤어져 때때로 뵙지 못하니 사람을 그립게 합니다.

雲樹[48]迢遞하야 未能時挹淸光하니 令人勞思而已로다

---

48 雲樹 : 친구간에 멀리 떨어져 있음을 이른다. 두보杜甫의 시 〈춘일억이백春日憶李白〉에 "꽃 피는 봄날 위북의 나, 날 저문 저녁놀 강동의 그대〔渭北春天樹 江東日暮雲〕"라는 구절에서 온 말로, 두보가 자신을 위수의 북쪽에 있는 '수樹'로, 이백을

○ 한 번 모시某時에 헤어지고 나서 오직 모인某人이 오는 편에 간략하게나마 안부를 여쭙고 다시 지금까지 소식이 막히니, 서운한 마음이 매우 간절합니다.

一自某時拜別以後로 惟藉某人之來하야 略承存候하고 復阻至今하니 伏悵殊切이라

○ 쓸쓸히 그림자를 돌아보며 꽃에게 물었지만 꽃은 말이 없으니, 이 같은 쓸쓸함을 어떻게 가르침을 남겨 저의 방황하는 마음을 위로하시겠습니까?

顧影蕭然에 問花不語하니 似此寂廖를 其何以垂教而慰此彷徨耶아

평교〔平交〕

○ 각자 하늘 한쪽 끝에 있어서 소식도 따라서 서로 막히니, 그대를 우러러 보며 한갓 오매불망 그리워만 합니다.

各自天一涯하야 音信從而相阻하니 瞻仰伊人에 徒縈寤思라

○ 양쪽에 멀리 떨어져 있어 편지도 통하지 않으니, 한갓 양월梁月의 그리움을 더욱 슬프게만 합니다.

兩地邈隔에 鱗鴻[49]이 不通하니 徒使梁月[50]之思로 益增忉怛耳라

강동江東에 있는 '운雲'으로 비유하여 이른 말이다.

49 鱗鴻 : 한漢나라의 소무蘇武가 흉노匈奴의 땅에서 비단에 쓴 편지를 기러기의 발에 매어 무제武帝에게 보냈다는 고사故事와, 옛날 사람이 먼 곳에 두 마리의 잉어를 보냈는데 그 뱃속에서 흰 비단에 쓴 편지가 나왔다는 고사에서 유래한 말로, '어안魚雁'이라고도 한다.

50 梁月 : '낙월옥량落月屋梁'의 줄임말로, 벗을 그리워하는 마음을 이른다. 당나라의 시인 두보가 이백을 그리워하며 지은 〈몽이백夢李白〉에 "지는 달이 들보에 가득 비치니 오히려 그대의 안색을 보는 듯해라.〔落月滿屋梁 猶疑見顏色〕"라고 한데서 유래하였다.

○ 타향의 화초가 아무리 붉고 푸른 것이 마찬가지지만 이별의 정을 저에게 더하니 어찌하겠는가? 멀리서 그리워하는 마음은 각자 하늘 끝에 있어 더욱 답답하기만 합니다.

異鄕花草가 雖紅綠이 不殊하나 其如添我離情에 何哉오 懸想之心[51]이 各自天涯하니 尤增菀結耳라

시생〔侍生〕

○ 하늘 끝 아득히 떨어져 있으니, 한갓 간절히 오매불망 그립네.

天涯迢迢하니 徒切寤思로다

○ 그리워만 하고 좇지를 못하니, 오직 강가의 구름과 고개의 달만이 그쪽을 비추고 있네.

溯洄莫從하니 惟有江雲嶺月이 照得那邊이로다

○ 사람이 두 곳에서 살고 있고 하늘은 남북으로 나뉘어졌으니, 그리움이 등불과 달빛 아래에서 제 그림자를 돌아보던 때보다 더 간절하다네.

人居兩地하고 天分南北하니 眷眷依戀이 甚切於燈月顧影時也라

○ 서로 멀리 아득히 헤어져 있으니 한갓 오매불망 그립기만 하네. 그대를 바라보니 완연히 물 가운데 있는 듯하네.

雲樹迢遞하니 徒切寤思라 瞻彼伊人하니 宛在水中央[52]이로다

---

51 懸想之心 : 저본에는 '懸想知心'으로 되어 있으나, 문맥을 살펴 '知'를 '之'로 바로잡았다.

52 宛在水中央 : 만나고 싶은 사람이 멀지 않은 곳에 있지만 도저히 만날 길이 없어 안타까워한다는 말이다. 《시경詩經》〈진풍秦風 겸가蒹葭〉에 "갈대가 희니, 이슬이 서리가 되도다. 이른바 저분, 이 물가 한켠에 있도다. 물결을 거슬러 올라 따르려 해도 길이 막히고 멀며, 물결을 따라 내려가 따르려 해도 완연히 물의 중앙에 있도다.〔蒹葭蒼蒼 白露爲霜 所謂伊人 在水一方 溯洄從之 道阻且長 溯游從之 宛在水中央〕"

수하〔手下〕

○ 한 번의 이별로 천리나 떨어져 소식조차 서로 듣지 못하니, 누가 우편법을 만들어냈는지 모두 아무런 쓸모가 없네.

一別千里에 信息도 亦莫之相聞하니 誰人이 造出這郵便法來오 總是無用物이라

○ 산천이 아득히 떨어지고 구름 낀 하늘이 멀리 막혀있으니 축지법을 쓸 수 없는 것이 한스럽네. 장차 사계절을 어떻게 지내는가? 생각할 때마다 이별의 슬픔만 더할 뿐이라네.

山川이 遙阻에 雲天이 逈隔하니 恨無縮地之術이라 將何以度此風花雪月[53]고 每一興懷하면 徒增離別之感이라

◎ 이상은 멀리 떨어진 곳에 서로 살고 있으면서 소식을 전하지 못할 때 주는 편지이다.

右는 闊遠한 地方에 相居하야 通信치 못한데 與하는 書信이라

라는 구절에서 유래하였다.

53 風花雪月 : 바람과 꽃과 눈과 달로 '사철의 경치'를 두루 이르는 말이다. 송宋나라 소옹邵雍의 〈이천격양집서伊川擊壤集序〉에 "비록 사생死生과 영욕榮辱이 눈앞에 전개되어 싸움을 벌인다 할지라도, 마음이 그 속에 개입되지 않는다면, 사시에 따라 바람과 꽃과 눈과 달이 우리의 눈앞에 한 번 스쳐 지나가는 것과 무엇이 다르겠는가.〔雖死生榮辱 轉戰於前 曾未入于胷中 則何異四時風花雪月一過乎眼也〕"라는 구절에서 유래하였다.

1-6 가까운 곳으로 헤어졌을 때 보내는 안부편지 부문 : 갑〔近地別通候門 : 甲〕

통용〔通用〕

존장〔尊丈〕

○ 지척의 거리에 불과하지만 수시로 가르침을 받들지 못하니, 지극히 죄송한 마음은 더 이상 말이 필요 없습니다.

不過咫尺이어늘 未能時承下誨하니 伏悚之極에 不任贅白이라

○ 그대의 집이 가까운데도 수시로 가르침을 받들지 못하니, 죄송한 제 마음을 말씀드릴 방법이 없습니다.

密邇門墻에 未能時承下誨하니 下情伏悚이 無由可達이라

집사와 노형〔執事及老兄〕

○ 몇 걸음 떨어져 있지도 않은데 수시로 안부를 묻지도 못하니, 간절한 그리움은 다른 때 보다 배나 됩니다.

地隔數武어늘 未能時候起居하니 區區勞想이 有倍他時라

○ 가까운 곳에 있으면서도 수시로 안부를 묻지 못해 매우 죄송합니다.

咫尺間에 未及時候起居하니 殊甚伏悚이라

평교〔平交〕

○ 사는 곳은 가깝지만 사람은 멀어 그리워하면서도 따르지 못하니, 저 흰 구름을 바라보니 한갓 절로 아득하기만 합니다.

室邇人遐에 溯洄莫從하니 瞻彼白雲컨대 徒自悠悠로다

○ 구름 낀 산이 멀지도 않고 그대의 집이 아득하지도 않은데, 지척간에 수시로 가르침을 받지를 못하니 애가 타는 듯합니다.

雲山匪渺오 棟宇非遙어늘 咫尺間에 未獲時聆教益하니 方寸如焚이로다

시생〔侍生〕

○ 서로 가까운 곳에 살면서도 이렇게 심하게 소식이 막혔으니 이것을 어떻게 견디겠나?

相距數弓[54]이어늘 阻若是之甚하니 此豈可堪者耶아

○ 그대의 집이 바라보이는 곳에 있으니 원래 고생스럽게 관산關山을 건너는 사람과는 비교할 것이 못되네. 그러나 어찌하겠는가. 세속의 일들이 모여들어 때때로 친히 그대를 만나지 못하고 있다네.

衡門[55]在望하니 原非跋涉關山者의 比也로되 奈緣俗務蝟集[56]하야 未獲時親左右也라

---

54 弓 : '보궁步弓'의 줄임말로, 나무로 만든 토지 측량 기구이다. 위에 손잡이가 있고 모양이 활과 비슷하며, 두 다리 사이의 거리가 1보步로 영조척營造尺의 5자〔尺〕에 해당한다.

55 衡門 : 두 기둥에 한 개의 가로 나무를 얹어 만든 대문으로, 누추한 집을 이른다. 후세에는 은사隱士의 집을 뜻하는 말로 쓰였다. 《시경詩經》〈진풍陳風 형문衡門〉에 "형문의 아래여! 편안히 살 만하도다.〔衡門之下 可以棲遲〕"라는 구절에서 유래하였다.

56 蝟集 : 고슴도치의 털처럼 많은 일들이 한꺼번에 모여듦을 이른다.

수하〔手下〕

○ 서로 떨어진 것이 멀지도 않은데 서로 만나는 것이 이처럼 어려우니, 아무리 상황 때문이라고는 하지만 피차간에 무심한 데 불과하네.

相隔牛鳴[57]에 相面이 如是之難하니 雖因勢也나 亦不過彼我之無心也로다

○ 불과 서로 보이는 곳인데도 이렇게 서로 소식이 막혔으니, 내가 아무리 가지 않는다지만 그대도 어찌 오지 않는가?

不過相望之地어늘 如是相阻하니 我縱不往이나 君寧不來아

◎ 이상은 매우 가까운 곳에 살면서 소식을 전하지 못했을 때 보내는 편지이다.

右는 甚近한 地方에 相居하야 通信치 못한데 與하는 書信이라

---

57 牛鳴 : 소울음소리가 들릴 정도로 가까운 곳을 이른다.

1-7 찾아갔지만 만나지 못했을 때 보내는 편지 부문 : 갑〔造訪未遇門 : 甲〕

통용〔通用〕

존장〔尊丈〕

○ 지난번 당신 댁을 찾아 갔었는데, 마침 모지某地로 행차하시어 만나 뵙지 못하고 돌아오니 아직도 서운합니다.

向造門屛터니 適因行次某地하야 未獲拜謁而還하니 尙切伏悵이라

○ 늘 찾아뵙고 싶었지만 머뭇거리다가 실행치 못하였는데, 지난번 겨우 찾아갔다가 또 만나 뵙지 못하고 물러나왔으니, 저의 서운한 마음이 바다와 같이 깊습니다.

恒擬晉謁호되 因循未果터니 向纔趨晉하야 又失拜謁而退하니 下情伏悵이 與海俱深이라

○ 지난번 편지를 받고 곧바로 찾아뵈니, 이미 수 일 전에 모지某地로 행차하시어 오래지 않아 돌아오신다고 하였습니다. 그러나 모某 사정으로 공손히 기다리지 못하고 서둘러 돌아오니 아직도 서운합니다.

向有下敎故로 卽地趨造則已於數日前에 行次某地하시와 未久還次云이나 以某事故로 未獲恭俟하고 徑卽還歸하니 尙庸伏悚이라

집사와 노형〔執事及老兄〕

○ 지난번 모모某某와 함께 당신 댁을 찾아갔었는데, 공교롭게도 당신

께서 모지某地로 행차하시어(일에 따라 기입함) 끝내 만나 뵙지도 못하고 돌아오니 서운함을 말로 하기 어렵습니다.

向與某某로 伴造仙庄터니 巧値駕行某地하야(隨事記入) 遂失拜晤而歸하니 伏悵難喩라

○ 늘 찾아뵙고 싶지만 한갓 공무(속무)가 얽혀 뜻을 이루지 못하였는데, 지난번 휴가로(일에 따라 기입함) 잠깐 당신 댁을 찾아갔습니다. 그러나 어찌하겠습니까. 모지某地로 외출하여 마침내 생각했던 것과 어긋나니, 하늘이 주신 인연이 어찌 이리 박절합니까?

每欲趨候하되 徒以公(俗)務蝟絆하야 末由遂意터니 向因休暇(隨事記入)하야 暫晉貴庄이나 奈稅(탈)駕某地하야 竟違所料하니 天與之緣이 何其薄耶아

○ 모시某時에 우연히 당신의 집으로 찾아갔지만 만나뵙지 못하였으니, 근심스런 마음이 저도 모르게 속마음으로 슬펐습니다.

某時에 偶造高庄하야 未獲承拜하니 悄然之情이 不覺悠然于五內[58]矣라

평교〔平交〕

○ 오랫동안 계획을 세웠다가 지난번에 겨우 찾아갔지만 끝내 거절을 당하였으니,[59] 유감스럽게도 저에게 부족함이 있어서인지요?

許久經營타가 頃才叩門하야 畢竟見謝하니 無奈來者之意가 有不足耶아

○ 지난번 모지某地로 나아가 당신 댁에 들렀지만 마침내 방문하는 것을 허락하지 않으니, 선계와 속계의 인연이 이렇게 멀단 말입니까?

---

58 五內 : '오장五臟'과 같은 말이다.

59 見謝 : '거절을 당하다.'는 뜻으로, 서로 친한 사이에 쓰는 말이다.

向因前晉某地하야 歷叩仙庄터니 竟不許漁郞問津[60]하니 仙凡之緣이 固如是迥殊耶아

○ 지난번 모모某某 사건으로 당신께 나아가 말씀드리려고 했었는데, 마침 출장을 가서 이야기를 나누지 못하고 돌아오니 서운함을 어찌 형언할 수 있겠습니까?

向因某某事件하야 委造貴聽터니 適値出張하야 未能穩討而歸하니 悵何言喩리오

○ 모일某日에 모사某事를 의논하기 위해 당신께 나아갔는데, 조물주의 시기로 바람을 이루지 못하게 되니 매우 서운합니다.

某日에 爲議某事하야 專造左右러니 乃爲造物所忌하야 未獲遂願하니 甚悵然耳라

시생〔侍生〕

○ 지난번 그대 댁을 찾아갔지만 악수하고 회포를 풀지 못하였으니, 상황이 그렇게 만든 것이지만 인연이 야박하다네.

頃造軒扉하야 未得握敍하니 勢雖所使나 緣則薄矣라

○ 지난번 모모某某 일을 건의하기 위해 찾아갔지만 만나지 못하니 매우 서운하였네.

向有某某事 仰議件하야 委進失拜하니 悵仰殊甚이라

○ 지난번 모모某某의 소송사건이 있어 귀청貴廳(귀소貴所)로 찾아갔더니, 족하께서 그 사이에 이미 모지某地로 전임되었다는 것을 몰라(그 사이

60 問津 : '상대의 집을 방문하는 것'을 이른다. 《논어論語》〈미자微子〉에 "장저와 걸닉이 김매며 밭 갈고 있을 때 공자가 지나가다가 자로를 시켜 나루터를 물어보게 하였다.〔長沮桀溺 耦而耕 孔子過之 使子路問津焉〕"라는 구절이 있다.

에 이미 자리에서 물러나) 마침내 실망하고 돌아왔으니, 서운함을 어떻게 형언할 수 있겠는가?

向有某某訴訟件하야 委造貴廳(所)터니 無知足下間已轉任某地(間已辭免)하야 遂失所望而歸하니 悵何言喩리오

○ 지난번 모지某地를 유람(시찰·관광)하고 걸어가다가(기차·기선을 타고서) 잠깐 댁을 들렀는데, 또 원하던 바를 이루지 못하니 서운함이 매우 간절하다네.

曩爲遊覽(視察·觀光)某地하야 徒步而往(從汽車·汽船)타가 暫歷貴所에 又失所願하니 悵耿尤切이라

수하〔手下〕

○ 오랫동안 만나고 싶었는데 아직 만나보지 못했으니 인연이 어찌 그렇게 야박한가? 부득이 만사를 제쳐두고 찾아갔지만 또 다시 헛걸음만 했으니 하늘이 실로 그렇게 만든 것이네. 사람이 어떻게 하겠는가?

久欲相面하되 尙此未得하니 緣何其薄耶아 不得已하야 掃萬往訪터니 又復値空하니 天實爲之라 人其奈何오

○ 지난번 모사某事로 모지某地로 갈 때 그대에게 들렀는데 마침 출타하여 만나지 못하였으니 매우 서운하네.

曩日以某事로 往某地할새 歷進轉晉貴所하야 値出他未遇하니 缺然殊甚이라

◎ 이상은 상대를 방문했지만 만나지 못하였을 때 보내는 편지이다.

右는 相對者를 訪問하야 相逢치 못한데 與하는 書信이라

1-8 찾아가서 만났을 때 보내는 편지 부문 : 갑 〔造訪得遇門 : 甲〕

통용〔通用〕

존장〔尊丈〕

○ 지난번 찾아뵌 이후 지금까지 소식이 막히니 마음이 답답합니다.

曩者進謁以後에 阻候至今하오니 伏鬱伏鬱이라

○ 모일某日 찾아뵙고 친절하신 하교를 받드니, 맹세코 가슴에 새겨 죽을 때까지 잊지 않겠습니다.

某日晉謁에 穩承下教하와 諄諄誾誾하시니 誓以服膺하야 終生不失이로소이다

집사와 노형〔執事及老兄〕

○ 지난번 찾아뵙고 훌륭한 말씀을 받드니, 자못 품고 있던 회포에 위안이 되었지만 지금까지 소식이 막히니 매우 서운합니다.

向日晉拜에 荷承高誨하야 殊慰素懷而仍阻至今하니 旋切伏悵이라

○ 모일某日 찾아뵈니 저를 멀리 하지 않고 따끔한 가르침을 주시어 어리석은 사람을 지혜롭게 하고 불초한 사람을 어질게 하시니, 마음속에 들어와 잊지 못하는 것이 실로 끝이 없습니다.

某日造拜에 不我遐棄하시고 賜以頂針하사 俾愚者可智오 不肖者可賢하니 令人感佩가 實無其涯라

평교〔平交〕

○ 지난번 찾아뵙고 다정하고 친절한 말씀을 받았으니 아직도 잊지 못하겠습니다. 그런데 또다시 지금까지 소식이 막히니 매우 서글픕니다.

曩日造門에 承浴眷眷注渥하니 尙庸感佩而阻又至今에 旋切悵結이라

○ 모일某日 당신을 찾아뵙고 말씀을 들으니 저도 모르게 두 귀에서 향기가 나서 집으로 돌아왔는데도 여운이 사람을 엄습합니다.

某日에 進拜左右하야 獲承淸誨하니 不覺兩耳生香이라 還棲에 猶覺餘韻襲人이로다

시생〔侍生〕

○ 지난번 찾아갔었는데 친절하게 대우를 해 주어 아직도 간절히 가슴에 잊지 못하고 있었는데, 또다시 소식이 막히니 서운함이 위안되는 마음보다 더하네.

頃者晉拜에 荷承慇慇眷注하야 銘佩尙切而因又阻隔하니 悵甚於慰로다

○ 모일某日에 댁을 찾아뵙고 분에 넘치는 친절한 대우를 받으니, 아직도 간절히 감사할 뿐이라네.

某日에 前晉仙庄하야 仍荷分外注渥하니 尙切感荷而已라

수하〔手下〕

○ 접때 찾아가 간략하게나마 오래 헤어졌던 슬픈 심정을 폈는데, 그사이에 또 소식이 막힌 지 오래되니 매우 서운하네.

頃日晉訪에 略敍闊情而間阻又久하니 悵又甚矣라

○ 모일某日 집으로 찾아갔다가 너무 많은 누를 끼쳐 지금까지도 미안하네.

某日에 先晉貴所라가 貽累太甚하야 尙今未安이라

◎ 이상은 평소 서로 알고 있는 사람을 방문하여 상대를 만나고 집으로 돌아오고 나서 보내는 편지이다.

右는 素所相知者를 往訪하야 相逢하고 歸來後에 與하는 書信이라

1-9 찾아온 상대를 만나지 못했을 때 보내는 편지 부문 : 갑〔被訪未遇門 : 甲〕

통용〔通用〕

존장〔尊丈〕

○ 어느 날 모某 시험을 보기 위하여 전에 모지某地로 갔다가 며칠을 지내고 돌아왔는데, 그사이에 당신께서 뜻밖에 찾아오셨는데 만나지 못하였으니 죄송한 마음을 어떻게 말씀드리겠습니까?

某日에 爲見某試時驗하야 前往某地라가 經幾日而還則間者에 尊駕謂外下臨이어늘 未能迎謁하니 伏悚何達가

○ 지난번 행차에 마침 모사某事로 인해 모지某地에 가서 만나지 못하였으니 죄송합니다.

向日行次時에 適因某事往某地하야 未能伏謁하니 伏悚伏悚이라

집사와 노형〔執事及老兄〕

○ 모시某時에 저의 집을 찾아오셨는데 마침 출근하여(일에 따라 기입함) 서둘러 달려가 맞이하지 못하여 장자長者의 차를 욕되게 더러운 먼지를 뒤집어쓰게 하였으니 매우 죄송합니다.

某時에 惠臨弊居어늘 適因仕進(隨事記入)하야 未能倒屣[61]而迎하야 使長者車로 虛辱陋塵하니 主臣實甚이라

61 倒屣 : 상대를 급히 맞이하느라 '신발을 거꾸로 신는다.'는 뜻으로, 매우 반갑게 손님을 맞이하는 것을 형용하는 말이다.

○ 지난번 출타하여 끝내 당신을 빈 걸음하고 돌아가시게 하였으니, 죄송한 마음을 어떻게 말씀드리겠습니까?

向因出他하야 竟使御者[62]로 空還하니 悚何可達가

평교〔平交〕

○ 모시某時에 은혜롭게 찾아와 주셨는데 맞이하지 못해, 지금까지 죄송합니다.

某時惠顧에 有失迎迓하니 尙今悚仄이라

○ 지난번 모지某地로 모우某友를 찾아갔다가 돌아와 보니 그대가 찾아와 주셨는데, 끝내 주인의 도리를 잃어 만나지 못하였으니 아직도 죄송하고 서운합니다.

向訪某友於某地而還則高軒[63]左顧[64]에 遂失主人之道하여 無從良晤하니 尙悚且悵이라

시생〔侍生〕

○ 지난번 애써 찾아와 주었는데, 마침 모지某地로 길을 떠나 친구로 하여금 만나지도 못하고 돌아가게 하였으니 오랫동안 서운하였네.

---

62 御者 : 원래는 '말몰이꾼'을 이르는 말이지만, 상대를 직접 지칭하지 않고 아랫사람을 지칭함으로써 윗사람을 이르는 경우이다.

63 高軒 : '상대의 수레'를 높여 이르는 말이다.

64 左顧 : 윗사람은 오른쪽, 아랫사람은 왼쪽에 자리하기 때문에 윗사람이 아랫사람을 돌아본다는 뜻이다. 남의 방문을 감사하는 뜻으로 이르는 겸사이다. 두주頭註에 "보통 좌우의 경우 왼쪽이 오른쪽에 비해 낮은 쪽이다. 그래서 왼쪽을 돌아본다는 것은 '낮은 곳으로 왕림하다.'는 뜻이다.〔普通左右에는 左卑於右故로 左顧난 屈臨卑處之意오〕"라고 하였다.

頃勞惠訪이어늘 適値作某地行하야 惟使故人으로 留題鳳字[65]而歸하니 悵悵者久之로다

○ 어제 애써 멀리서 찾아와 주었는데, 마침 출타하여 왼쪽 자리를 비워 두고 맞이하지 못하였으니 죄송하네.

昨勞遠訪이어늘 適有他之하야 未能虛左[66]하니 負罪負罪라

수하〔手下〕

○ 지난번에 찾아주었는데 만나지 못하였으니, 서운함을 말로 할 수 없네.

頃者來訪에 未能接見하니 悵甚不可言이라

○ 모일某日 자네가 왔는데 내가 모사某事로 모지某地로 가서 만나지 못하였으니 매우 서운하였네. 언제쯤 마땅히 다시 오려는가?

某日汝來어늘 我以某事로 往某地라가 未能見之하니 甚悵處也라 那當更來否아

◎ 이상은 상대가, 내가 외출한 가운데 찾아와서 만나지 못하였을 때 보내는 편지이다.

右는 相對者가 我의 出他한 中에 來訪하야 相逢치 못한데 與하는 書信이라

---

65 留題鳳字 : 《세설신어世說新語》〈간오簡傲〉에 "혜강嵇康이 여안呂安과 더불어 좋게 지내는 사이여서 서로 생각이 날 때면 천리길을 멀다 하지 않고 방문하였다. 뒤에 여안이 찾아오자 혜강은 때마침 집안에 없고 그의 형 희喜가 문을 열고 나가 맞았는데 여안은 들어오지 아니하고 문 위에 '봉鳳'자를 써놓고 가니 희는 깨닫지 못하고 오히려 기쁘게 여겼다."라고 하였다. '봉'자를 쓴 것은 '봉'이 범조凡鳥의 뜻이므로, 자신을 맞이한 혜강의 형 혜희가 말상대가 되지 못함을 조롱한 것이다. 전의되어 사람을 만나러 갔다가 만나지 못함을 이른다.

66 虛左 : 두주頭註에 "손님과 주인이 만나는 자리에는 왼쪽이 오른쪽보다 높기 때문에 왼쪽을 비워 두는 곳은 높은 곳을 양보하여 손님을 앉히는 것을 이른다.〔賓主會席에는 左高于右故로 虛左는 謂讓高處而坐客也〕"라고 하였다.

1-10 찾아온 상대를 만났을 때 보내는 편지 부문 : 갑 〔被訪得遇門 : 甲〕

통용〔通用〕

존장〔尊丈〕

○ 지난번 찾아와 주신 것도 죄송한데, 험한 길을 어떻게 돌아가셨는지요? 매우 답답합니다.

向者下臨은 伏悚而崎嶇道路에 何以還次否아 旋切伏鬱이라

○ 지난번 저의 집을 찾아와 주신 것이 아직도 감사한데, 댁으로 돌아가신 뒤 지금까지 소식이 막혔으니 매우 서운합니다.

曩者下次는 尙庸伏感而還次後에 仍阻至今하오니 旋切伏悵萬萬이라

○ 지난날 찾아와 주신 것도 죄송한데, 바쁜 일로 하룻밤 묵지도 못하고 곧바로 댁으로 돌아가셨으니 매우 죄송합니다.

先日下臨은 伏悚伏悚而以悤撓로 未能經宿하시고 因卽還次하시와 尙切伏悚이라

집사와 노형〔執事及老兄〕

○ 지난날 찾아와 주시어 문득 누추한 집을 천 길이나 빛나게 하셨지만, 돌아가실 때는 서쪽으로 해가 벌써 저물었는데, 과연 어떻게 잘 도착은 하셨는지요?

向日惠臨은 頓令蓬蓽[67]로 生紫千丈而但回駕之時에 西景이 已暮하니 果何而穩抵否아

○ 모일某日 찾아와 주신 것은 아직도 감사한데, 다시 이렇게 소식이 막히니 서운하고 보고픈 마음 더욱 간절합니다.

某日光臨은 尙切感荷而復此阻候하니 悵仰尤切이라

○ 일전에 당신께서 왕림해주시어 반나절동안 맑은 가르침을 받았으니, 지금까지도 영광스럽고 감사합니다.

日者에 高軒이 賁臨하야 穩承半日淸誨하니 至今榮感이라

평교〔平交〕

○ 일전에 찾아오시어 누추한 집을 빛나게 해주셨지만, 주인이 형편없어 장자長者를 오랫동안 머물게 하지 못하고 곧바로 돌아가게 했습니다. 길이 더욱 나쁜데 과연 잘 도착하셨는지요?

日前辱臨은 弊居生光而爲主無狀하야 不能使長者車로 久住하고 旋卽還旆에 道路尤惡하니 果能穩抵否아

○ 모일某日 찾아와 주신 것은 평소 그리던 마음에 위안이 되었지만, 지금 또 소식이 막히니 서운함이 더욱 새롭습니다.

某日賁臨은 足慰生平而阻又至今하니 悵耿又新이라

○ 어제 왕림해주니 위안되는 마음을 잊기 어렵습니다.

昨承枉訪하니 荷慰難忘이라

---

67 蓬蓽 : 쑥대와 싸리나무로 엮어 만든 초라하고 보잘것없는 자신의 집을 가리킨다.

시생〔侍生〕

○ 지난번 찾아와준 것은 진실로 깊은 사랑에서 나온 것인데, 오랫동안 그대에게 가르침을 받지 못하고 곧바로 돌아가고나서 날이 또 저물었네. 도중에 곤란한 일은 면하였는가? 간절히 소식을 듣고 싶네.

曩者光顧는 寔出存渥之隆而未得久承淸誨하고 因卽還稅에 日又晩矣라 能免中道之困難否아 旋切願聞이라

○ 모일某日 찾아와 준 것은 아직도 위안이 되는데, 갑자기 지금까지 소식이 막히니 서운한 마음이 끝이 없네.

某日惠顧는 尙切慰荷而旋阻至今하니 悵不可旣라

○ 어제 왕림해 주어 조용히 시간을 보냈으니, 위안되는 마음이 어찌 끝이 있겠는가?

昨日枉顧에 從容移晷하니 慰荷何極가

수하〔手下〕

○ 모일某日 찾아와 준 것은 아직도 감사한데, 돌아가는 길에 해 저물고 길 막히는 탄식은 면하였는가? 매우 답답하네.

某日委訪은 尙今爲荷而歸路에 能免日暮道窮之歎否아 鬱鬱殊甚이라

○ 지난번 찾아와 준 것이 아직도 위안이 되고 감사한데, 돌아가는 길은 과연 무사히 댁에 잘 도착하였는가? 지금까지 또 소식이 막히니 답답한 마음이 새롭네.

向者歷訪은 尙今慰感[68]而歸路에 果能無事抵家否아 阻又至此하니 爲鬱如新이라

---

68 慰感 : 저본에는 '爲感'으로 되어 있으나, 문맥을 살려 '慰感'으로 바로잡았다.

○ 어제 왕림해 주신 것이 비록 감사하였지만 모사某事 사정으로 하룻밤 묵지도 못하였으니 한탄스럽네.

昨枉은 雖感而緣某事故하야 未穩經宿하니 爲歎이라

◎ 이상은 평소 서로 아는 사람이 방문하여 만나고 돌아간 뒤에 보내는 편지이다.

右는 素所相知者가 來訪하야 相逢하고 歸去後에 與하는 書信이라

1-11 서로 방문하여 만나지 못했을 때 보내는 편지 부문 : 갑〔互訪未遇[69]門 : 甲〕

통용〔通用〕

존장〔尊丈〕

○ 지난 모일某日에 문하로 찾아뵈었는데 마침 다른 곳으로 행차하여 만나 뵙지 못하고 돌아왔었는데, 당신이 그사이에 이미 방문하시는 바람에 중간에서 길이 엇갈려 버렸으니 매우 서운하고 죄송합니다.

向在某日에 趨晉門下러니 値他處行次하야 未能承顔而歸則乃尊駕가 間已下臨하사 中間交違하니 伏悵伏悚之至라

집사와 노형〔執事及老兄〕

○ 지난날 댁을 찾아뵈었지만 만나뵙지 못하고 곧바로 집으로 돌아왔었는데, 당신이 그 사이에 또 저의 집을 왕림하시는 바람에 맞이하지 못하였으니 하늘이 인연을 가로막는 것이 어찌 이리도 야박하단 말입니까?

向日委晉門屛하야 未獲承拜하고 因卽還家則尊車가 間又枉屈하야 有失迎迓하니 天之阻緣이 何其薄耶아

평교〔平交〕

○ 지난번 모일某日에 저는 형의 댁을 찾아뵙고 형은 저의 집에 왕림하

---

69 遇 : 저본에는 '逢'으로 되어 있으나, 문맥을 살펴 '遇'로 바로잡았다.

시는 바람에 오고가는 사이에 마침내 만나지 못하였으니, 인연을 어찌하겠습니까?

向於某日에 弟叩兄門하고 兄枉弟所하야 往來之際에 遂失拜晤하니 緣也奈何오

시생〔侍生〕

○ 모일某日 형이 우리집을 방문하고 나도 형의 집을 찾아가는 바람에, 서로 길이 어긋나 마침내 만나지 못하였으니 서운함을 어찌하겠나?

某日兄[70]枉弟晉하야 互相交違하야 竟未言拜하니 悵何如之리오

수하〔手下〕

○ 지난번 방문했을 때도 만나지 못하고, 내가 찾아갔을 때도 만나지 못해 지금까지도 매우 서운하네.

向者專訪이어늘 而未之相逢하고 鄙亦晉往하야 亦不能見하니 尙今悵甚이로다

◎ 이상은 서로 방문하여 오고가는 사이에 중간에서 서로 길이 어긋나 만나지 못하였을 때 보내는 형식이다.

右는 相互訪問하야 來往之際에 中間相違하야 不得相逢한데 與함이라

---

70 兄 : 나이가 비슷한 동료나 아랫사람을 높여 이르는 말이다.

1-12 방문하고 싶을 때 보내는 편지 부문 : 을〔方欲致書門 : 乙〕

통용〔通用〕

존장〔尊丈〕

○ 편지를 올리려고 했는데 보내신 편지가 마침 이르니, 매우 위안이 되었습니다.

方擬上書터니 下書가 適至하니 伏慰萬萬[71]이라

○ 해가 바뀐 지 이미 몇 달이 되었는데, 아직도 편지를 드리지 못하였으니 매우 죄송합니다.

歲換이 已數朔而尙闕上書하니 政切伏悚이라

○ 이즈음 문안을 드리고 싶었는데 마침 보내신 편지를 받드니, 위안이 되고 죄송합니다.

際[72]欲問安터니 適伏承下書하니 伏慰伏悚이라

---

71 伏慰萬萬 : 두주頭註에 "만만萬萬은 '만 번이나'의 뜻이니 '만천萬千'과 '천만千萬'도 모두 이뜻이다. '복행伏幸·복하伏賀·복망伏望' 등의 말 아래에 이러한 말이 많이 쓰이는데 조선朝鮮의 서간문의 특징으로, '만 번이나 위로된다'는 말이다.〔萬萬은 萬番이나라는 意니 萬千 千萬도 皆此意며 伏幸伏賀伏望等語下에 此等語를 多用하나니 卽朝鮮書簡文의 特徵이라 謂萬審이나 慰勞된다는 語라〕"라고 하였다.

72 際 : 두주頭註에 "제승際承과 제복승際伏承의 '제際'자는 위의 글을 이어서 아래의 글을 이끌어낼 때 사용하니, '어떠어떠할 즈음에 어떠어떠하다.'라고 할 때 쓴다.〔際承際伏承之際字난 上文의 言을 承하야 下文의 言을 引出할 時에 用함이니 如何如何할 즘에 如何如何하다난時에 用홈〕"라고 하였다.

○ 봄이 가고 여름이 와서 마침 안부를 여쭙고 싶었는데 보내신 편지가 도착하니 마치 말씀을 듣는 것 같았습니다.

春去夏至에 適欲問候터니 下札이 辱至하니 如承驚咳[73]라

집사와 노형〔執事及老兄〕

○ 해가 바뀌고 한 달이 거의 다 갔는데, 아직도 안부를 묻지 못하여 매번 오로지 소식을 여쭙고 싶었지만 시일만 끌고 그러지 못하던 중에 보내신 편지를 받고 보니 매우 위안이 되었습니다.

歲換月將盡而尙阻奉敍하야 每欲專探而因循未果터니 卽承下函하니 披慰萬千이라

○ 멈춘 구름은 뭉게뭉게 피어오르고 때맞게 내리는 비는 자욱한데 편지를 써서 안부를 여쭈려고 했었는데, 생각지도 못하게 한 통의 편지가 은혜롭게 도착하니 한번 만나서 이야기한 것 못지 않습니다.

停雲藹藹하고 時雨濛濛[74]한데 擬裁書仰候터니 何料一書가 惠然하니 不減一場盍簪[75]이라

평교〔平交〕

○ 편지를 써서 안부를 드리려고 하였는데, 이럴 즈음에 먼저 보내신 편지를 받으니 도모하지 않고도 마음이 같아졌다고 할 만 합니다. 그러니 위

---

73 謦咳 : 저본에는 '驚咳'로 되어 있으나, 문맥을 살펴 '驚'을 '謦'으로 바로잡았다.

74 停雲藹藹 時雨濛濛 : 진晉나라의 도잠陶潛이 친구를 그리워하는 내용으로 지은 〈정운停雲〉 시에 "멈춘 구름은 뭉게뭉게 떠오르고 때맞게 내리는 비는 자욱하네.〔停雲藹藹 時雨濛濛〕"라고 하였는데, 후에 친구를 그리워하는 뜻으로 전의되었다.

75 盍簪 : '벗들이 모이는 것'을 이른다. 《주역周易》 예괘豫卦에 "말미암아 즐거워하니 크게 얻는다. 의심하지 않으면 벗들이 모여들리라.〔由豫 大有得 勿疑 朋盍簪〕"라는 구절에서 유래하였다.

안되는 마음이 마땅히 어떠하였겠습니까?

方把筆擬候터니 此際에 獲承先施惠札하니 可謂不謀而同이라 慰當何如오

○ 간절히 그립던 차에 편지가 마침 도착하니 어찌 천금에 비할 뿐이겠습니까? 다만 저의 답장을 도리어 문후한 것으로 간주해 주십시오. 그저 웃습니다.

方切景仰터니 華函이 適至하니 奚啻千金이리오 第將仰答하야 飜作問候看也하라 可呵可呵라

시생〔侍生〕

○ 봄에 만물이 소생하는데 편지가 도착하니, 매우 위안되는 마음을 알 것이네.

春生書至하니 慰甚을 可知라

○ 인편을 통해서 보낸 편지는 새해의 첫 번째 소식이니, 위안되는 마음이 어떠하겠는가?

便至惠書는 此是新年第一着이라 何慰如之리오

○ 심부름꾼을 통해 안부하려던 차에 그대의 편지가 마침 도착하였으니, 그대와 나의 마음은 도모하지 않고도 저절로 같아졌으니 위안되고 부끄럽네.

方擬專探터니 貴函이 適至하니 乃知君我心事가 不謀自同이라 爲慰且愧라

수하〔手下〕

○ 눈이 내리는 가운데 우두커니 앉아있다가, 뜻밖에 편지를 펼쳐보니 위안이 되었네.

雪中塊坐터니 忽披手書하니 爲慰爲慰라

○ 심부름꾼을 통해 안부를 물으려고 하였는데, 안부를 묻는 편지가 먼저 도착하니 매우 감사하네.

卽欲伻探터니 平書先至하니 荷甚荷甚이라

◎ 이상은 상대에게 편지를 보내려고 하던 차에 상대의 편지가 먼저 도착하여, 이에 대한 답장으로 쓰는 경우이다.

右는 方將相對者에게 致書코져하다가 相對者의 書가 先來한 答書에 用함이라

1-13 편지를 받고 답장이 지체되었을 때 보내는 편지 부문 : 을〔承書稽答門 : 乙〕

통용〔通用〕

존장〔尊丈〕

○ 지난번 보내신 편지는 위안이 되었지만, 아직도 답장을 드리지 못하니 지금껏 섭섭합니다.

向日下書는 伏慰而尙未上答하니 尙今伏悵이라

○ 지난번 우편을 통해 보내신 편지를 받고도 아직 답장을 보내지 못했으니 매우 죄송합니다.

向日郵便下書는 卽伏承而未卽上答하니 伏悚伏悚이라

○ 지난번 모일某日에 모지某地로 길을 나섰다가, 며칠 뒤에 집으로 돌아와 보니 편지를 보내신 지 벌써 며칠이나 지났습니다. 위안되는 나머지 다시 매우 죄송한 마음뿐입니다.

向於某日에 作某地之行하야 幾日后에 歸家則下書之來가 已幾日矣라 伏慰之餘에 更切伏悚이라

집사와 노형〔執事及老兄〕

○ 지난번 보내신 편지는 받고도 곧바로 답장을 드리지 못하였으니, 죄송한 마음이 위안되는 마음보다 더합니다.

頃者惠書는 謹領而未卽仰謝하니 悚甚於伏慰라

○ 모일某日 우편(모某 인편)을 통하여 보내신 편지는 그날 받아보았지만 외출하느라 곧바로 답장을 드리지 못하였으니, 혹시라도 은혜롭게 용서하여 주시겠습니까?

某日郵便(某便)華翰은 伊日捧讀하되 因卽出他하여 未卽呈謝하니 倘蒙惠燭[76]否아

○ 지난번 여름 복중 휴가에 모지某地로 출타하여 며칠을 보내고 돌아왔는데, 편지가 책상머리에 놓여 있어 펼쳐서 여러 번 읽어보니 감사하고 죄송한 마음이 모두 간절하였습니다.

向因暑中伏暇하야 作某他行하야 費幾日而歸則華函이 留在案頭하니 披讀再三에 感悚交切이라

평교와 시생〔平交及侍生〕

○ 지난날 보내신 편지는 아직도 위안이 되는데, 즉시 답장을 드리지 못하였으니 죄가 매우 깊습니다.

向日惠書는 尙慰而未卽仰謝하니 負罪殊甚이라

○ 지난번 편지는 즉시 받았지만 출타하느라, 곧바로 답장을 드리지 못하였으니 매우 죄송합니다.

頃者郵翰은 卽承而因出他하야 未卽修謝하니 仰悚殊甚이라

○ 지난번 모사某事로 갑자기 모지某地로 출타하였다가 며칠 만에 돌아와 보니 편지가 그 사이에 이미 책상 위에 있은 지 벌써 여러 날이 지났습니다. 몇 번이고 읽어보니 간절한 그리움은 사뭇 위안이 되었지만 소홀히 한 죄는 피할 수가 없습니다.

---

76 燭 : 두주頭註에 "물건을 비추는 것이니, 초가 밝게 물건을 비추듯이 살펴서 용서함을 이른다.〔所以照物也니 謂如燭之明而照而恕之也〕"라고 하였다.

頃以某事로 猝行某他하야 費幾日而歸則朶雲[77]이 間已留在床上하야 已經幾日이라 捧讀再三하니 渴仰은 殊慰나 疎忽難追이라

○ 지난번에 받았던 편지는 아직도 위안이 되는데, 지금까지 답장을 지체하였으니 위안 끝에 곧바로 한탄스럽습니다.

頃函은 尙慰而稽謝至今하니 慰餘旋悵이라

○ 접때 모사某事로 모지某地에 갔다가 며칠 만에 돌아오니, 보내신 편지가 책상머리에 머물러 있은 지 벌써 며칠이나 지났습니다. 위안이 되고 죄송한 마음이 모두 간절합니다.

曩以某事로 作某地行하야 幾日而歸則貴函이 來留案頭가 已幾日矣라 慰悚이 交切이라

○ 지난날 편지를 받고 위안이 되었지만, 아직도 답장을 드리지 못하였으니 매우 죄송합니다.

向日惠函은 仰慰而稽謝至今하니 悚甚悚甚이라

○ 여러 번 편지를 보내셨는데 한 번도 답장을 드리지 못하였으니, 게으른 죄를 용서해주기를 감히 바라겠습니까?

屢度惠書를 一未仰謝하니 疏嬾之罪를 敢望厚恕아

수하〔手下〕

○ 지난번 편지는 매우 위안이 되었지만, 아직까지 답장을 보내지 못하

---

77 朶雲 : '다섯 송이 구름'이라는 뜻의 '오타운五朶雲'의 줄임말로, 상대의 편지를 이른다. 당唐나라의 명필 위척韋陟이 오채五彩의 종이를 사용해 편지를 썼는데 답장할 때 시첩侍妾에게 쓰도록 하고 자신은 마지막에 서명만 하였는데 초서로 서명한 '척陟'자가 다섯 송이의 구름 모양과 비슷하다는 데서 유래한 말이다.

고 있으니 매우 미안하여 뵐 낯이 없네.

曩書는 甚慰而未卽修答하니 甚慊然也로다

○ 지난번의 편지는 즉시 받았지만 바빠서 답장을 보내지 못하였으니, 한탄스러운 마음을 말로 하기 어렵네.

向者手書[78]는 卽見而因忙未謝하니 悵悵難言이라

○ 지난번 모某 축하회에 참석하기 위해 잠시 모지某地로 갔다가 돌아와 보니 편지가 이미 도착해 있었는데 우편이 부실하여 아직도 답장을 보내지 못하였으니, 서운한 마음이 위안되는 마음보다 더하네.

向爲參某祝賀會하야 暫往某地라가 歸而視之則手信이 已來到하되 以便遞之不實로 尙爾稽答하니 悵甚於慰라

○ 편지를 여러 번 받고 한 번도 답장을 보내지 못하였으니 한스러움을 말로 할 수가 없네.

屢次手函을 一未答謝하니 悵不可言이라

◎ 이상은 상대의 편지를 받고 곧바로 답장을 보내지 못했을 경우에 쓰는 것이다.

右는 相對者의 書를 受하고 未卽答候함에 用함이라

---

78 手書 : '손수 쓴 편지'라는 뜻으로, 손아랫사람에게 쓰는 편지를 이르는 말이다.

1-14 편지를 보냈는데 답장이 없을 때 보내는 편지 부문 : 갑〔致書無答門 : 甲〕

통용〔通用〕

존장〔尊丈〕

○ 지난 어느 달 어느 날에 모某 인편을 통해 보낸 편지는 이미 받으셨을 텐데, 아직도 답장을 받지 못하고 있으니 답답합니다.

去何月何日에 某便上書는 伏想已下覽而未承下答하니 伏鬱伏鬱이라

○ 지난번에 보낸 편지는 아직도 답장을 받지 못했으니, 필시 벌써 중간에서 유실되었을 것입니다.

向日上書는 未承下答하니 必已爲喬沈[79]也로다

○ 일전에 보낸 편지는 벌써 받으셨으리라 생각합니다.

日前上答書는 伏想已下燭矣라

집사와 노형〔執事及老兄〕

○ 지난번 모某 인편을 통해 보냈던 편지는 아직도 정중한 답장이 없으

---

79 喬沈 : '부침浮沈·홍교紅喬' 등으로도 쓰이며, 남의 편지가 중간에 누락되어 제대로 전달되지 않은 것을 이른다. 《세설신어世說新語》〈임탄任誕〉에, 진晉나라 은선殷羨이 예장군豫章郡의 태수太守의 임기를 마치고 떠날 즈음에 사람들이 100여 통의 편지를 주면서 경성京城에 전달해 줄 것을 청하였는데, 석두石頭까지 와서 모조리 물속에 던져 놓고는 "가라앉을 것은 가라앉고 떠오를 것은 떠올라라. 내가 우편배달부 노릇을 할 수는 없다.〔沈者自沈 浮者自浮 殷洪喬不能作致書郵〕"라고 말한 고사에서 유래하였다. 홍교洪喬는 은선의 자이다.

니, 중간에 유실되어 잘못되었을 것이라 생각합니다.

向從某便上候는 尙無鈞示[80]하니 諒爲洪喬所誤也로다

○ 지난날 모某 사정으로 편지를 보냈는데 아직 어떠한 말씀도 없으니, 인편을 믿을 수 없는 것이 이와 같습니다.

向日에 以某事故로 上函터니 尙無如何下示하니 便遞之不可信이 乃如是也로다

○ 달포 전에 모某 인편을 통해 보낸 편지는 이미 받아보셨는지요?

月前某便上函은 果已下照否아

○ 지난번 보낸 편지는 벌써 받으셨으리라 생각합니다.

頃者上答은 伏想已抵惠燭矣라

평교〔平交〕

○ 지난번 모某 인편을 통해 보낸 편지는 과연 이미 받아보셨습니까?

曩者某便仰候는 果已入覽否아

○ 저의 편지에는 답이 없다가 형의 답장을 다시 받아보니, 편지가 중간에 유실된 것이 한결같이 이렇게 심합니다.

弟書無答에 兄函更承하니 鱗羽[81]浮沈이 一至此甚이로다

○ 지난번 친구 모某에게 보낸 몇 자의 안부편지는 그 사이 과연 받아보셨는지요?

向在某友許하야 數字仰候는 間果入照否耶아

---

80 鈞示 : 두주頭註에 "30근이 1균이니, 무게가 매우 무겁기 때문에 정중한 말을 이른다.〔三十斤이 爲一鈞이니 甚重也 言鄭重之言也〕"라고 하였다.

81 鱗羽 : '편지'를 달리 이르는 말이다. '어안魚雁'이라고도 한다.

○ 일전 모某 인편을 통해 보낸 편지는 과연 이미 받으셨는지요?

日前某便仰函은 果已入照否아

○ 모某 인편을 통해 보낸 답장은 그간에 이미 보셨을 것이라 생각합니다.

某便仰復은 仰想間已靑照矣라

시생〔侍生〕

○ 지난번 모某 인편을 통해 부친 편지에 아직도 어떠한 답장이 없으니 혹시라도 도착하지 않았는가? 그렇지 않다면 어찌 이럴 리가 있겠는가?

向日某便付書는 尙無如何所示하니 抑或尙未抵否耶아 不然이면 豈有是也리오

○ 여러 번 안부편지를 부쳤는데 한 번도 답장이 없으니, 무슨 까닭인지 모르겠네. 매우 답답하네.

數次付候而一無施答하니 未知何故否아 悶菀殊甚이라

○ 모某 우체를 통해 보낸 답장은 그 사이에 필시 받아보았을 것이네.

某遞仰謝는 間必入照矣라

수하〔手下〕

○ 지난번 보낸 편지는 이미 받아보셨을 텐데, 아직도 답장이 없으니 매우 답답하네.

向書는 想已抵覽而尙無所答하니 甚鬱이라

○ 지난번 모某 인편을 통해 편지를 부쳤는데 아직도 답장이 없으니, 혹시라도 중간에 유실되었는가?

向日付書某便而尙無答하니 抑或中間闕失耶아

○ 어제 보낸 편지에 무슨 일로 아직도 답장이 없는가? 혹 아직까지 보지 못하였는가?

昨書는 何尙無答耶아 抑尙不之見耶아

○ 지난번 모某 인편에 부친 편지는 이미 받아보았는가?

頃者某便付書는 已爲見之否아

○ 지난번 모某 인편에 부친 답장은 그 사이에 이미 받아보았는가?

向者某便答書는 間已見之否아

◎ 이상은 상대에게 편지를 보내거나 답장을 부친 뒤에 얼마쯤 지나 다시 편지를 보낼 때 이전 편지가 전해졌는지 여부를 묻는 것이다.

右는 相對者에게 致書或付答한 後에 幾何間을 經하야 更히 致書할 時에 前書의 入去與否를 問함이라

1-15 연이어 편지를 받고 보내는 편지 부문 : 을 〔連續承書門 : 乙〕

통용〔通用〕

존장〔尊丈〕

○ 지난번 몇 번이나 보내신 편지는 모두 서울 행차에서 아직 돌아오기 전에 받았으니 매우 서운합니다.

向來幾度下書는 俱伏承于京行未返하야 方用伏悵이라

○ 모일某日에 보내신 편지에 답장도 하기 전에 연이어 편지를 받으니 죄송하고 감사합니다.

某日下書는 未及上答而續承下問하니 伏悚且感이라

○ 지난날 보내신 편지에 이제 겨우 답장을 보냈는데, 또다시 편지를 받으니 기쁘고 위안이 되었습니다.

向日下書는 昨纔上答書而又伏承下教하와 伏幸伏慰라

○ 일전에 편지를 보내신 것도 이미 매우 송구하였는데, 또 이렇게 편지를 보내주시니 매우 황공합니다.

日前下臨은 已極伏悚而又此下書하니 尤切惶恐이라

집사와 노형〔執事及老兄〕

○ 지난번 몇 번이나 보내신 편지를 집으로 돌아오는 도중에 받고는 서

운하였습니다.

頃者幾度惠函은 謹承于歸家之中하야 方用伏悵이라

○ 모일某日 보내신 편지에 미처 답장을 드리기도 전에 연이어 편지를 받으니, 감사하고 죄송한 마음이 모두 지극합니다.

某日惠函은 未及仰復而連承惠訊하니 感悚交摯라

○ 겨우 지난번에 보내신 편지에 답장을 보냈는데, 연이어 위문해주시니 죄송하면서도 위안이 됩니다.

纔復前書에 續承下存하니 伏悚且慰라

○ 어제 왕림해주신 것도 이미 감사하고 죄송한데, 지금 편지를 받으니 더욱 두터이 돌봐주심을 알았습니다.

昨日惠臨은 已極感悚而今于惠函은 尤認眷厚라

평교〔平交〕

○ 지난날 몇 번이나 보내신 편지는 바쁜 와중에 받아 미처 답장을 드리지 못하였으니 매우 죄송합니다.

頃日幾度華翰은 謹承于悤擾之中하야 未及仰候하니 甚悚甚悚이라

○ 지난날 보내신 편지에도 아직 답장을 드리지 못하였는데, 또 이렇게 편지를 받으니 매우 죄송합니다.

向日惠翰은 未及仰謝而又此承書하니 甚悚이라

○ 아침에 심부름꾼을 통해 문안편지를 받고, 또 이렇게 연이어 편지를 받았습니다.

朝承伻存하고 又此續承耑書[82]라

○ 요전에 왕림해주신 것도 매우 감사한데, 지금 이렇게 편지를 보내주시니 더욱 송구합니다.

日者歷枉은 爲感已深이어늘 今此惠翰은 尤以爲悚이라

시생〔侍生〕

○ 지난번 여러 번 보낸 편지는 사정으로 인하여 미처 답장을 보내지 못하였으니 매우 서운하고 미안하네.

曩日數次惠札은 因於事故하야 未及仰謝하니 甚庸悵悚이라

○ 지난번 편지에 아직 답장을 보내지 못했는데 거듭 편지를 받으니, 위안이 되면서도 부끄럽네.

向函은 未復而荐拜惠存하니 爲慰且愧라

○ 연이어 편지를 받으니 한 번 만난 것과 맞먹었네. 진실로 감사하고 기쁘다네.

續承惠札하니 可敵一晤라 良感且幸이라

○ 어제 찾아와주고 오늘 편지를 보내니, 친구의 돌보아주는 정성을 볼 수 있었네.

昨枉今書하니 可見故人之眷摯라

---

82 耑書 : 어떤 소식을 전하기 위해 일부러 사람을 시켜 보낸 편지를 이른다. 두주頭註에 "전耑은 단端과 뜻이 통하는 글자로, '專(오로지)'과 같다. '전적으로 맡겨 보내는 편지'라는 뜻이다.〔與端으로 通하니 專也라 謂專委히한 書意〕"라고 하였다.

수하〔手下〕

○ 모일某日 몇 번이나 보낸 편지에는 모사某事로 인하여, 곧바로 답장을 보내지 못하였네.

某日幾度平書는 因某事하야 未卽修答耳라

○ 이보다 앞서 보낸 편지에도 아직 답장을 하지 못하였는데, 지금 또 편지를 받으니 만난 것처럼 매우 위안되네.

先此華滋도 未答而今又見書하니 甚慰如見이라

○ 밤낮으로 연이어 자네의 편지를 받으니, 기쁘고 위안이 되네.

晝及夜에 連見手信하니 可幸可慰라

○ 어제는 찾아오고 오늘은 편지를 보내니, 기쁘고 위안이 되네.

昨來今書하니 可喜可慰라

◎ 이상은 상대의 편지를 연이어 받았을 때 쓰는 것이다. 다만 끝줄에 기록한 것은 상대가 먼저 직접 찾아온 뒤에 편지를 보내는데 쓴다.

右는 相對者의 書를 連續承受한 時에 用하나니라 但末行에 記함은 相對者가 先以身來하고 後以書送한데 用함이라

2. 답장을 보내 위로하는 사례〔答候舒慰例〕

2-1 연이어 위문하는 부문 : 을〔連續舒慰門 : 乙〕

통용〔通用〕

존장〔尊丈〕

○ 뜻밖에 먼저 편지를 보내주시니 송구합니다.

意外에 先賜下書하니 伏悚伏悚이라

○ 이즈음에 보내주신 편지를 받고 매우 위안이 되었습니다.

際伏承下書하야 伏慰萬萬이라

○ 방금 보내주신 편지를 받고 비로소 지난번에 보낸 편지가 이미 잘못 유실된 줄 알았습니다.

卽伏承下書하와 始審向者之上書는 已屬洪喬[1]所誤也로다

○ 방금 문하를 찾아뵙고 등한시한 죄를 속죄하려고 했었는데, 먼저 편지를 보내주시니 감격의 눈물이 옷깃을 적십니다.

卽擬晉謁門下하야 以贖汗漫之罪터니 先賜下書하시니 感淚沾襟이로소이다

---

1 洪喬 : 남북조시대 진晉나라의 문신인 은선(殷羨, ?~?)의 자이다. 《세설신어世說新語》〈임탄任誕〉에, 그가 예장군豫章郡의 태수太守의 임기를 마치고 떠날 즈음에 사람들이 100여 통의 편지를 주면서 경성京城에 전달해 줄 것을 청하였는데, 석두石頭까지 와서 모조리 물속에 던져 놓고는 "가라앉을 것은 가라앉고 떠오를 것은 떠올라라. 내가 우편배달부 노릇을 할 수는 없다.〔沈者自沈 浮者自浮 殷洪喬不能作致書郵〕"라고 한데서 유래하였다.

집사와 노형, 평교와 시생〔執事老兄平交侍生〕

○ 이즈음 먼저 편지를 보내주시니, 감사한 마음 어찌 끝이 있겠습니까?

際承先施惠函하니 感荷何極가

○ 방금 먼저 보내주신 편지를 받으니, 죄송하고 위안되는 마음이 모두 지극합니다.

卽承先頒惠訊하니 悚慰交摯라

○ 방금 먼저 보내주신 편지를 받으니, 감사한 마음이 더욱 간절합니다.

卽承先施華翰하니 感荷尤切이라

○ 외람되이 저를 멀리하지 않으시고 먼저 보내주신 편지를 받으니, 감사하고 송구한 마음이 모두 간절합니다.

猥蒙不遐하야 獲承先施하니 感悚俱切이라

○ 뜻밖에 편지를 받으니 천금을 주신 것과 같을 뿐만이 아닙니다.

謂襮에 卽承惠存하니 不啻千金之錫이라

○ 뜻밖에 방금 보내주신 편지를 받고서, 갈망하던 그리움이 크게 위안이 됩니다.

謂外에 卽承下椷하야 大慰渴仰之懷라

○ 뜻밖에 편지를 보내주시니 사람을 감격하게 하여 죽고 싶은 마음 뿐입니다.

意襮에 賜來高翰하야 令人感佩欲死라

○ 지금 은혜로운 편지를 받으니 맑은 기품과 빼어난 운치가 편지에 넘

칩니다.

茲惠德音하니 淸標逸韻이 溢於紙表라

○ 당신의 편지를 받으니 당신의 정이 실처럼 깁니다. 천리 밖에서 당신을 생각하는 정성은 식사를 잘 하여 건강에 유념하라는 말을 전하는데 있지 않습니다.

辱承瑤函하니 高情若縷[2]라 千里寸心이 正不在寄語加餐[3]也로다

○ 머리를 들어 당신이 계신 곳을 보았는데 갑자기 기러기가 편지를 보내주어 받아 읽으니 마치 당신의 모습을 뵙는 듯합니다.

正翹首雲衢터니 忽雁送瓊音[4]하니 捧誦之下에 如睹光儀라

○ 지금 날아가 당신을 모시고서 오랫동안 헤어져 그리운 마음을 위안하고 싶었는데 갑자기 당신의 편지를 받으니 기쁘고 위안되는 마음이 끝이 없습니다.

正欲飛侍左右하야 以救闊衷터니 忽承寵函하니 喜慰無涯라

○ 이번에 편지로 간절히 문안해주시니 비로소 양쪽에서 그리워하는 마음이 한 수레바퀴 자국에서 나온 것처럼 꼭 같다는 것을 알았습니다.

茲承華箋이 殷殷垂問하니 始知兩地相思가 同出一轍이로다

---

2 縷 : 두주頭註에 "루縷는 '실'이니 '옛사람의 정이 실처럼 길다.'는 뜻이다.〔絲緖니 謂高人之情이 其長如絲라〕"라고 하였다.

3 寄語加餐 : 두주頭註에 "말을 전하여 식사를 잘 하여 섭생을 조심하라고 당부하는 것을 이른다. 이 말은 비록 식사를 잘 하여 건강에 유념하라고 당부하지 않더라도 이 마음은 언제나 천리 밖에서 잊지 않고 있다는 것이다.〔謂寄語以勸其加喫餐飯하야 愼其養生也니 此言雖不勸以加餐이라도 此心則常耿耿不忘于千里之外라〕"라고 하였다.

4 雁送瓊音 : '안雁'은 편지를 이르는 '어안魚雁'의 줄임말이고, '경음瓊音'은 상대의 편지를 높여 이르는 말이다.

○ 이번에 편지가 날듯이 도착하니, 뜻밖의 일이라 기쁨이 넘칩니다.

玆者에 瑤函이 飛墜하니 喜溢望外로다

○ 지금 편지에 정성이 간절하니 매우 위로가 됩니다.

玆辱芳訊이 注存繾綣하니 慰荷萬千이라

수하〔手下〕

○ 이즈음 먼저 보낸 편지를 받으니 위안이 되고 감사하네.

際獲見先施하니 爲慰且感이라

○ 방금 편지를 받으니 마주한 듯 기쁘네.

卽拜手書하니 欣如對面이라

○ 뜻밖에 먼저 문안편지를 보내주니, 사람으로 하여금 부끄러워서 이마에 땀이 나게 하네.

料襮에 先問하니 令人泚顙이라

○ 마침 보낸 편지를 받고 그대가 돌보아 주고 아껴주는 마음이 옛사람에게도 부끄럽지 않다는 것을 알았네.

適見辱示하야 乃知君眷眷之心이 不愧古人이라

◎ 이상은 상대의 편지를 받은 뒤에 보내는 답장에만 쓴다. 상대에 대한 각종 사정으로 인하여 흠모하거나 혹은 서운해하던 차에 마침 상대의 편지를 받고 이에 감사하고 위로되는 뜻을 표하는 것이다.

右는 相對者의 書信을 承한 后答書에만 用하나니 卽相對者에게 대한 種種事狀에 因하야 欽慕或怊悵하던 次에 適히 彼의 書信을 承接하고 玆에 感謝하고

慰勞되는 意를 表함이라

다만 본 부문의 말을 응용할 때는 반드시 기두례 가운데 15부문에서 어떤 것이든지 글의 첫머리에 인용하고 다음에 본론의 말을 써넣고, '미심례'에 해당하는 말을 써넣어야 하니 '미심류' 앞에 반드시 '잉'자를 더하여 쓴다. 예컨대 '잉복심·잉심'이나 '인심'이라고 말하는 경우이다.

但 本門의 語를 應用할 時에는 必起頭例中弟十五門에서 何者이던지 書頭에 引用하고 次에 本段의 語를 記入하고 未審例語를 記入할지니 未審類上에 必仍字를 加하야 用하되 如仍伏審仍審或因審이라 云할지니라

"문하를 떠난 지 이미 몇 년이 지나니 서운한 마음이 날과 함께 더해만 가던(起頭例의 '구별통후부문'에 있음) 즈음에 보내신 편지를 받으니 매우 위안이 됩니다. 인하여 ……함을 알았습니다."라고 말하는 경우이다.

如叩別門下가 已經幾箇裘葛하니 伏悵之情이 與日俱積터니(在起頭例久別通候門) 際伏承下書하야 伏慰萬萬이라 仍伏審云云

◎ 본 분류에 해당하는 말을 답신에 쓰는 경우가 많으니 위의 예와 같게 하고 '복심'에 해당하는 말 앞에 '잉'자를 '갱'자로 바꾸어 써넣는 일이 있으니, 위와 같은 때에는 상대가 편지를 보낸 지 조금 오래되었을 때에 쓴다.

本門語를 答信에 用함이 多하거니와 右例와 如케하고 伏審語上에 仍字를 變하야 更字를 入하는 事가 有하니 右와 如한 時에는 相對者의 書가 發한지 時日이 稍久할 時에 用함이라

2-2 소식이 막힌 시간이 짧을 때 위안하는 부문 : 을 〔簡短舒慰門 : 乙〕

통용〔通用〕

존장〔尊丈〕

○ 오랫동안 안부를 드리지 못해 제 마음이 매우 간절했었는데, 방금 보내신 편지를 받으니 위안이 됩니다.

久闕問安하야 下懷方切터니 卽伏承下書하니 伏慰伏慰라

집사와 노형〔執事及老兄〕

○ 그리움이 간절했었는데 갑자기 편지를 받으니, 제 마음이 크게 위안이 됩니다.

瞻溯[5]正切터니 忽承瑤函하니 大慰下懷라

평교〔平交〕

○ 모某 인편을 통해 보내신 편지를 받으니, 갈망하던 마음이 매우 위안이 되었습니다.

某便에 獲承華函頒賜하니 深慰渴望이라

---

5 瞻溯 : 두주頭註에 "瞻은 아래쪽에서 위를 쳐다보는 것이고, 溯는 아래쪽에서 거슬러 올라가는 것이니, 이 둘은 모두 서간문의 특징이다. 자신을 낮추고 남을 높이는 것은 편지의 바른 의리이다. 그러므로 상대를 사모함에 이러한 말을 으레 쓴다.〔瞻은 在下而視上이요 溯난 自下而逆流니 兩者가 俱是書簡文之特徵이라 卑己尊人은 書札之正義故로 彼를 思慕함에 此等語를 例用하나니라〕"라고 하였다.

시생〔侍生〕

○ 날마다 간절하게 북쪽을 향하여 그리워했었는데 방금 그대의 편지를 받으니, 소식을 듣지 못해 서운했던 마음이 위안과 기쁨으로 바뀌었네.

日切向北하더니 卽承玉箋하니 阻餘悵懷가 飜作慰喜라

수하〔手下〕

○ 오랫동안 소식이 격조하던 끝에 자네의 편지가 마침 도착하였으니, 나를 깊이 잊지 않고 염려해주는 마음을 입었네.

久阻之餘에 貴函이 適至하니 荷存念之深이라

◎ 이상은 기두를 간략히 하는 방법이니, '기두례' 가운데 여러 분류에 해당하는 말을 쓰지 않고 상대의 편지를 받은 뒤에 직접 본 부문에 해당하는 말을 편지의 첫머리에 더하여 쓰는 것이니, 만약 위에 기두에 해당하는 말을 쓰고, 이를 그 아래에 더하여 쓰면 안 된다.

右는 起頭를 簡略히하는 法이니 卽起頭例中諸門語를 不用하고 相對者의 書를 承接한 후에 直히 本門語를 書頭에 加하야 用함이니 若上의 起頭語를 用하고 此를 其下에 加書하면 不可하니라

2-3 소식이 막혔을 때 보내는 부문 : 병 〔間阻門 : 丙〕

통용〔通用〕

○ 이후로 날이 오래되었습니다.	伊后日富
○ 이후로 여러 날이 되었습니다.	伊后多日
○ 그 사이 여러 날이 되었습니다.	間又多日
○ 그동안 여러 날이 되었습니다.	伊來多日
○ 요사이 날이 오래되었습니다.	比來日富
○ 그 사이 소식이 막힌 지 또 오래되었습니다.	間阻又久
○ 소식이 막힌 것이 심합니다.	久阻又甚
○ 소식이 막힌 지 또 오래되었습니다.	阻又日富
○ 요사이 여러 날이 되었습니다.	比來多日
○ 그 후 다시 소식이 막혔습니다.	厥後復阻
○ 소식이 막힌 지 열흘이 지났습니다	阻已經旬
○ 소식이 막힌 채 다시 날을 보냅니다.	阻復逾日
○ 소식이 막힌 지 여러 날이 되었습니다.	阻隔多日

◎ '간조'는 '중간에 소식이 막혔다.'는 뜻이니 이상은 만나거나 편지를

받은 뒤에 며칠이 지나 그 사이에 그 쪽의 상황이 어떠한지 몰라 안부편지를 보낼 때 쓴다. 예컨대, "몇 월 며칠에 떠나는 모 인편을 통해 보낸 편지는 이미 받아보셨을 텐데 아직 답장을 받지 못하니 답답합니다.(起頭例의 '치서무답부문'임) 이후 날이 오래되었는데 다시 알지 못하겠습니다."와 같다.

間阻는 中間에 阻隔함이니 右는 面會或受信한 后에 幾日을 經하야 其間彼處의 狀況如何를 未知하야 問候할 時에 用함이라 例如去何月何日에 某便上書는 伏想已下覽而未承下答하니 伏菀(起頭例致書無答門)이라 伊后日富안대 更伏未審云云

◎ 이상은 '간조어류'를 사용할 때에는 반드시 '미심어류' 위에 '갱'자를 더하여 사용한다. 혹은 '갱복미심이후일부'처럼 써도 괜찮다.

右間阻語類를 用할 時에는 必未審語類上에 更字를 加하야 用할지니라. 或更伏未審伊后日富라 例用함도 可하니라

3. 안부를 묻는 사례〔探問例〕

3-1 아직 소식을 알지 못할 때 쓰는 부문 : 갑〔未審門 : 甲〕

통용〔通用〕

존장〔尊丈〕

○ 삼가 아직 모르니	伏未審
○ 삼가 모르니	伏不審
○ 삼가 생각하니	伏惟
○ 다시 삼가 모르니	更伏未審
○ 다시 삼가 모르니	更伏不審

집사와 노형〔執事及老兄〕

○ 삼가 물으니	伏詢
○ 삼가 청하니	伏請
○ 삼가 생각하니	伏惟
○ 삼가 청하니	敬請
○ 삼가 축원하니	敬頌[1]

---

1 頌 : 두주頭註에 "'빌다〔祝〕'와 뜻이 같다.〔祝과 意同〕"라고 하였다.

○ 다시 삼가 청하니 更伏請

○ 다시 삼가 물으니 更伏詢

○ 삼가 축원하니 伏祝

○ 삼가 물으니 伏問

평교〔平交〕

○ 삼가 청하니 伏請

○ 삼가 물으니 謹詢

○ 삼가 청하니 謹請

○ 삼가 물으니 謹問

○ 우러러 청하니 仰請

○ 다시 청하니 更請

○ 다시 바라니 更頌

○ 다시 축원하니 更祝

○ 우러러 바라니 仰頌

○ 삼가 생각하니 恭惟

시생〔侍生〕

○ 삼가 청하니 謹請

○ 우러러 바라니 仰頌

○ 우러러 축원하니 仰祝

○ 우러러 청하니 仰請

○ 곧바로 청하니 卽請

○ 다시 물으니 更詢

○ 곧바로 물으니 卽詢

○ 삼가 물으니 恪詢

○ 방금 생각하니 卽惟

수하〔手下〕

○ 곧바로 물으니 卽問

○ 우러러 물으니 仰訊

○ 다시 물으니 更詢

○ 다시 물으니 更問

○ 아직 모르니 未知

○ 아직 모르니 未諳

◎ '미심'은 '미지'라고 해도 되니 바로 상대가 평안한지 여부를 묻는 것이다. 본류에 있는 어투는 글자가 비록 같지는 않지만 모두가 이러한 뜻을 내포하고 있다.

未審은 未知와 可하니 卽彼의 平安與否를 問함이라 本類에 在한 語套는 字雖不同하나 擧皆此意를 含하니라

◎ '미심·순·유·문·신' 등의 글자는 상대가 평안하지 여부를 묻는 것이고, '송·축·청'자는 상대가 평안하기를 직접 희망하는 말이니 '송·축'자 등을 쓸 때는 '평안례' 아래에 '사모'에 해당하는 말은 쓰지 않는다.

未審·詢·惟·問·訊等字는 相對者의 泰平與否를 問함이오 頌字·祝字·請字는 直接으로 相對者의 泰平하기를 希望하는 語니 卽頌字·祝字等을 用할 時에 平安例下에 思慕語는 不用하나니라

"형의 안부가(기거례의 '보통문'임) 크게 편안하시기를(보중례의 '만안문'임) 삼가 바랍니다."는 등과 같다.

伏頌兄體(起居例普通門)大安(保重例萬安門)하노라 等과 如함

◎ '다시 삼가 모르니'와 '다시 삼가 청하니' 등 '다시〔更〕'라는 글자를 사용하는 법은 위의 '간조부문' 아래 주석에 상세히 기록하니 참고하라.

更伏未審 更伏請等更字를 用法은 上間阻門下註에 詳載하니 參考하라

3-2 편지를 받고 소식을 알 때 쓰는 분류 : 을 〔承知門 : 乙〕

통용〔通用〕

존장〔尊丈〕

○ 삼가 편지를 받고 알았으니 伏承審[2]

○ 삼가 알았으니 伏審

○ 방금 삼가 알았으니 卽伏審

○ 다시 삼가 알았으니 更伏審

○ 편지를 받고 알았으니 仍伏審

○ 편지를 받고 알았으니 憑伏審

집사와 노형〔執事及老兄〕

○ 삼가 알았으니 伏審

○ 삼가 알았으니 謹審

○ 삼가 편지를 받았으니 伏承

○ 삼가 편지를 받고 알았으니 謹承審

○ 방금 삼가 알았으니 卽伏審

---

2 承審 : 두주頭註에 "편지를 받았거나 소식을 전해서 일의 상황이 어떠한지를 자세히 아는 것이다.〔承受其書或傳信 而詳知其事狀之如何如何也라〕"라고 하였다.

○ 편지를 받고 삼가 알았으니 仍伏審

○ 편지를 받고 삼가 알았으니 憑伏審

○ 삼가 편지를 받고 알았으니 伏拜審[3]

평교〔平交〕

○ 삼가 알았으니 謹審

○ 편지를 받고 알았으니 承審

○ 방금 편지를 받고 알았으니 卽承審

○ 편지를 받고 알았으니 藉承審

○ 편지를 받고 알았으니 仍承審

○ 편지를 받고 알았으니 憑承審

○ 다시 편지를 받고 알았으니 更承審

○ 삼가 편지를 받고 알았으니 恭審

시생〔侍生〕

○ 삼가 알았으니 謹審

○ 편지를 받고 알았으니 承審

○ 편지를 받고 알았으니 仍審

○ 편지를 받고 알았으니 因審

---

3 拜審 : 두주頭註에 "배拜는 '편지를 절하고 받았다.'는 뜻이니 '상대의 편지를 절하고 받아 일의 상황을 자세히 안다.'는 뜻이다.〔拜는 拜而受之之意니 謂彼의 書를 拜受하야 其事狀을 審知也라〕"고 하였다.

○ 방금 편지를 받고 알았으니 卽承審

○ 편지를 받고 알았으니 藉承審

○ 다시 알았으니 更審

○ 편지를 받고 알았으니 憑審[4]

수하〔手下〕

○ 편지를 받고 알았으니 以審

○ 방금 알았으니 卽審

○ 방금 알았으니 卽悉

○ 방금 알았으니 卽諳

○ 방금 알았으니 卽知

○ 다만 알았으니 第審

○ 자세히 알았으니 備悉

○ 편지를 받고 알았으니 就審[5]

○ 삼가 알았으니 恪悉

○ 알았으니 審知

○ 다시 알았으니 更悉

---

4 憑審 : 두주頭註에 "비록 직접 편지를 받지는 않았지만 거쳐 가는 인편이나 남을 통해서 일의 상황을 자세히 알 때 '빙憑'자를 쓴다.〔雖不直承其書而以轉便或他人으로 審知其事狀에 此憑字를 用함〕"라고 하였다.

5 就審 : '취就'자는 '인因'자와 같은 의미로, '상대방의 편지를 통해〔因〕 안부를 안다.'는 의미이다.

◎ 이상은 상대의 건강 여부와 기타 사항이 어떠한지를 묻고 자세히 아는 것이니 즉시 보내는 답장에 쓴다.

右는 相對者의 健康與否와 及其他事項의 如何를 問而詳知也니 卽答書에 用함이니라

◎ '갱복심·갱승심·갱심' 등의 '갱'자는 위쪽의 '연속서위부문'에 해당하는 말이나 '간단서위부문'에 해당하는 말을 쓰고 그 아래에 이어서 기입하는 것이니

更伏審·更承審·更審等更字는 上連續舒慰門語·簡短敍慰門語를 用하고 其下에 接續記入하는 것이니

"뜻밖에 먼저 편지를 보내주시니 송구합니다."(연속서위부문)·"다시 삼가 안부를 알았습니다.……"라고 쓴다.

意外에 先賜下書하니 伏悚伏悚이라(連續敍慰門) 更伏審氣體候云云

"오랫동안 안부를 드리지 못해 그리움이 간절했었는데 방금 보내신 편지를 받으니 위안이 됩니다."(간단서위부문)·"다시 삼가 안부가 어떠신지 알았습니다.……"라고 쓴다.

久闕問安하야 下懷方切터니 卽伏承下書하니 伏慰伏慰라(簡短敍慰門) 更伏承審氣體候云云等과 如히 用하나니라

◎ '잉복심·잉승심·잉심' 등의 '잉'자의 용법은 위쪽의 '연속서위부문'의 아래 주석에 자세히 실려 있으니 참고하라. 다만 '인심'의 '인'자와 '자승심·자심' 등의 '자'자는 '잉'자와 용법이 서로 같다.

仍伏審·仍承審·仍審等仍字의 用法은 上連續敍慰門下註에 詳載하니 參考하라 但因審의 因字와 藉承審·藉審等의 藉字는 仍字와 用法이 相同하니라

◎ '빙복심·빙승심·빙심' 등의 '빙'자는 상대의 편지를 직접 받지 못하였지만 전편轉便이나 어떤 사람의 전하는 말을 통해 상대의 안부와 일의 상황이 어떠한지를 들어서 알고서 상대에게 안부할 때 쓴다. 만약 상대의 서신을 받고나서 보내는 편지인 경우에는 쓰지 않는다.

憑伏審·憑承審·憑審等의 憑字는 相對者의 書信은 直接으로 承受치 못하얏스나 轉便[6]이던지 或人의 傳言을 因하야 彼邊의 起居及事狀如何를 聞知하고 相對者에게 問候할 時에 用함이니 若彼의 書信을 承受한 答書에는 不用하나니라

6 轉便 : 직접 가는 인편이 아니라 여러 손을 거쳐 가는 인편을 통해 편지를 전하는 것을 이른다.

4. 절기에 따라 보내는 사례〔時令例〕

4-1 신하辰下[1]에 보내는 부문 : 병〔辰下門 : 丙〕

통용〔通用〕

○ 신하辰下 ○ 차시此時 ○ 비신比辰 ○ 일래日來
○ 제자際玆 ○ 근일近日 ○ 즉일卽日 ○ 즉자卽玆
○ 차천此天 ○ 비천比天 ○ 비래比來 ○ 각하刻下
○ 자신玆辰 ○ 비자比者 ○ 이자邇者 ○ 이래邇來

1월〔正月〕[2]

○ 맹춘孟春 ○ 신정新正 ○ 신원新元 ○ 춘한春寒
○ 헌발獻發[3]

2월〔二月〕[4]

○ 중춘仲春 ○ 춘화春和

---

1 辰下 : '이때, 요즈음'의 뜻으로 쓰는 말이다.

2 1월〔正月〕: 태족兌簇·정월正月·원월元月·왕월王月·추월陬月·단월端月·태월泰月·태족太簇·화절華節·양춘陽春·인寅·초춘初春·맹춘孟春·신년新年·신원新元·이신履新·청양青陽·정양正陽·맹양孟陽·신정新正·춘양春陽·원정元正·탁금鐸今·태양泰陽·이원履元 등으로 부른다.

3 獻發 : 한 해가 바뀌고 다시 봄이 되었음을 이르는 말이다. 《초사楚辭》〈초혼招魂〉난亂에 "새해가 다가오고 봄기운이 피어오르건만, 나만 혼자 쫓겨나서 남으로 가네.〔獻歲發春兮 汨吾南征〕"라는 구절에서 유래하였다.

4 2월〔二月〕 : 협종夾鐘·영월令月·여월麗月·여월如月·대장월大壯月·화경華景·화월花月·묘卯·춘한春寒·춘은春殷·초한峭寒·중양仲陽·여한餘寒·경한輕寒·미한微寒·초한初寒·측한仄寒·소한峭寒 등으로 부른다.

3월〔三月〕[5]

○ 계춘季春 ○ 모춘暮春 ○ 화후和煦 ○ 화신花辰
○ 화우花雨 ○ 춘훤春暄

4월〔四月〕[6]

○ 맹하孟夏 ○ 조하肇夏 ○ 괴하槐夏 ○ 매우梅雨

5월〔五月〕[7]

○ 중하仲夏 ○ 단양端陽 ○ 유하榴夏 ○ 맥추麥秋

6월〔六月〕[8]

○ 계하季夏 ○ 경염庚炎 ○ 임열霖烈 ○ 욕서溽暑

7월〔七月〕[9]

○ 맹추孟秋 ○ 노염老炎 ○ 신량新凉

---

5 3월三月 : 고세姑世 · 도월桃月 · 가월嘉月 · 희월喜月 · 앵월櫻月 · 진辰 · 춘창春暢 · 소화韶華 · 만춘晩春 · 방신芳辰 · 춘훤春暄 · 춘모春暮 · 염양艶陽 등으로 부른다.

6 4월四月 : 중려仲呂 · 음월陰月 · 핍월乏月 · 농월農月 · 건월乾月 · 여월余月 · 정양正陽 · 사巳 · 초하初夏 · 앵하鶯夏 · 추하推夏 · 맥추麥秋 · 맥량麥凉 · 수하首夏 · 유하維夏 · 괴훈槐薰 등으로 부른다.

7 5월五月 : 유월榴月 · 우월雨月 · 포월蒲月 · 악월惡月 · 고월皐月 · 매월梅月 · 구월姤月 · 독월毒月 · 오午 · 유숙榴熟 · 중오重五 · 천중天中 · 주하朱夏 · 주양朱陽 · 하정夏正 · 앙염秧炎 등으로 부른다.

8 6월六月 : 임종林鐘 · 차월且月 · 복월伏月 · 순월鶉月 · 계월季月 · 추월秋月 · 양모월凉暮月 · 모하暮夏 · 장하長夏 · 미未 · 증염蒸炎 · 요염燎炎 · 복열伏熱 · 비열沸熱 · 성하盛夏 · 염열炎熱 · 화중火中 · 혹염酷炎 · 홍열烘熱 · 비열比熱 · 조열早熱 · 치염熾炎 · 염증炎蒸 · 성염盛炎 · 성서盛暑 · 경열庚熱 · 증열蒸熱 등으로 부른다.

9 7월七月 : 이칙夷則 · 오월梧月 · 상월相月 · 교월巧月 · 냉월冷月 · 양월凉月 · 동월桐月 · 난추蘭秋 · 상월相月 · 신申 · 초추初秋 · 맹추孟秋 · 오추梧秋 · 난추蘭秋 · 만엽晩燁 · 신량新凉 · 미랭微冷 · 금천金天 · 중원中元 · 만열晩熱 · 조추早秋 등으로 부른다.

8월〔八月〕[10]

○ 중추仲秋　○ 청추淸秋　○ 소추素秋　○ 추량秋涼

9월〔九月〕[11]

○ 계추季秋　○ 국추菊秋　○ 상령霜令　○ 상한霜寒

10월〔十月〕[12]

○ 맹동孟冬　○ 소춘小春　○ 초한初寒

11월〔十一月〕[13]

○ 중동仲冬　○ 지한至寒　○ 지호至沍

12월〔十二月〕[14]

○ 계동季冬　○ 납호臘沍　○ 궁호窮沍　○ 설호雪沍

---

10 8월八月 : 계월桂月·장월壯月·엽월葉月·소월素月·안월雁月·중추仲秋·중상仲商·수성壽星·유酉·계추桂秋·추청秋晴·추상秋霜·추고秋高·추천秋天·노랭露冷·추양秋陽·추은秋殷 등으로 부른다.

11 9월九月 : 무역無射·국월菊月·현월玄月·영월詠月·박월剝月·현서玄序·양추涼秋·후월朽月·모상暮商·모추暮秋·수의授衣·기월忌月·술戌·구추九秋·추심秋深·중양重陽·상랭霜冷·국령菊令·풍신楓辰·상후霜候 등으로 부른다.

12 10월十月 : 양월良月·양월陽月·상월霜月·곤월坤月·동월冬月·해亥·초동初冬·창동暢冬·조동肇冬·동훤冬暄·동난冬暖·궁음窮陰·초설初雪·양월陽月·한호寒沍 등으로 부른다.

13 11월十一月 : 황종黃鐘·지월至月·창월暢月·고월辜月·복월復月·남지南至·자子·중동仲冬·복양復陽·성한盛寒·설한雪寒·설호雪沍·아세亞歲·신양新陽·의호疑沍·빙호氷沍·선양線陽·기한祁寒·동정冬正 등으로 부른다.

14 12월十二月 : 대려大呂·납월臘月·제월除月·극월極月·엄월嚴月·사월蜡月·빙월氷月·도월涂月·모절暮節·축丑·납한臘寒·세초歲杪·세제歲除·세모歲暮·소세小歲·가평嘉平·세박歲薄·혹한酷寒·응한鷹寒·잔호殘沍 등으로 부른다.

4-2 사시의 계절에 따라 보내는 부문 : 병
〔四時時令門 : 丙〕

통용〔通用〕

봄〔春〕

○ 달력에는 봄이 돌아오고, 전체의 조화는 기후를 바꾸었습니다.

鳳曆은 春回하고 鴻鈞[15]은 氣轉이라

○ 봄바람은 따뜻하게 불어오고, 화창한 바람은 풍년기운을 불어옵니다.

春風은 布暖하고 和風은 呼豊이라

○ 바람 맑고 달 갠 날씨에 매화와 버들이 따뜻한 봄기운을 맞이합니다.

淸風霽月에 梅柳가 迎和라

여름〔夏〕

○ 보리 이삭은 푸른 물결로 일렁이고, 푸른빛은 버들잎에 돌아왔습니다.

綠漲麥苗하고 靑歸柳葉이라

○ 긴 바람은 더위를 부채질하고, 무성한 나무는 그늘을 맞이합니다.

長風은 煽暑하고 茂樹는 迎陰이라

---

15 鴻鈞 : 鴻은 '크다.'는 뜻이고 鈞은 '바퀴'를 이른다. '홍균'은 도자기를 만들 때 돌리는 큰 물레를 말하는데, 흔히 대자연이 원기를 조화시켜 만물을 생성하는 것을 뜻하는 말로 쓰인다.

○ 언덕 보리는 가을을 알려오고 돼기밭은 여름을 토해냅니다.

隴麥[16]은 辭秋하고 畦田은 吐夏라

가을〔秋〕

○ 가을 기운이 막 서늘해지고 단풍과 오동은 점점 푸르러갑니다.

秋氣는 新涼하고 楓梧는 漸碧이라

○ 가을바람은 더위를 쓸어버리고 은하수는 맑습니다.

金風은 蕩暑하고 銀河는 澄淸이라

겨울〔冬〕

○ 매화꽃에 빛이 드니 봄빛이 먼저 이르고 여지荔枝에 향기가 흩어지니 양덕陽德이 비로소 퍼집니다.

景入梅花[17]하니 春光이 先到하고 香分荔枝하니 陽德[18]이 始布라

○ 고개 위 소나무는 절개가 빼어나고 계곡 매화는 소식을 알려옵니다.

嶺松은 秀節하고 谷梅는 報信이라

---

16 隴麥 : 두주頭註에 "보리는 음력 4월에 익기 때문에 '맥추'라고 한다.〔麥以陰四月熟故曰麥秋라〕"라고 하였다.

17 景入梅花 : 두주頭註에 "매화는 겨울에 꽃을 피우기 때문에 이와 같이 이른다.〔梅以冬으로 開花故로 云耳〕"라고 하였다.

18 陽德 : 만물을 소생시키는 양陽의 덕을 이른다.

4-3 12달 계절에 따라 보내는 부문 : 병
〔十二月時令門 : 丙〕

통용〔通用〕

1월〔正月〕

○ 세 양陽이 다시 시작되니 만물이 다시 새롭습니다.

三陽[19]이 復始하니 萬象이 更新이라

○ 초화송椒花頌으로 상서로움을 바치고 매화는 상서로움을 드러냅니다.

椒草는 獻瑞[20]하고 梅蕚은 呈祥이라

○ 북쪽 땅에서 추위가 다하고 계절은 동황東皇을 맞이합니다.

寒盡北陸[21]하고 節迓東皇[22]이라

○ 현명玄冥이 돌아가니 봄기운이 퍼져 따뜻합니다.

玄冥[23]이 言歸에 青陽이 布和라

---

19 三陽 : 두주頭註에 "1월을 '맹양孟陽', 2월을 '중양仲陽', 3월을 '계양季陽'이라고 한다.〔正月爲孟陽하고 二月爲仲陽하고 三月爲季陽이라〕"라고 하였다.

20 椒花獻瑞 : 신년新年의 축사를 이른다. 옛날에 정월 초하루가 되면 초주椒酒를 가장에게 드려 헌수獻壽하던 풍속이 있었는데, 진晉나라 유진劉臻의 처妻 진씨陳氏가 정월 초하룻날 〈초화송椒花頌〉을 지어 축수했던 데서 유래하였다.

21 北陸 : 두주頭註에 "북방은 가장 추운데도 봄기운이 이미 이르렀기 때문에 '북쪽 땅에 추위가 다하였다.'라고 한 것이다.〔北方은 最寒而春氣已到 故曰寒盡北陸이라〕"라고 하였다.

22 東皇 : 두주頭註에 "동황은 봄의 신이다.〔東皇은 春之神이라〕"라고 하였다.

23 玄冥 : 두주頭註에 "북방의 신이다.〔北方之神〕"라고 하였다.

정월 윤달〔閏月〕

○ 달이 삼원三元에 이르고 북두칠성이 두 번 진辰 사이를 가리킵니다.

月臨三元[24]에 斗指兩辰[25]이라

2월〔二月〕

○ 봄기운이 한창이니 경치가 참으로 아름답습니다.

春氣方殷하니 風光이 正麗라

○ 삼춘三春이 반이 지나가니 백각百刻이 고릅니다.

三春甫半하니 百刻[26]이 平分이라

○ 화창한 봄기운이 무르익으니 맑은 기운이 피어오릅니다.

春和將爛하니 淑氣方昇이라

○ 버들눈은 봄을 엿보고 복숭아의 뺨은 해를 희롱합니다.

柳眼은 窺春하고 桃腮는 弄日이라

○ 궤도를 따라 주천周天을 순행하니 때는 한창 봄입니다.

軌順周天[27]에 時屆殷春이라

---

24 三元 : 두주頭註에 "원元은 '으뜸'이라는 뜻으로, 정월은 달〔月〕의 으뜸, 날〔日〕의 으뜸, 시각〔時〕의 으뜸이기 때문에 '삼원'이라고 한다.〔元은 首니 正月이 爲月之元日之元時之元 故曰三元〕"라고 하였다.

25 兩辰 : 두주頭註에 "정월에는 북두칠성의 자루가 인寅을 가리킨다. 지금은 정월이 두 번이기 때문에 두 번 인방寅方을 가리킨다고 한 것이다.〔正月에 斗柄이 指寅하나니 今正月이 爲二 故曰再指寅方云耳라〕"라고 하였다.

26 百刻 : 옛날에 시각을 표시하던 방법으로, 누호漏壺를 시각 표시의 도구로 삼아 각도를 새겼는데, 하루 밤낮을 100각으로 나누었다.

27 周天 : 천체가 궤도를 따라 한 바퀴 도는 것을 이른다.

○ 따사로운 기운이 대지에 펼쳐지니 태양의 기운이 따뜻합니다.

陽舒大陸에 日煽和飈이라

2월 윤달〔閏月〕

○ 이미 건묘월建卯月을 보내고, 맞이하고 공경할 절기가 더 베풀어졌습니다.

已經建卯之月[28]에 加設賓寅之節이라

○ 제비가 이미 이르렀고 꾀꼬리는 거듭 웁니다.

玄鳥는 已至하고 蒼鶊은 再鳴이라

○ 차고 비는 법도가 쌓여, 봄이 사이에 끼어 있습니다.

積其盈虛之度하야 間於仲季之春이라

3월〔三月〕

○ 얼마 남지 않은 붉은 꽃은 빗속에 전송하고 신록은 창을 엿봅니다.

殘紅은 送雨하고 新綠은 窺窓이라

○ 얼마 남지 않은 꽃과 나비는 사라지는데, 버들 그늘엔 앵무새가 어여쁩니다.

花蝶殘去하고 柳暗鶯嬌라

---

28 建卯之月 : '건묘월建卯月'과 같은 말로, 음력陰曆 2월을 이른다. 초저녁에 북두칠성의 자루〔柄〕가, 12신辰(자子·축丑·인寅·묘卯 등)의 열두 별자리의 위치를 가리키는 방향에 따라 달수〔月數〕가 바뀌는데, 이것을 가리켜, 정월正月은 '건인월建寅月', 2월은 '건묘월建卯月', 3월은 '건진월建辰月', 4월은 '건사월建巳月', 5월은 '건오월建午月' 등으로 불린다.

○ 석 달 봄도 벌써 저물어 가는데, 온갖 생물이 자라 흐드러집니다.

三春이 已暮에 萬化方暢[29]이라

○ 꽃다운 풀은 정이 있지만 지는 꽃은 말이 없습니다.

芳草는 有情하고 落花는 無語라

○ 한 기운이 따뜻한 기운을 퍼뜨리니, 온갖 꽃들이 아름다움을 다툽니다.

一氣[30]流元에 百花爭姸이라

○ 복사꽃은 붉게 찌는 듯하고 버들잎은 푸른빛이 돌아옵니다.

紅蒸桃花하고 青歸柳葉이라

○ 봄바람 살짝 불더니 봄비가 지나갑니다.

仁颷乍嘘에 惠雨纔過라

3월 윤달〔閏月〕

○ 율이 어우러져 고선姑洗에 날마다 여분이 쌓였습니다.

律叶姑洗[31]에 日積餘分이라

○ 맑고 따뜻한 기운이 더더욱 삼춘三春을 내모니, 여름이 한 달을 물러나 기다리고 있습니다.

---

29 萬化方暢 : 저본에는 '萬和方暢'으로 되어 있으나, 문맥을 살펴 '和'를 '化'로 바로잡았다.

30 一氣 : 우주에 두루 펴져 있는 천지만물을 형성하는 근원이 되는 원기元氣를 가리키는데, 이 원기를 구성하는 음양의 소장消長에 의해 계절의 변화가 나타난다.

31 姑洗 : 두주頭註에 "12율 가운데 3월이 고선姑洗에 해당되는 달이다.〔十二律에 三月이 爲姑洗之月이라〕"라고 하였다.

靑陽이 加驅三春하니 朱明[32]이 退待一朔이라

4월〔四月〕

○ 비는 북쪽에서 이르고 바람은 남쪽에서 불어옵니다.

雨從北至하고 風自南來라

○ 석류꽃은 불타듯 붉고 연잎은 푸르게 바뀌었습니다.

榴花는 燃紅하고 荷葉은 飜綠이라

○ 접시꽃은 고개 숙여 붉고 회화나무의 뺨은 푸른빛이 엉기었습니다.

葵心은 傾赤하고 槐頰은 凝靑이라

○ 회화나무 그늘은 땅에 가득하고, 바람결에 흔들리는 소나무 소리는 천지를 뒤흔듭니다.

槐陰은 滿地하고 松濤는 振天이라

○ 회화나무에 부는 바람은 여름을 알려오고, 보리물결은 가을로 바뀌었습니다.

槐風은 報夏하고 麥浪은 飜秋라

○ 얼마 남지 않은 꽃은 가을을 전송하고 신록은 여름을 맞이합니다.

殘紅은 餞春하고 新綠은 入夏라

○ 해는 길고 바람은 따뜻하여 만물이 무성해져 갑니다.

日永風和에 時物向茂라

---

32 朱明 : 《이아爾雅》 〈석천釋天〉에 "여름을 '주명'이라고 한다.〔夏爲朱明〕"라고 하였다.

4월 윤달〔閏月〕

○ 여름 석 달 중 첫 달에 아기풀꽃 피는 계절을 두 번이나 만나니, 1년에 다시 씀바귀가 패는 계절이 있습니다.

三夏之首에 再見秀葽[33]之節하니 一年之內에 復有苦菜[34]之候焉이라

○ 녹음이 온 산에 펼쳐져 있고 노란 버들이 계절을 알려옵니다.

綠陰이 遍山에 黃楊이 報候라

5월〔五月〕

○ 계절은 여름이 시작되고 때는 단오입니다.

節屆朱明하고 時逢重五[35]라

○ 이끼에 목욕할 아름다운 계절이고 쑥을 캘 좋은 때입니다. 달〔月〕은 남교南郊에 해당되고 날〔日〕은 동정東井에 해당됩니다.

浴蘚佳節이오 打艾令辰이라 月在南郊[36][37]하고 日在東井[38]이라

---

33 秀葽 : 두주頭註에 "요葽의 속명은 '아기풀'이고, 약의 이름은 '원지遠志'이다. 4월에 아기풀이 패기 때문에 이렇게 이른 것이다.〔葽는 俗名아기풀이요 藥名遠志니 四月에 始秀 故云〕"라고 하였다.

34 苦菜 : 4월을 이르는 말로, 《예기禮記》〈월령月令〉에 "청개구리가 울고 지렁이가 나오며, 쥐참외가 나고 씀바귀가 팬다.〔螻蟈鳴 蚯蚓出 王瓜生 苦菜秀〕"라고 한데서 유래하였다.

35 重五 : 두주頭註에 "5월 5일은 5자가 두 개이기 때문에 '중오重五'라고 한다.〔五月五日은 五字爲二 故曰 重五라〕"라고 하였다.

36 南郊 : 여름을 이르는 말로, 《예기禮記》〈월령月令〉에 "입하일立夏日에 남교에서 여름 기운을 맞이하며 주명가朱明歌를 불렀다.〔立夏之日 迎夏于南郊 歌朱明〕"라고 하였다.

37 月在南郊 : 저본에는 '月正南郊'로 되어 있으나, 문맥을 살펴 '正'을 '在'로 바로잡았다.

38 東井 : 정수井宿를 말하는데 이십팔수 중에 남방주작南方朱雀에 있는 별자리로, 오늘날 쌍둥이자리를 이른다. 5월을 이르는 말로도 쓰인다.

○ 앵무새 소리 구르는데 초여름이 이미 이르렀습니다. 비로소 갈옷 입을 때가 돌아오니 가벼운 비단옷 생각이 간절합니다.

鶯聲이 轉滑에 麥秋[39]已至라 時回始絺에 思切輕紈이라

5월 윤달〔閏月〕

○ 해가 1년이 지난 뒤에는 모두 2년이라고 칭하지만 달은 5월의 뒤에 있다고 하여 6월이라고 하지 않는다. 이 달은 5월과 6월의 사이에 있기 때문에 객월客月이라고 해서 부생浮生으로 하여금 시時와 월月의 간극을 더하도록 하였으니, 이 달력을 부여잡으면 어찌 기쁘고 다행스럽지 않겠는가?

年過一年之後則皆稱二年이로되 月在五月之後以不謂六月하고 此月은 間於五月六月而因爲客月하야 使浮生으로 添得時月之間隙하니 攀此鳳曆者 豈不喜幸고

○ 석류꽃은 계절을 자랑하고 시초줄기는 '귀기歸奇'입니다.

榴花는 姱節하고 蓍莖[40]은 歸奇[41]라

6월〔六月〕

○ 더위가 사람을 찌는 듯하니 매우 답답합니다

炎暑가 蒸人하니 殊爲繁鬱이라

---

39 麥秋 : 보리가 익는 시절인 5월을 이른다.

40 蓍莖 : 두주頭註에 "속명은 사설초蛇舌草니 5월에 줄기가 팬다.〔俗名蛇舌草니 五月에 始抽莖이라〕"라고 하였다.

41 歸奇 : 윤달을 이르는 말로, 《주역周易》〈계사繫辭 상上〉에 "대연의 수가 50이요 사용하는 것은 49이다. 이를 나누어 둘로 만들어서 천지天地를 본뜨고, 하나를 손가락 사이에 걸어서〔掛一〕 삼재三才를 본뜨고, 이것을 넷으로 셈하여 사시四時를 본뜨고, 남은 수를 손가락 사이에 끼워서〔歸奇於扐〕 윤달을 본뜬다.〔大衍之數五十 其用四十有九 分而爲二 以象兩 掛一 以象三 揲之以四 以象四時 歸奇於扐 以象閏〕"라는 구절에서 온 말이다.

○ 순화성鶉火星이 다가오고 경금庚金의 시기가 되었습니다.

鶉火[42]臨纏하고 庚金[43]이 在候라

○ 병화丙火가 위세를 떨치니 경금庚金은 기운을 감추고 있습니다.

丙火[44]揚威에 庚金이 藏氣라

○ 된서리가 내리고 추울 때에는 매번 한더위가 낫다고 말하고, 무더울 때에는 도로 매서운 추위가 그래도 견딜 만하다고 합니다.

嚴霜大凍之時에는 每道盛暑之爲愈하고 亢陽酷熱之際에는 還爲隆寒之可堪이라

6월 윤달〔閏月〕

○ 마의磨蟻의 도수가 유월에 윤달을 이루니, 베짱이와 같은 미물이 두 달 동안을 날개를 떨어서 웁니다.

磨蟻[45]之度數가 成閏於季夏하니 莎鷄[46]之微物이 振羽於二朔이라

---

42 鶉火 : '순화성鶉火星'을 가리킨다. 음력 5월 남쪽 밤하늘의 별자리 이름으로, 여기서는 6월로 분류하였다.

43 庚金 : '삼복三伏 더위'를 달리 일컫는 말이다. 복伏은 하지夏至 후 셋째 경일庚日을 '초복初伏', 넷째 경일庚日을 '중복中伏', 입추立秋 후 첫째 경일庚日을 '말복末伏'이라고 한다.

44 丙火 : 두주頭註에 "병丙은 남쪽에 속하고 남쪽은 화火에 속하니, 여름은 불기운이 왕성한 계절이다.〔丙爲南方이요 南方은 屬火하니 夏爲火旺之節이라〕"라고 하였다.

45 磨蟻 : '맷돌에 붙어 기어가는 개미'라는 뜻으로, 해와 달이 천구天球 상에서 운행하는 것을 비유하는 말로 쓰인다. 《진서晉書》〈천문지天文志 상上〉에 "하늘은 맷돌질하는 것처럼 수평으로 돌아가되 왼쪽으로 운행하고, 해와 달은 오른쪽으로 운행하지만 하늘을 따라 왼쪽으로 돈다.……개미가 맷돌 위를 걸어가는 것에 비유하자면 맷돌은 왼쪽으로 돌고 개미는 오른쪽으로 가는데 맷돌은 빠르고 개미는 느리기 때문에 개미도 맷돌을 따라 왼쪽으로 돌게 되는 것과 같다.〔天旁轉如推磨而左行 日月右行 隨天左轉……譬之於蟻行磨石之上 磨左旋而蟻右去 磨疾而蟻遲 故不得不隨磨以左迴焉〕"라는 구절에서 유래하였다.

46 莎鷄 : 《시경詩經》〈빈풍豳風 칠월七月〉에 "5월에는 메뚜기가 다리를 비벼 울고, 6

○ 한창 더운 삼복에 임종林鐘이 거듭 울립니다.

庚金에 三伏에 林鐘[47]이 再噓라

7월〔七月〕

○ 오동나무 누각엔 바람이 맑고, 고사리 담장엔 기운이 상쾌합니다.

梧閣에 風淸하고 薇垣에 氣爽이라

○ 뜰 계단에서 서늘한 기운이 생기고, 가을은 들 빈터에서 들어옵니다.

凉生庭階하고 秋入郊墟라

○ 옥률玉律이 가을을 우니, 가을바람이 더위를 몰아냅니다.

玉律[48]이 鳴秋하니 金風이 蕩暑라

○ 화성火星은 하늘에 흘러가고, 가을 별은 땅에 쬡니다.

火星은 流天하고 秋陽은 暴地라

○ 장마가 끝나 못은 맑고, 더위가 물러가 서늘해져갑니다.

潦盡潭淸하고 炎老凉生이라

월에는 베짱이가 날개를 떨어서 울며, 7월에는 들판에 있고, 8월에는 처마 밑에 있고, 9월에는 문에 있고, 10월에는 귀뚜라미가 나의 침상 아래로 들어온다.〔五月斯螽動股 六月莎鷄振羽 七月在野 八月在宇 九月在戶 十月蟋蟀 入我牀下〕"라고 하였다.

47 林鐘 : 십이율十二律의 하나이다. 십이율은 육률六律과 육려六呂로 나누어지는데, 임종은 육려에 속한다. 육률은 황종黃鍾(11월)·대주大簇(1월)·고선姑洗(3월)·유빈蕤賓(5월)·이칙夷則(7월)·무역無射(9월)이고 육려는 협종夾鍾(2월)·중려仲呂(4월)·임종林鍾(6월)·남려南呂(8월)·응종應鍾(10월)·대려大呂(12월)이다.

48 玉律 : 옥으로 만든 음을 측정하는 기구로, 황제黃帝 때 영륜伶倫이 대나무를 잘라 통을 만든 다음 통의 길고 짧음을 가지고 음의 청탁고하淸濁高下를 측정하였다고 한다. 이 음에는 양륙陽六인 육률六律과 음륙陰六인 육려六呂가 있어 이를 12율이라고 하는데, 옛날 사람들은 이것으로 열두 달을 배치하였다.

○ 이슬에 젖은 벌레가 가을을 노래하고, 추운 날에 쓰르라미는 나무에서 웁니다.

露蟲이 吟秋하고 寒蟬이 鳴樹라

○ 가을바람이 언뜻 움직이니 옥우玉宇가 비로소 맑습니다.

金飇乍動에 玉宇[49]初淸이라

7월 윤달〔閏月〕

○ 초가을이 막 지나자 대화大火가 다시 흐릅니다.

初秋纔過에 大火[50]再流라

○ 지난달에 오이를 먹었는데, 이번 달에 또 오이를 먹습니다.

前月에 旣食瓜[51]하고 今月에 又食瓜라

8월〔八月〕

○ 옥률玉律이 가운데를 맡고 있고 섬광蟾光이 둥급니다.

玉律이 司中하고 蟾光[52]이 正圓이라

---

49 玉宇 : 두주頭註에 "하늘이 옥처럼 맑기 때문에 이렇게 이른다.〔天如玉之淸 故云耳〕"라고 하였다.

50 大火 : '대화심성大火心星'의 줄임말로, 7월을 이른다. 이 별이 서쪽으로 내려가면 더위가 가고 가을이 오기 시작한다고 한다. 《시경詩經》〈빈풍豳風 칠월七月〉에 "칠월에 대화심성이 서쪽으로 내려가면, 구월에는 추우니 두꺼운 옷을 준다.〔七月流火 九月授衣〕"라고 하였다.

51 食瓜 : 《시경詩經》〈빈풍豳風 칠월七月〉에 "6월에는 아가위와 머루를 먹으며, 7월에는 아욱과 콩을 삶고, 8월에는 대추를 털며……7월에는 오이를 먹고, 8월에는 박을 타며, 9월에는 깨를 털며, 씀바귀를 뜯고 가죽나무를 베어서, 우리 농부들을 먹이느니라.〔六月食鬱及薁 七月亨葵及菽 八月剝棗……七月食瓜 八月斷壺 九月叔苴 采荼薪樗 食我農夫〕"라고 하였다.

52 蟾光 : '달빛'을 이르는 말로, 전설에 달 속에 두꺼비가 산다고 하여 달을 '섬굴蟾

○ 오동잎에 바람이 높고 계수나무 가지엔 달이 가득합니다.

梧葉에 風高하고 桂枝에 月滿이라

○ 은하수는 가을이라 높고 달은 빛이 가득합니다.

銀漢은 秋高하고 玉輪은 光滿이라

○ 상표商飈가 서늘함을 재촉하니 큰 우레가 소리를 거둡니다.

商飈[53]가 催涼하니 銀雷가 收聲이라

○ 가을빛이 다하려 하니 대기가 조금 서늘합니다.

秋色이 欲老에 大氣가 差涼이라

8월 윤달〔閏月〕

○ 가을이 이미 지났는데 8월을 거듭 만났습니다.

仲秋가 已過에 八月을 再逢이라

9월〔九月〕

○ 수유주머니는 붉은 옥과 같고 국화는 황금빛 꽃술을 터뜨립니다.

萸囊[54]紫玉이오 菊綻黃金이라

○ 절기는 수유를 찰 때이고 계절은 국화를 술잔에 띄울 때입니다.

窟'이나 '섬궁蟾宮'이라고 하였다.

53 商飈 : '가을바람'을 이르는 말로, 두주頭註에 "오성五聲 가운데 상商음이 가을에 속하기 때문에 가을바람을 '상표'라고 한다.〔五聲에 商音은 屬秋 故秋風曰商飈이라〕" 라고 하였다.

54 萸囊 : 9월 9일에 수유茱萸를 주머니에 넣어 차고 높은데 올라가면 재액을 면한다는 속설이 있다.

序屬佩萸[55]하고 節屆泛菊[56]이라

○ 국화는 절기를 기록하고, 단풍은 채색을 드러냅니다.

黃華는 紀候하고 紅葉은 呈彩라

○ 귀뚜라미 소리가 문에서 들려오고, 기러기떼는 추위에 놀랍니다.

蛩聲이 在戶에 雁陣이 驚寒이라

○ 겨우 하룻밤 지났을 뿐인데, 서릿바람은 곧바로 모든 나무에 가을 소리가 납니다.

纔經一夜에 霜風이 便作萬樹秋聲[57]라

9월 윤달〔閏月〕

○ 하나의 윤달을 만나 중양절이 거듭되니 고시古詩의 "구추九秋는 어느 날인들 중양절이 아니겠는가?"라는 말은 바로 윤달을 만난 때가 아니겠습니까? 이제 와서 보니 먼저 내 마음을 안 말이라 할 만합니다.

月値一閏에 日再重陽하니 古詩所云 九秋何日不重陽[58]者 政是逢閏之時歟아 到今에 可謂先獲之語也로다

---

55 佩萸 : 《서경잡기西京雜記》에 한 무제 때의 궁인宮人들이 중양절에 "수유를 차고 경단을 먹으며 국화주를 마시면 장수할 수 있다.〔佩茱萸食餌飮菊花酒云令人長壽〕"라고 하였다.

56 泛菊 : 중양절에 국화를 띄우고 술잔에 술을 마시던 것을 이른다.

57 秋聲 : 저본에는 '春和'로 되어 있으나, 문맥을 살펴 '秋聲'으로 바로잡았다.

58 九秋何日不重陽 : 조선 선조宣祖 정작鄭碏의 "세상 사람들은 중양절을 가장 중히 여기나 중양절만 꼭 감흥 크게 일으키는 것 아니리. 어느 때나 황국黃菊을 마주하여 백주白酒 마시면 가을 어느 날이 중양절 아니리.〔世人最重重陽節 未必重陽引興長 若對黃花傾白酒 九秋何日不重陽〕"라는 구절 중 일부이다.

10월〔十月〕

○ 매화는 희고 소나무는 푸르러 봄빛이 점철됩니다.

梅白松青하야 點綴春色이라

○ 경치는 소춘小春에 속하고, 때는 양월陽月입니다.

景屬小春[59]하고 時爲陽月[60]이라

○ 현명玄冥이 시작되는 계절에 청녀靑女가 추위를 맡았습니다.

玄冥[61]이 啓候에 靑女[62]가 司寒이라

○ 천시天時는 음기가 엉기고, 지기地氣는 얼어서 생기가 막혔습니다.

天時陰凝에 地氣閉塞이라

10월 윤달〔閏月〕

○ 삼동三冬이 시작되는 절서에 하나의 윤달이 귀여歸餘하였습니다.

三冬이 啓序에 一閏이 歸餘[63]라

---

59 小春 : '10월'을 달리 이르는 말이다. 당唐나라 서견徐堅의 《초학기初學記》에 "10월은 날씨가 따뜻하여 봄날과 같기 때문에 '소춘小春'이라고 한다. 그리고 10월은 양월陽月이 되기 때문에 '소양춘小陽春'이라고 한다.〔十月 天時暖似春 故曰小春 十月爲陽月 故又名小陽春〕"라고 한 구절이 있다.

60 陽月 : '10월'을 달리 이르는 말이다. 《주역함서周易函書》 별권別卷15 〈관물觀物〉에 "양이 해亥에서 비롯되어 자子에서 생기기 때문에 10월을 '양월陽月'이라고 한다.〔陽始於亥生於子 故十月稱陽月〕"라고 하였다.

61 玄冥 : 겨울을 관장하는 귀신의 이름이다. 《예기禮記》 〈월령月令〉에 "겨울철의 상제는 '전욱顓頊'이요, 그 귀신은 '현명玄冥'이다.〔其帝顓頊 其神玄冥〕"라고 하였다.

62 靑女 : 서리와 눈을 관장하는 여신의 이름이다. 《회남자淮南子》 〈천문훈天文訓〉에 "가을 3개월에……청녀가 이슥고 나와, 서리와 눈을 내려주네.〔至秋三月……靑女乃出 以降霜雪〕"라고 하였다.

63 歸餘 : 음력의 매달 남은 날을 모아 윤달〔閏月〕을 두는 일을 이른다.

11월〔十一月〕

○ 일원一元이 다시 시작되니, 육관六管이 상서로운 조짐을 드러냅니다.

一元[64]이 復始하니 六管[65]이 呈祥이라

○ 한 양陽의 기운이 다시 돌아오니, 만상이 회태回泰합니다.

一陽이 來復하니 萬象이 回泰[66]라

○ 달은 황종黃鐘에 오고 날은 홍선紅線을 더합니다.

月旅黃鐘[67]하고 日添紅線[68]이라

○ 때가 저물어 가는 북쪽 땅에서 기운이 남지南至 때 소생합니다.

時暮北陸에 氣穌南至[69]라

---

64 一元 : 두주頭註에 "원元은 양陽이니 11월은 괘卦로는 복괘復卦가 되어 하나의 양 기운이 땅에서 생긴다.〔元은 陽이니 十一月이 在卦에 爲復하니 一陽이 生於地下라〕"라고 하였다.

65 六管 : 율려律呂를 정하는 관管을 말하며 '율관律管'이라고 한다. 율려는 옛날에 악률樂律을 정하는 기구이다. 중국 황제黃帝 때 영륜伶倫이 대나무를 잘라 통을 만들어서, 통의 길이를 가지고 성음聲音의 청탁淸濁과 고하高下를 구분하였는데, 악기의 음은 이것을 기준으로 삼는다. 음양陰陽을 각각 여섯으로 나누어, 양陽이 율律이 되고 음陰이 여呂가 되며, 이를 합해 12음이 된다.

66 回泰 : 비색否塞한 운세가 끝나고 태평한 운세가 돌아온다는 뜻으로, '태泰'는 《주역周易》의 괘명卦名인데 건하곤상乾下☰ 坤上☷으로 천지 음양의 기운이 조화되어 만물이 태평해지는 상象이다.

67 黃鐘 : 음률音律의 명칭으로, 11월의 다른 이름이다. 12율의 하나로서 육률六律, 육려六呂의 기본이 되는 음이다.

68 紅線 : 두주頭註에 "동지가 되면 해는 점점 길어지기 때문에 해가 점점 붉어져 홍선이라고 한다.〔冬至에 日漸長 故日輪漸紅而謂之紅線이라〕"라고 하였다.

69 南至 : '동지冬至'의 다른 이름으로, 11월의 다른 이름이다. 두주頭註에 "동지에 해가 남회귀선 위에 있기 때문에 이렇게 이르는 것이다.〔冬至에 日在南回歸線上 故云耳〕"라고 하였다.

○ 얼음은 물의 가운데를 단단하게 하고, 눈은 산의 얼굴을 꾸미네.

冰堅水腹하고 雪粧山面이라

○ 박괘剝卦가 가고 복괘復卦가 오니, 하늘의 마음을 알 수 있습니다.

剝往復來[70]하니 天心을 可見이라

11월 윤달〔閏月〕

○ 황종黃鐘이 거듭 따뜻한 봄 기운을 부니, 현음玄陰이 더욱 추위를 떨칩니다.

黃鍾이 再噓暖律[71]에 玄陰[72]이 益肆寒威라

12월〔十二月〕

○ 세월은 말처럼 빨라 달력이 다시 시작되었습니다.

駒陽迅速하야 鳳曆이 更端[73]이라

○ 기러기 그림자는 추위를 무릅쓰고, 매화향기는 섣달에 꽃망울을 터뜨립니다.

雁影은 衝寒하고 梅香은 破臘[74]이라

---

70 剝往復來 : 성쇠盛衰와 소장消長을 이르는 말로, 《주역周易》의 박괘剝卦䷖와 복괘復卦䷗를 가리킨다. 박괘는 음陰이 성하여 양陽이 쇠한 것을 의미하고, 복괘는 음이 극에 이르러 다시 양이 회복한 것을 의미한다.

71 暖律 : '추율鄒律'이라고도 하며, 따뜻한 봄기운을 말한다. 추연鄒衍이 연燕나라 소왕昭王의 초빙을 받아 가 있을 때 오곡이 나지 않는 찬 골짜기에 율관律管을 불어 따뜻하게 하니 곡식이 자랐다는 고사가 있다.

72 玄陰 : 두주頭註에 "순음과 같다.〔猶純陰〕"라고 하였다.

73 更端 : 두주頭註에 "경更은 '바뀌다.'라는 뜻이고, 단端은 '시작'이라는 뜻이니, 다시 시작되는 것으로 신년의 근본을 삼는 것을 이른다.〔更은 改요 端은 始니 謂改其始而爲新歲之本이라〕"라고 하였다.

74 破臘 : '12월'을 달리 이르는 말로, 두주頭註에 "납월臘月은 12월이니 가장 추운

○ 사시가 공을 이루었으니, 만물이 본원으로 돌아갑니다.

四時가 成功하니 萬物이 歸元이라

○ 쌓인 눈은 추위를 더하고, 궁음窮陰은 해가 저물기를 재촉합니다.

積雪은 助寒하고 窮陰[75]은 催歲라

○ 한해의 끝에 겨울바람이 매섭습니다.

歲律崢嶸[76]에 朔風이 栗烈이라

○ 눈은 매화를 피게 하고, 언덕엔 버들이 피려 합니다.

雪意는 放梅하고 岸容은 舒柳[77]라

○ 흙소를 만들어 추위를 보내니, 둥지의 까치는 때를 감지합니다.

土牛送寒[78]에 巢鵲이 感時라

12월 윤달〔閏月〕

○ 궁음窮陰은 천천히 흐르고, 대려大呂가 육률六律을 거듭합니다.

窮陰이 緩節에 大呂가 重律이라

데도 매화가 피기 때문에 섣달을 깨뜨린다고 한 것이다.〔臘月은 十二月이니 爲最寒而梅花發 故曰破臘이라〕"라고 하였다.

75 窮陰 : 겨울의 마지막 달을 이르는 말로, '12월'을 달리 이르는 말이다.

76 崢嶸 : 두주頭註에 "높은 모양이니 12월은 한 해의 끝머리이기 때문에 이렇게 이른다.〔高貌니 至十二月에 歲至盡頭 故云耳라〕"라고 하였다.

77 雪意……舒柳 : 두보杜甫의 시 〈소지小至〉에 "언덕엔 섣달 기다려 버들가지 피려 하고, 산에는 추위 맞아 매화가 피려 하네.〔岸容待臘將舒柳 山意衝寒欲放梅〕"라는 구절에서 유래하였다.

78 土牛送寒 : 《예기禮記》〈월령月令〉에 "12월에 유사에게 명하여 대나를 하고 방책을 하며, 토우를 만들어 한기를 몰아낸다.〔命有司 大儺 旁磔 出土牛 以送寒氣〕"라고 하였다.

4-4 때가 되어 그 때에 맞게 보내는 부문 : 병
〔臨時時令門 : 丙〕

통용〔通用〕

봄〔春〕

○ 봄기운이 점점 따뜻해집니다. 春煦漸溫

○ 봄기운이 화창합니다. 春氣斯和

○ 따뜻한 바람이 남쪽에서 불어옵니다. 溫風自南而來

○ 봄바람이 마른 나무를 되살아나게 합니다. 春風蘇枯

○ 따뜻한 기운이 땅에 불어옵니다. 煖氣襲地

○ 봄빛이 점점 좋아집니다. 春色漸可

○ 따뜻한 봄이 점점 더해갑니다. 春溫漸緊

○ 봄경치가 사람을 기쁘게 합니다. 春景悅人

○ 봄바람이 점점 따뜻합니다. 東風漸溫

○ 따뜻한 기운이 사람은 감쌉니다. 和氣掩人

○ 모든 화창한 기운이 다 펼쳐집니다. 百和俱暢

○ 꽃들이 한창 피었습니다. 花事方爛

○ 모든 꽃들이 활짝 피었습니다. 萬花方暢

○ 꽃들이 지고 있습니다. 花事爛删[79]

○ 따뜻한 바람이 꼭 맞습니다. 和風正可

○ 만물이 한창 소생합니다. 萬物方蘇

○ 봄바람이 점점 불어옵니다. 南風漸來

○ 온갖 꽃들이 사람을 근심스럽게 합니다. 百花愁人

○ 지는 꽃이 사람을 시름에 잠기게 합니다. 落花愁人

○ 푸른 잎이 점점 짙어집니다. 綠葉漸繁

○ 신록이 사람을 맞이합니다. 新綠迎人

○ 봄비가 보슬보슬 내립니다. 春雨濛濛

여름〔夏〕

○ 더운 기운이 차츰 더해갑니다. 暑氣漸緊

○ 첫 더위가 사람을 찝니다. 初暑蒸人

○ 날씨가 한창 덥습니다. 天氣方暑

○ 더위가 자못 혹독합니다. 暑事頗酷

○ 더위가 매우 혹독합니다. 暑氣甚酷

○ 가랑비가 보슬보슬 내립니다. 細雨霏微

○ 가뭄이 근심스럽습니다. 旱事可悶

○ 가뭄이 한창 심합니다. 日旱方甚

○ 가뭄의 근심이 너무 심합니다. 旱憂太甚

---

79 爛删 : 두주頭註에 "시들어 떨어지는 모양이다.〔零落貌〕"라고 하였다.

○ 큰 비가 마른 나무를 되살아나게 합니다. 大雨蘇枯

○ 단비가 만물을 윤택하게 합니다. 時雨潤物

○ 들 비가 끊이지 않고 내립니다. 野雨連綿

○ 비가 꽤나 괴롭게 내립니다. 雨事殊苦

○ 장마가 지루하게 내립니다. 潦雨支離

○ 오랜 비가 사람을 고민되게 합니다. 久雨悶人

○ 오랜 비에 자못 괴롭습니다. 長雨頗苦

○ 장마비가 사람을 근심스럽게 합니다. 霖雨愁人

○ 가랑비가 사람에게 적당합니다. 細雨可人

○ 무더위가 태울 듯 덥습니다. 潦炎如焚

○ 더위가 쇠를 녹일 정도입니다. 庚炎鑠金[80]

○ 더운 기운이 치성합니다. 炎氣騰騰

○ 찌는 듯한 더위가 혹독합니다. 蒸炎斗酷

○ 더위가 사람을 태울 정도입니다. 炎氣燒人

○ 더위가 사람을 침범합니다. 庚熱凌人

○ 더위와 열기가 번갈아 침범합니다. 暑熱交侵

가을〔秋〕

○ 서늘한 바람이 불기 시작했습니다. 涼風始生

○ 우물가 오동나무는 서늘한 바람을 보내옵니다. 井梧送涼

---

80 庚炎鑠金 : 저본에는 '庚炎礫金'으로 되어 있으나, 문맥을 살펴 '礫'을 '鑠'으로 바로잡았다.

○ 서늘한 기운이 사람을 파고듭니다. 凉氣侵人

○ 초가을 서늘한 기운이 병을 낫게 합니다. 初凉蘇病

○ 초가을 기운이 들에서 불어옵니다. 新凉入郊

○ 가을빛이 차츰 아름다워집니다. 秋色漸佳

○ 가을바람이 옷에 스며듭니다. 西風襲衣

○ 가을바람이 쓸쓸합니다. 秋風蕭瑟

○ 가을바람이 사람을 시름겹게 합니다. 金風愁人

○ 서늘한 바람이 얼굴에 불어옵니다. 凉風吹面

○ 가을 경치가 쓸쓸합니다. 秋景蕭殺

○ 하늘은 높고 나무는 푸릅니다. 天高樹碧

○ 낙엽지는 소리가 하늘을 울립니다. 落木振天

○ 낙엽은 뿌리로 돌아갑니다. 落葉歸根

○ 풀은 시들고 낙엽은 단풍이 듭니다. 衰草黃葉

○ 돌아가는 기러기가 하늘에서 웁니다. 歸雁唳天

○ 서리 기운이 사람을 얼게 합니다. 霜氣凍人

○ 서리 내리는 날씨가 쌀쌀합니다. 霜天冷淡

○ 만물이 근원으로 돌아갑니다. 萬物歸元

○ 온갖 곡식이 다 익습니다. 百穀俱登

○ 가을 농사가 한창입니다. 秋事正緊

○ 가을 기운이 몹시 쓸쓸합니다. 秋氣凄切

○ 가을빛이 매섭습니다. 秋色崢嶸

겨울〔冬〕

○ 추위가 점점 매서워집니다. 寒事漸緊

○ 추위가 한창 성합니다. 寒意方殷

○ 첫추위가 한창 혹독합니다. 初寒方酷

○ 북풍이 찬바람을 불어옵니다. 北風吹寒

○ 찬 기운이 혹독합니다. 寒氣斗酷

○ 남은 추위가 여전히 심합니다. 餘寒猶甚

○ 추위가 사람을 얼게합니다. 寒威凌人

○ 추위가 갑자기 심해졌습니다. 寒事斗劇

○ 휘몰아치는 눈바람에 입김으로 추위를 녹입니다. 飛雪呵寒

○ 모든 산이 흰빛으로 꾸며졌습니다. 千山裝白

○ 모든 나무가 꽃을 피웠습니다. 萬樹戴花

○ 눈꽃이 하늘까지 닿았습니다. 雪花亘天

◎ 이상은 '미심부문'에 해당하는 말이거나 혹은 '승지부문'에 해당하는 말 아래에 이어서 써넣으니, 이것은 바로 과거의 상황은 거론하여 물어볼 필요가 적기 때문에 오직 지금의 일만 거론하여 말한 것이다. '미심부문'에 해당하는 말이나 혹은 '승지부문'에 해당하는 말 뒤에 단순히 '신하부문'만 써넣는 경우도 있고, 혹은 '신하부문'에 해당하는 말을 써넣은 다음에 '사시시령부문·십이월시령부문·임시시령부문'에 해당하는 말을 이어서 써넣을 수도 있으니 뜻에 따라 적용하는 것이 좋겠다. 다만 존장에게는 '사시시령부문' 이하의 말을 많이 쓰지 않는다.

右는 未審門語 或承知門語下에 連續記入하나니 卽過去의 狀況은 擧問할 必要가 少한 故로 惟現今만 擧하야 言함이니 未審門語와 或承知門語下에 單히 辰下門語만 記入함도 有하고 或辰下門語를 記하고 次에 四時時令門·十二月時令門·臨時時令門語를 承續記入함도 得하나니 隨意適用함이 可하니라 但尊丈에 對하야는 四時時令門以下語는 不多用하나니라

◎ '시령'은 우리들의 몸에 대하여 직접관계가 있기 때문에 상대의 건강 여부를 물을 때 안부가 어떠한지를 먼저 거론해서 간곡하고 절실한 뜻을 드러내어야 한다. 때때로 간혹 쓰지 않더라도 불가한 것은 아니지만 이를 쓰는 것이 더 꼭 들어맞는 편이 있다. 다만 간단한 편지에는 '신하'의 아래에 '기거례'를 직접 응용한다. 예컨대 "다시 이때 안부가 어떠하신지 모르겠습니다.〔復未審 此時에 氣體候〕"라고 말한 경우와 같다.

時令은 吾人의 身體에 對하야 直接關係가 有한 故로 相對者의 健康與否를 問할 時에 氣候如何를 先擧하야 丁寧親切한 意를 表함이니 時或不用하야도 不可함은 아니나 此를 用함이 還히 緊切한 便이 有하니라 但簡單한 書簡에는 辰下例下에 起居例를 接續應用하나니 例復未審 此時에 氣體候云云과 如함이라

5. 안부를 묻는 사례〔起居例〕

5-1 보통의 부문 : 병〔普通門 : 丙〕

통용〔通用〕

존장〔尊丈〕

○ 안부 氣體候

○ 정양하시는 안부 靜養氣體候

○ 안부 動止[1]

○ 안부 起居[2]

○ 도 닦으시는 안부 道體候

○ 경서 공부하시는 안부 經體候

○ 정양하시며 도 닦으시는 안부 靜養道體候

○ 정양하시며 경서공부하시는 안부 靜養經體候

집사와 노형〔執事及老兄〕

○ 안부 氣體節

○ 안부 氣體度

---

1 動止 : 두주頭註에 "'움직이고 그친다.'는 뜻이다.〔動作坐止〕"라고 하였다.

2 起居 : 두주頭註에 "일어서고 앉고 눕는다는 뜻과 같다.〔猶起立坐臥也〕"라고 하였다.

○ 안부	體候
○ 안부	氣候
○ 안부	體度
○ 당신의 안부	尊體
○ 여러분의 안부	僉位體度
○ 여러분의 안부	僉體
○ 여러분의 안부	僉體節

평교〔平交〕

○ 형의 안부	兄體節
○ 형의 안부	兄體度
○ 형의 안부	兄體
○ 경서 공부하는 안부	經體
○ 도 닦으시는 안부	道體
○ 안부	體度
○ 안부	體節
○ 글공부하는 안부	文體

시생〔侍生〕

○ 형의 안부	兄體
○ 형의 안부	兄體事
○ 형의 부모 모시는 안부	兄侍體

수하〔手下〕

○ 안부 體履

○ 안부 體上

○ 안부 體狀

○ 최근 형편 近狀

○ 요사이 형편 近況

◎ '도체후·도체·경체후·경체' 등은 학자에 대하여 쓰는 것이다.

道體候·道體·經體候·經體等은 學者에게 對하야 用함이라

◎ '첨위체도·첨체절' 등의 '첨'자는 '여러 사람'이라는 뜻이니, 여러 사람들의 안부를 이른다. 다수의 사람이 모인 곳에 대하여 특정 상대방을 정하지 않고 여러 사람들의 안부를 한꺼번에 물을 때 쓰는 것이다.

僉位體度·僉體節等의 僉은 衆也니 謂衆人諸位의 起居也라 多數한 人이 集合한 處에 對하야 對表者를 不定하고 衆人諸位의 起居를 共同으로 問할 時에 用함이라

5-2 벼슬하는 사람에게 보내는 부문 : 병 〔仕宦門 : 丙〕

칙임관〔勅任官〕[3]

존장〔尊丈〕

○ 대감의 안부　　台體[4]候

○ 대감의 안부　　台體候起居

○ 대감의 안부　　台體候動止

집사와 노형〔執事及老兄〕

○ 대감의 안부　　台體節

○ 대감의 안부　　台體度

○ 대감의 안부　　台體事

평교〔平交〕

○ 대감의 안부　　台體事

3　勅任官 : 한말 관료의 최고직계로, 고종 31년(1894) 7월 갑오개혁으로 관료제도가 개편됨에 따라 정1품에서 9품까지 칙임관·주임관奏任官·참상관參上官의 세 직계로 대별했다.

4　台體 : 두주頭註에 "하늘에 삼태성이 있어서 삼공三公을 상징하기 때문에 공경이상의 관직을 띠고 있는 사람에 대하여 '태台'자를 쓰니, 지금의 칙임관勅任官 이상이다.〔天有三台星하야 以象三公故로 公卿以上의 官位를 帶한 人에게 對하야 台字를 用하니 今之勅任官以上〕"라고 하였다.

○ 대감의 안부　　台體

○ 형이신 대감의 안부　　兄台體

○ 대감의 안부　　台體度

시생〔侍生〕

○ 대감의 안부　　台體

수하〔手下〕

○ 대감의 안부　　台體履

○ 대감의 안부　　台候

주임관〔奏任官〕[5]

존장〔尊丈〕

○ 영감의 안부　　令體[6]候

○ 영감의 안부　　令體候起居

○ 영감의 안부　　令體候動止

집사와 노형〔執事及老兄〕

○ 영감의 안부　　令體節

---

5 奏任官 : 고종 31년(1894) 7월 갑오개혁 때 종래의 정正·종從 18계階를 개정하여 3품 이하는 정·종으로 가르지 않고 3품 통정대부通政大夫·4품 봉정랑奉政郎·5품 통덕랑通德郎·6품 승훈랑承訓郎을 주임관이라 하고, 주임관을 다시 1등에서 6등까지로 구분하여 봉급에 차등을 두었는데, 이는 일본식 관계官階를 그대로 본뜬 것이었다.

6 令體 : 두주頭註에 "주임관에 대한 칭호이다.〔奏任官에 對한 稱號〕"라고 하였다.

○ 영감의 안부 令體度

○ 영감의 안부 令體事

평교〔平交〕

○ 영감의 안부 令體事

○ 영감의 안부 令體

○ 영감의 안부 令體度

○ 형이신 영감의 안부 兄令體

시생〔侍生〕

○ 영감의 안부 令體

수하〔手下〕

○ 영감의 안부 令體履

관장〔官長〕

존장〔尊丈〕

○ 정사보시는 안부 政體[7]候

○ 수령의 안부 篆體[8]候

---

7 政體 : 두주頭註에 "관장에 대한 칭호이다.〔官長에 對한 稱號〕"라고 하였다.

8 篆體 : 두주頭註에 "관장이 친히 정사를 집행할 적에 지참하고 있는 도장과 인장印章에 전서로 새기기 때문에 이렇게 이른다.〔官長은 親執政務에 又持印符에 刻以篆字 故云耳〕"라고 하였다.

집사와 노형〔執事及老兄〕

○ 정사보시는 안부 政體度

○ 수령의 안부 篆體度

○ 수령의 안부 篆體節

평교〔平交〕

○ 정사보시는 안부 政體事

○ 수령의 안부 篆體事

시생〔侍生〕

○ 정사보시는 안부 政體

○ 수령의 안부 篆體

판임관〔判任官〕[9]

존장〔尊丈〕

○ 벼슬하시는 안부 仕體[10]候

○ 벼슬하시는 안부 仕體候起居

○ 벼슬하시는 안부 仕體候動止

---

9 判任官 : 조선 말기 관료의 최하 직계로, 고종 31년(1894) 7월 갑오경장으로 관료 제도가 대폭 개편되었다.

10 仕體 : 두주頭註에 "판임관判任官은 처음 벼슬에 나아가기 때문에 이렇게 이른다.〔判任官은 初出仕 故云耳〕"라고 하였다.

집사와 노형〔執事及老兄〕

○ 벼슬하시는 안부	仕體節
○ 벼슬하시는 안부	仕體度
○ 벼슬하시는 안부	仕體事

평교〔平交〕

○ 벼슬하시는 안부	仕體事
○ 벼슬하시는 안부	仕體
○ 형의 벼슬하시는 안부	兄仕體
○ 안부	體度

시생〔侍生〕

○ 벼슬하는 안부	仕體

수하〔手下〕

○ 벼슬하는 안부	仕履

5-3 부모를 모시고 있는 사람에게 보내는 부문 : 병 〔侍下門 : 丙〕

존장〔尊丈〕

○ 부모님을 모시는 안부　侍中氣體候

○ 부모님을 모시는 안부　侍體候

집사와 노형〔執事及老兄〕

○ 부모님을 모시는 안부　侍體節

○ 부모님을 모시는 안부　侍體度

○ 부모님을 모시는 안부　侍中體度

○ 부모님을 모시는 안부　侍中體節

○ 부모님을 모시는 안부　侍候

평교〔平交〕

○ 부모님을 모시는 안부　侍體事

○ 부모님을 모시는 안부　侍體

○ 형의 부모님을 모시는 안부　兄侍體

○ 부모님을 모시는 안부　侍中體事

시생〔侍生〕

○ 부모님을 모시는 안부 侍體

○ 형의 부모님을 모시는 안부 兄侍節

수하〔手下〕

○ 부모님을 모시는 안부 侍履

○ 부모님을 모시는 안부 侍史[11]

○ 부모님을 모시는 안부 侍案[12]

○ 부모님을 모시는 안부 侍狀

○ 부모님을 모시는 근황 侍況

---

11 侍史 : '부모님 옆에서 시중을 들며 문서를 관리하는 사람'을 이른다.

12 侍案 : '부모님을 모시고 있는 사람의 책상'이라는 뜻으로, 부모 슬하에 있는 사람을 이르는 말이다.

5-4 조부모님과 부모님을 모시고 있는 사람에게 보내는 부문 : 병〔重侍下門 : 丙〕

존장〔尊丈〕

○ 조부모님과 부모님을 모시는 안부 重侍體[13]候

집사와 노형〔執事及老兄〕

○ 조부모님과 부모님을 모시는 안부 重侍體節

○ 조부모님과 부모님을 모시는 안부 重侍體度

평교〔平交〕

○ 조부모님과 부모님을 모시는 안부 重侍體

○ 조부모님과 부모님을 모시는 안부 重侍體事

○ 조부모님과 부모님을 모시고 있는 형의 안부 兄重侍體

시생〔侍生〕

○ 조부모님과 부모님을 모시는 안부 重侍體

수하〔手下〕

○ 조부모님과 부모님을 모시는 안부 重侍案

---

13 重侍體 : 두주頭註에 "부모님 위로 또 조부모님을 모시고 있기 때문에 이렇게 이른다.〔父母以上에 又侍祖父母 故云耳〕"라고 하였다.

5-5 부모님을 모시고 있는 형제들에게 보내는 부문 : 병 〔侍重兄弟門 : 丙〕

존장〔尊丈〕

○ 부모님을 모시고 있는 형제분의 안부 侍中棣體候[14]

집사와 노형〔執事及老兄〕

○ 부모님을 모시고 있는 형제분의 안부 侍棣體節

○ 부모님을 모시고 있는 형제분의 안부 侍棣體度

평교〔平交〕

○ 부모님을 모시고 있는 형제분의 안부 侍棣體事

○ 부모님을 모시고 있는 형님과 형제분의 안부 兄侍棣體

시생〔侍生〕

○ 부모님을 모시고 있는 형제의 안부 侍棣體

수하〔手下〕

○ 부모님을 모시고 있는 형제의 근황 侍重棣況

---

14 棣體候 : 형제들의 안부를 말할 때 쓰는 말로, 《시경詩經》 〈상체常棣〉에 "상체의 꽃이여, 꽃받침이 환하게 빛나는구나. 무릇 지금 사람들은 형제만 한 이가 없느니라.〔常棣之華 鄂不韡韡 凡今之人 莫如兄弟〕"라는 구절에서 유래하였다.

5-6 형제에게 보내는 부문 : 병〔兄弟門 : 丙〕

집사와 노형〔執事及老兄〕

○ 형제분의 안부　棣體節

○ 형제분의 안부　棣體度

평교〔平交〕

○ 형제분의 안부　兄棣體

○ 형제분의 안부　棣體事

○ 형제분의 안부　兄棣體事

시생〔侍生〕

○ 형제의 안부　棣體

수하〔手下〕

○ 형제의 안부　棣履

5-7 병든 사람에게 보내는 부문 : 병〔病中門 : 丙〕

존장〔尊丈〕

○ 병을 조리하시는 중의 안부 調中氣體候

○ 병을 조리하시는 안부 調體候

○ 병중의 안부 愼體節

○ 병중의 안부 愼中氣體候[15]

집사와 노형〔執事及老兄〕

○ 병을 조리하시는 안부 調體度

○ 병을 조리하시는 안부 調體節

○ 병을 조리하시는 안부 愼體節

○ 병을 조리하시는 안부 愼體度

평교〔平交〕

○ 병을 조리하시는 안부 愼體事

○ 병을 조리하시는 안부 調體事

○ 병을 조리하시는 형님의 안부 兄愼體事

---

15 愼中氣候 : '신愼'은 남의 병을 높여 이르는 말이다. 《논어論語》〈술이述而〉에 "공자가 삼가신 것은 재계와 전쟁과 질병이었다.〔子之所愼 齊戰疾〕"라는 구절에서 유래하였다.

○ 병을 조리하시는 형의 안부　　兄調體

시생〔侍生〕

○ 병을 조리하는 안부　　愼體

○ 병을 조리하는 안부　　調體

수하〔手下〕

○ 병을 조리하는 안부　　愼節

○ 병을 조리하는 상황　　愼狀

○ 병을 조리하는 안부　　調節

5-8 객지에 있는 사람에게 보내는 부문 : 병 〔客中門 : 丙〕

존장〔尊丈〕

○ 객지에서의 안부 客中氣體候

○ 객지의 안부 旅中氣體候

○ 객지의 안부 旅中起居

○ 객지의 안부 客中動止

집사와 노형〔執事及老兄〕

○ 객지의 안부 客中氣候

○ 객지의 안부 旅中氣體

○ 객지의 안부 旅體節[16]

○ 객지의 안부 旅體度

○ 객지의 안부 旅候

평교〔平交〕

○ 객지의 안부 旅體事

○ 객지에서 지내는 형의 안부 兄旅體

---

16 體節 : 상대의 안부를 높여 이르는 '체후體候'와 같다.

시생〔侍生〕

○ 객지의 안부　　旅體

수하〔手下〕

○ 객지에서 지내는 형편　　旅狀

○ 객지에서 지내는 근황　　旅況

○ 객지에서 지내는 형편　　客狀

○ 객지의 안부　　旅案

○ 객지의 안부　　旅履

5-9 상중喪中인 사람에게 보내는 부문 : 병 〔喪人門 : 丙〕

존장〔尊丈〕

○ 상중의 안부 哀中氣體候

○ 상을 당하신 안부 哀體候

○ 돌아가신 부모님을 모시는 안부 侍奠體[17]候

집사와 노형〔執事及老兄〕

○ 상중의 안부 哀體節

○ 상중의 안부 哀體度

○ 상중의 안부 哀候體

평교〔平交〕

○ 상중의 안부 哀體事

○ 상중의 안부 哀體

○ 상중의 안부 哀中起居

○ 상중의 안부 孝體

---

17 奠體 : 두주頭註에 "부모님이 돌아가시어 제수를 올려 제사 지내는 데 불과하기 때문에 이렇게 말한 것이다.〔父母死에 不過以物로 薦而祭之 故云耳〕"라고 하였다.

시생〔侍生〕

○ 상중의 안부　　　　哀體

수하〔手下〕

○ 상중의 안부　　　　哀履

◎ 이상은 바로 상대의 신체에 대한 하나의 지정명사이니, 이것으로 상대방의 신체를 대신 일컫는 것이다.

右는 卽相對者의 身體에 對한 一箇指定名詞니 此로 彼의 身體를 代稱함이라

6. 몸을 잘 보중하기를 바라는 사례〔保重例〕

6-1 모든 일이 편안하기를 바라는 부문 : 병〔萬安門 : 丙〕

통용〔通用〕

존장〔尊丈〕

○ 한결같이 매우 편안하십시오.	一向萬安[1]
○ 한결같이 매우 건강하십시오.	一向萬康
○ 한결같이 매우 편안하십시오.	一向萬寧
○ 연이어 매우 편안하십시오.	連享萬安
○ 연이어 매우 편안하십시오.	連衛萬寧
○ 언제나 건강하십시오.	對時萬康
○ 연이어 아주 건강하십시오.	連享萬康
○ 묵은해를 보내고 새해를 맞아 매우 편안하십시오.	餞迓萬安
○ 새해를 맞아 편안하십시오.	迓新萬安
○ 한결같이 잘 보존하십시오.	一向萬支

1 一向萬安 : 두주頭註에 "일향一向은 '한결같이'라는 뜻과 같고, 만안萬安은 '편안하고 다시 편안함'이니, '만강萬康·만녕萬寧' 등은 뜻이 모두 이와 같다.〔一向은 猶如一이요 萬安은 安而復安이니 萬康萬寧等이 意俱同此라〕"라고 하였다.

집사와 노형〔執事及老兄〕

○ 연이어 매우 편안하십시오.	連衛萬相[2]
○ 연이어 매우 편안하십시오.	連衛萬重[3]
○ 신의 가호로 간절히 잘 지내십시오.	神護萬相
○ 신의 가호로 모든 것들이 상서로우십시오.	神衛萬祥
○ 묵은해를 보내고 새해를 맞아 매우 신의 가호가 있으십시오.	餞迓萬相
○ 새해를 맞아 몸을 보중하십시오.	迓新萬重
○ 연이어 매우 잘 보존하십시오.	連衛萬支

평교〔平交〕

○ 모든 일에 편안하십시오.	大安
○ 모든 일에 신의 가호가 있으십시오.	萬相
○ 많은 복을 받으십시오.	百福
○ 모든 일이 평안하십시오.	萬重
○ 더욱 평안하십시오.	增重
○ 편안하십시오.	晏重
○ 맑고 온화하십시오.	清穆
○ 맑고 건강하십시오.	清勝[4]

---

2 萬相 : '상相'은 '신상神相'의 줄임말로, '신의 가호로 편안하라.'는 뜻이다.

3 萬重 : 두주頭註에 "중重은 '편안하다'는 뜻이다.〔重 晏也〕"라고 하였다.

4 清勝 : 두주頭註에 "승勝은 '넉넉하다'는 뜻이다.〔勝 優也〕"라고 하였다.

○ 맑고 평안하십시오. 淸謐

○ 모든 일이 왕성하십시오. 萬旺

○ 새해를 맞아 모든 일이 편안하십시오. 餞迓萬相

○ 새해를 맞아 모든 일이 편안하십시오. 餞新萬休

○ 새해를 맞아 모든 일이 편안하십시오. 迓新萬支

시생〔侍生〕

○ 모든 일에 편안하게. 大安

○ 많은 복을 받게. 百福

○ 더욱 평안하게. 增重

○ 편안하게. 晏重

○ 모든 일이 편안하게. 萬旺

○ 모든 일에 상서롭기를 바라네. 百祥

○ 편안하게. 安泰

○ 편안하고 복을 받게. 綏福

○ 복 받고 상서롭기를 바라네. 吉祥

○ 건강하고 왕성하게. 康旺

○ 크게 길하게. 大吉

○ 편안하게. 綏和

○ 편안하게. 安迪

○ 새해를 맞아 모든 일에 복 받게. 餞迓萬祉

○ 새해를 맞아 모든 일에 복 받게. 迓新百福

○ 새해를 맞아 모든 일에 편안하게. 餞迓萬支

수하〔手下〕

○ 별고 없기를 바라네. 無故

○ 무사하게. 無事

○ 태평하게. 泰平

○ 흠이 없기 바라네. 無欠

○ 손상이 없기 바라네. 無損

○ 아무 탈이 없기 바라네. 無頉

○ 한결같이 편안하게. 一安

○ 손상이 있는 지경에는 이르지 말게. 不至有損

○ 병이 없기 바라네. 無恙

○ 몸을 잘 지탱하고 보존하기 바라네. 支保

○ 때에 맞추어 잘 지탱하기 바라네. 以時支將

◎ '만안'은 건강을 대표하는 동사이다.

萬安은 健康을 代表하는 動詞라

◎ '전아만안' 등의 '전아'는 연말이나 연초에 쓰는 말이니, '전'은 '보내다.'라는 뜻이고 '아'는 '맞이하다.'라는 뜻이니 '묵은해를 보내고 새해를 맞이하다.'는 뜻이다.

餞迓萬安等의 餞迓는 歲末或歲初에 用하나니 餞은 送也오 迓는 迎也니 謂送舊歲迎新年也라

◎ '아신만안' 등은 신년 정월에 쓴다.

迓新萬安等은 新年正初에 用하나니라

◎ '만지·지보·지장' 등은 상을 당한 사람에게 쓴다.

萬支·支保·支將等은 喪人에게 用하나니라

6-2 몸이 불편한 사람에게 보내는 부문 : 병 〔欠安門 : 丙〕

통용〔通用〕

존장〔尊丈〕

○ 몸이 편치 않으십니까? 欠安

○ 몸이 편치 않으십니까? 欠寧

○ 몸이 편치 않으십니까? 靡寧

○ 그간 모某 증세로 몸이 편치 않으십니까? 間以某症欠安

○ 지금 모某 병으로 몸이 편치 않아 아직도 쾌차하지 않고 계십니까?
現以某祟[5]靡寧하야 尙未快差라

○ 그간에 숙환으로 오랫동안 편치 않으십니까?
間以宿患 多時欠安

집사와 노형〔執事及老兄〕

○ 병으로 편치 않으십니까? 愆和

○ 편치가 않으십니까? 違寧

○ 모某 병으로 편치가 않은 곳은 아직도 효과가 없으십니까?
以某症으로 愆和尙未奏效라

---

5 祟 : 저본에는 '崇'으로 되어 있으나, 문맥을 살펴 '祟'로 바로잡았다.

○ 그간에 모某 증세로 약을 쓰는데 아직도 눈에 띄는 효과가 없으십니까?

間以某症으로 試藥하야 未奏顯效라

○ 현재 모某 병으로 날마다 치료를 하고 계십니까?

現以某病으로 日事刀圭[6]라

평교〔平交〕

○ 몸이 불편하십니까? 欠損

○ 건강이 좋지 않습니까? 欠和

○ 더윗병으로 여러 날 몸이 편치 않습니까?

以暑症으로 多日欠損이라

○ 지금 모병某病으로 약을 써보아도 효과가 없습니까?

現以某病으로 試藥無效라

○ 그간 병으로 고통을 받아 거의 위태로운 고비를 넘겼습니까?

間爲二豎[7]所苦하야 幾經危境이라

○ 모병某病으로 모某 병원에 입원하여 치료를 받고 있습니까?

---

6 刀圭 : 약의 양을 헤아리는 기구로, 칼과 비슷하며 위는 뾰족하고 가운데는 패어 있다. 후에는 의술이나 약물을 일컫는 말로 쓰인다.

7 二豎 : 병마病魔의 별칭이다. 《춘추좌씨전春秋左氏傳》 성공成公 10년 조條에 "진후晉侯가 병이 나서 진秦나라에서 의원을 구하였는데, 진백秦伯이 의원을 보내었다. 의원이 도착하기 전에 진후가 꿈을 꾸었는데, 꿈속에서 병이 두 어린아이〔二豎〕로 변하더니 서로 '저 뛰어난 의원이 우리를 해칠까 두렵다.'라고 하니, '황肓의 위, 고膏의 아래에 숨으면 우리를 어쩌겠는가.'라고 하였다. 의원이 이르러서는 '병을 고칠 수가 없습니다. 병이 황의 위, 고의 아래에 숨어 있어서 공격하려 해도 할 수가 없고 도달하려 해도 할 수가 없어 약이 거기까지 도달하지 못하니 고칠 수가 없습니다.'라고 하였다."라는 구절에서 유래하였다.

以某病으로 入某病院하야 受治療라

시생〔侍生〕

○ 몸이 불편한가? 違和

○ 지치고 피곤한가? 委頓

○ 괴로움을 호소하고 있는가? 呌苦

○ 괴로움을 겪고 있는가? 辛苦

○ 그간에 모某 증세를 앓아 아직도 완쾌되지 않았는가?

間病某症하야 尙未瘥可라

○ 현재 모某 증세로 괴로움을 호소하고 있는가?

現以某症으로 方在呌苦라

○ 그사이 모某 증세에 걸려 비록 위태로운 지경에서 벗어나기는 했지만 지금도 아직 완쾌되지 않고 있는가?

間罹某症하야 雖已脫危나 今尙未快可라

수하〔手下〕

○ 건강에 손상이 있는가? 有損

○ 자리에 누워 있는가? 委席

○ 신음하고 있는가? 呻吟

○ 모某 증세로 자리에 누워 있는가? 以某症委席

○ 모某 병으로 신음하고 있는가? 以某祟[8]呻吟

8 祟 : 저본에는 '祟'으로 되어 있으나, 문맥을 살펴 '祟'로 바로잡았다.

○ 모某 증세로 자리에 누워 있는가?

以某何之症으로 臥床이라

○ 지금 모某 의사를 초빙하여 치료하고 있는가?

現聘某醫士治療

◎ '흠안'은 '건강하지 않다.'는 뜻이니 상대가 건강하면 '만안부문'에 해당하는 말을 쓰고, 건강하지 못하면 '흠안부문'에 해당하는 말을 쓰라.

欠安은 不健康也니 相對者가 健康하면 萬安門語를 用하고 不健康하면 欠安門語를 用하라

◎ 이 '흠안부문'의 말은 상대와 다른 사람들이 건강치 못함을 위문할 때에는 답장에 쓰고, 자기와 남이 건강하지 않음을 알릴 때는 문후에 쓰라.

本欠安門語는 相對者와 及其他의 不健康함을 慰問할 時에는 答書에 用하고 自己及其他의 不健康함을 報할 時에는 問候에 用하라

6-3 모두에게 문안하는 부문 : 갑〔竝安門 : 甲〕

통용〔通用〕

○ 모두 편안하십니까? 俱得一寧

○ 모두 만복을 받으십니까? 竝臻萬祥

○ 또한 모든 일에 편안하십니까? 亦能萬寧

○ 모두 하늘의 도움으로 크게 복을 받으십니까?

俱獲天佑하야 大獲吉祥이라

○ 모두 건강하십니까? 竝得萬康

○ 모처 某處의 안부도 그사이 듣고 계신지요?

某處安候도 間果承聆가

○ 모모 某某도 편안히 부모님 잘 모시고 공부 잘하고 지내는지요?

某某도 亦果安侍善課否아

○ 모모 某某도 건강하게 잘 노는지요?

某某는 果能健長善戲否아

○ 모모 某某의 소식도 종종 들으시는지요?

某某消息도 種種[9]承聆否아

---

9 種種 : 저본에는 '種種種'으로 되어 있으나, 문맥을 살펴 '種種'으로 바로잡았다.

○ 모모某某는 그사이에 과연 돌아와 뵈었는지요?

某某는 間果還覲[10]否아

○ 모지某地의 성묘는 이미 다녀오셨는지요?

某地省覲을 果已往返否아

○ 모모某某의 혼례는 이미 거행하였는지요?

某某婚禮를 果已擧行否아

○ 모지某地와의 혼인 약속은, 이미 확실히 정하였는지요?

某地佳約은 果已牢定否아

○ 모지某地에서 경영하던 일은, 그사이 과연 잘 이루었는지요?

某地所營은 間果玉成否아

○ 모某는 그사이에 모지某地에서 돌아왔는지요?

某는 間自某地로 還旆[11]否아

○ 모모某某 일은 그사이 어떠합니까?

某某事는 間果何如否아

○ 모모某某의 병은 이미 나았는지요?

某某之病은 果已勿藥[12]否아

---

10 覲 : 두주頭註에 "'뵙다'는 뜻이니, 자신의 어버이를 뵙는 것을 이른다.〔見也 謂覲其親也〕"라고 하였다.

11 還旆 : 옛날 관리가 길을 나설 때는 언제나 깃발〔旆〕을 앞세우고 행차하였기 때문에 관리가 돌아옴을 이른다.

12 勿藥 : 더이상 약을 쓰지 않는 것이니, 병이 다 나았음을 이른다. 《주역周易》 천뢰

○ 모지某地의 병은 어떠한지요?

某地所祟[13]는 抑果如何否아

◎ 이상은 상대의 신상과 기타 상황에 대해 문안한 것이다.

右는 相對者의 身上及其他의 狀況을 問함이라

통용〔通用〕

○ 모두 병이 없습니다. 俱獲無恙

○ 모두 건강에 문제가 없습니다. 竝得無損

○ 모두 편안히 지내고 있습니다. 竝皆安過

○ 다행히 별고 없습니다. 幸而無故

○ 따로 크게 경계할 만한 일은 없습니다. 別無大警

○ 모두 무탈합니다. 竝保無頉

○ 모두 건강합니다. 擧皆健壯

○ 어린아이도 건강합니다.

幼兒도 亦充健이라

○ 모某는 그사이 중병을 앓다가, 지금에야 조금 나아졌습니다.

某는 間經重病하야 今纔少可라

○ 모모某某는 지금 모某 증세로 위독하여 아직도 치료 중에 있습니다.

무망괘天雷无妄卦 구오九五에 "잘못한 일이 없이 생긴 병이니, 약을 쓰지 않아도 저절로 낫는 기쁨이 있으리라.〔无妄之疾 勿藥有喜〕"라고 한데서 유래하였다.

13 祟 : 저본에는 '祟'으로 되어 있으나, 문맥을 살펴 '祟'로 바로잡았다.

某某가 現以某症으로 危篤하야 尙在治療中이라

○ 모某는 지난달 경성에 갔다가 모병某病에 걸렸는데, 치료하여 조금 나아졌습니다.

某는 客月에 往京城하야 罹某病하야 治療少可라

○ 모모某某가 앓던 병은 그사이 나았지만, 모某는 아직 낫지 않고 있습니다.

某某所病은 間已快痊하되 但某尙未快라

○ 모某는 모일某日 모지某地로 갔다가, 아직 돌아오지 않고 있습니다.

某於某日에 往某地하야 尙未還이라

○ 모某는 시험 때문에 모처某處에서 기숙하고 있는데, 소식이 오랫동안 막혔습니다.

某以試驗으로 寄宿某處하야 音問久阻라

○ 모某는 모사某事로 모지某地에 갔다가 어제 비로소 돌아왔는데, 피곤함이 매우 심하여 지금 자리에 누워있습니다.

某以某事로 往某地하야 昨纔還來하와 困憊大肆하야 方在委臥라

○ 모某는 모사某事로 모인某人과 소송을 하느라, 지금 모某 재판소로 가서 머물러 있습니다.

某以某事로 與某人相訟하야 方在往某裁判所하야 逗留라

◎ 이상은 자기의 신상과 기타 상황에 대해 알리는 것이다.

右는 自己身上及其他의 狀況을 通知함이라

◎ '병안부문'에 해당하는 말은 쓰는 법이 세 가지 경우가 있으니,

竝安門語는 用하는 法이 三有하니

첫째, 상대의 안부가 어떠한지를 묻고, 다음으로 그 가족들의 안부까지 물을 때에는 구절 아래에 '~하십니까?〔否耶〕' 등의 글자를 쓰고, 다음으로 '하사모례'의 '복모부문'에 해당하는 말을 쓰라.

一, 相對者의 起居如何를 問하고 次에 其家族의 問安까지 問할 時에는 句節下에 否耶等字를 用하고 次에 下思慕例[14] 伏慕門語를 用하라

사례

"아직은 모르겠는데(미심부문) 요사이(신하부문) 가을 기운이 점점 깊어가는데(임시시령부문) 안부가(보통부문) 한결같이 편안하시고(만안부문) 댁내 식구들도 모두 편안하십니까? 간절한 저의 마음을 가눌 길이 없습니다.(복모부문)"라고 쓴다.

例 伏未審(未審門) 辰下(辰下門) 秋氣漸緊(臨時時令門)한데 氣體候(普通門) 一向萬安(萬安門)하시고 大小諸節도 俱得一寧否아 伏慕區區無任下誠(伏慕門)云云

둘째, 상대의 안부와 그 가족의 안부를 알고 답장을 쓸 때에는 '하사모례'의 '복위부문'에 해당하는 말을 쓴다.

二, 相對者의 起居와 及其家族의 安否를 承知하고 答書에 用할 時에는 下思慕例 伏慰門語를 用하나니라

사례

"알지 못하겠는데(승지부문) 요사이(신하부문) 달력은 봄이 돌아오고

---

14 下思慕例 : 《비문척독備門尺牘》에는 '하사모례下思慕例'의 분류는 실려 있지 않으며, '복모부문〔伏慕門〕'에 해당하는 말은 '보중례保重例'에 실려 있다.

천지의 조화는 바뀌었는데(사시시령부문) 대감의 안후는(사환부문) 새해를 맞아 평안하시고(만안부문) 댁의 여러분(가족공동칭호) 모두 만복을 누리신다니 지극히 축하드리는 마음 이길 길 없습니다.(복위부문)"라고 쓴다.

伏審(承知門) 此時(辰下門)에 鳳曆은 春回하고 鴻鈞은 氣轉(四時時令門)한데 台體候(仕宦門) 迓新萬安(萬安門)하시고 宅內諸節(家族共同稱呼)도 竝臻萬祥하시니 無任伏賀之至(伏慰門)云云

셋째, 자기의 안부를 쓰고, 다음으로 자기 가족의 안부까지 알릴 때 쓴다.

三, 自己의 安否를 書하고 其次自己家族의 安否까지 報할 時에 用하나니라

사례

"세하생은(칭호부문) 부모님 모시고 여전히 지내고 있고(보통자서부문), 가족들도(가족공동칭호) 달리 크게 경계할 만한 일은 없습니다.(병안부문)"라고 쓴다.

世下生[15](稱號門)은 省節依前(普通自敍門)하고 眷率(家族共同稱呼)도 別無大警(竝安門)云云

---

15 世下生 : 세의世誼가 있는 집안의 어른에 대하여 자기를 낮추어 이르는 말이다.

6-4 찬양하는 부문 : 갑〔頌揚門 : 甲〕

벼슬아치〔仕宦〕

○ 공무가 날마다 단서를 이루어, 정신을 어지럽히는 지경에는 이르지 않았는지요?

公務가 日就端緒하야 不至惱神否아

○ 모사某事가 점점 발전하고 확장하여 앞으로 희망이 있는지요?

某事가 漸進擴張하야 前道有望否아

○ 공역에 수고로운 나머지 심신이 크게 수고로운 지경에는 이르지 않았는지요?

公役 勞攘之餘에 不至太費心神否아

○ 일이 많아 골치 아프지는 않으신지요?

事務頻繁하야 果無貽惱否아

○ 허다한 공무로 얼마나 힘들게 일하시는지요?

許多公務를 何以拮据[16]否아

---

16 拮据 : 몹시 애써서 일함을 이른다. 《시경詩經》 〈치효鴟鴞〉에 "내 두 손으로 애써 일하여, 내 갈대 가져오고, 내 쌓아 놓았노라. 내 입 모두 병든 것은, 내 아직 집이 없어서라.〔予手拮据 予所捋荼 予所蓄租 予口卒瘏 曰予未有室家〕"라고 한데서 유래하였다.

학생〔學生〕

○ 학업에 날로 진보는 있는가?

課業이 日就進步否아

○ 공부가 날로 발전하여 벌써 괄목刮目할 정도에 이르렀겠는가?

功課日進하야 想已到刮目矣라

○ 공부가 날로 발전하니 당연히 어렵지 않게 우등을 차지하였겠네.

課業이 惟日進就하야 自可唾手点優等矣라

○ 시험기간이 목전에 있으니 당연히 날마다 심신이 고달프겠네.

試期在卽하니 自可日勞心神이라

○ 형처럼 재주있고 부지런한 사람이 밤낮으로 열심히 공부하니, 이번 우등은 주머니 속의 물건을 찾듯 쉬울 것이네.

以若兄之才且勤勉으로 日夜勉强하니 來回之優等은 便如探囊中物矣리라

○ 이번 졸업에는 반드시 우등을 차지하리라 생각하네.

今番卒業은 想必点優等矣리라

상인〔商賈〕

○ 영업이 날마다 번성하시는지요?

營業이 日臻繁盛否아

○ 하시는 일이 점점 번창하여 앞길에 희망이 있습니까?

所業이 漸就繁昌하야 前道가 頗有所望否아

○ 경영이 크게 발전하여 앞길에 희망이 있으신지요?

所營大進하야 頗有前道之望否아

○ 경영이 이미 두서 있게 진척되어, 크게 발전할 희망이 있으신지요?

經營이 已就其緖하야 大有興旺之望否아

○ 이익의 길이 차츰 열려 적막한 지경에는 이르지 않는지요?

利路漸闢하야 不至寂寞否아

○ 군형君兄과 같은 예리한 눈과 민첩한 솜씨로, 날마다 백배의 이익을 얻는 것은 절로 말하지 않아도 알 수 있습니다.

以若君兄之快眼敏腕으로 日獲百倍之利는 自可不言是圖라

○ 우리 형의 숨겨진 꾀와 오묘한 계산으로 이익은 삼강三江을 아우르고, 재화는 오악五岳처럼 높아지기를 눈을 비비고 기다리며 손꼽아 헤아리겠습니다.

以若吾兄之秘謀妙算으로 利竝三江하고 貨高五岳을 拭目而俟하고 屈指而計라

◎ 이상은 상대의 신상의 안부를 묻고 다음으로 그의 직업에 관한 형편을 물으니, 이를 쓸지 말지는 뜻에 맡겨둘 뿐이다.

右는 相對者의 身上安否를 問하고 次에 其職業에 關한 形便을 問함이니 此는 或用與不用을 任意할바니라

6-5 사모하는 뜻을 전하는 부문 : 갑〔伏慕門[17] : 甲〕

통용〔通用〕

존장〔尊丈〕

○ 사모하는 간절한 저의 지극한 마음을 이길 길 없습니다.
伏慕區區[18]無任[19]下誠至

○ 사모하는 간절한 저의 지극한 마음을 이길 길 없습니다.
伏慕區區不任下誠之至

○ 사모하는 간절한 저의 지극한 마음을 이길 길 없습니다.
伏慕區區無任下忱之至

○ 사모하는 간절한 저의 정성을 이길 길 없습니다.
伏慕區區無(不)任下誠(忱)

○ 사모하는 간절함이 지극합니다. 伏慕區區之至

○ 사모하는 마음이 간절합니다. 伏慕區區

○ 아울러 사모하는 간절한 마음을 이길 길 없습니다.

---

17 伏慕門 : 두주頭註에 "여기서는 엎드려 사모함에 간절한 마음이 사뭇 심하여 자기의 지극한 정성을 감당할 수가 없음을 말하였다.〔此言伏而思慕에 懇切殊甚하야 自己之至極한 情誠을 不可勝當也라〕"라고 하였다.

18 區區 : 두주頭註에 "간절한 모양이다.〔懇切之貌〕"라고 하였다.

19 無任 : 두주頭註에 "이길 길 없음이다.〔不勝也〕"라고 하였다.

竝切伏慕無(不)任下誠(忱)之至

집사와 노형〔執事及老兄〕

○ 지극히 그리운 마음을 이길 길 없습니다.	伏溸不任之至
○ 그립습니다.	伏溸伏溸
○ 그립고 편안하시기를 기원하는 마음 지극합니다.	伏溸且祝[20]之至
○ 그립고 편안하시기를 기원합니다.	伏溸且祝
○ 편안하시기 바랍니다.	伏祝伏祝
○ 그리움이 지극합니다.	伏溸之至
○ 그리는 마음 이길 길 없습니다.	伏頌不任
○ 송축하는 마음을 이길 길 없습니다.	無任頌祝之至

평교〔平交〕

○ 매우 그립습니다.	仰溸仰溸
○ 그립고 편안하시기를 기원하는 마음 지극합니다.	溸祝之至
○ 매우 그리운 마음 간절합니다.	仰溸憧憧
○ 매우 편안하시기를 기원하는 마음 이길 길 없습니다.	仰祝不任
○ 그립고 편안하시기를 기원하는 마음 이길 길 없습니다.	溸祝無任

○ 멀리서 그립고 편안하시기를 기원하는 마음이 날로 깊어만 갑니다.
遠外溸祝이 與日俱深이라

○ 멀리서 편안하시기를 기원하는 마음 간절할 뿐입니다.
遠外에 只切頌祝而已라

---

20 祝 : 두주頭註에 “건강하고 편안하시기를 기원함이다.〔祝其康寧〕”라고 하였다.

시생〔侍生〕

○ 우러러 기원하네. 仰祈仰祈

○ 그리운 마음 간절하네. 溸仰切切

○ 우러러 기원하네. 仰禱仰禱

○ 그립고 기원하는 마음 지극하네. 溸祝之至

○ 간절히 기도하는 마음에 몸 둘 바를 모르겠네. 區區勞禱勞禱無地

○ 그리운 정성이 하해河海처럼 깊네.

向仰之誠이 河海俱深이라

수하〔手下〕

○ 소식을 듣기를 원하네. 願聞願聞

○ 실로 듣기를 원하네. 實所願聞

○ 간절히 기원하네. 切祝切祝

○ 답답한 마음 표현하기 어렵네. 悶鬱難狀

○ 답답한 마음 감당하기 어렵네. 悶悶難堪

○ 간절히 소식을 듣고 싶네. 願言[21]聞之

◎ 이상은 상대의 건강 여부와 기타 모든 일의 상황이 어떠한지 몰라서 간절히 사모하고 간절히 생각하는 뜻이다.

右는 相對者의 健康與否와 其他一切事狀이 如何한지 未知하야 懇篤히 思慕하고 親切히 生覺하는 意라

---

21 願言 : '간절히 그리워하는 모양'을 이르는 말이다. 《시경詩經》〈백혜伯兮〉에 "어찌하면 원추리를 얻어 이것을 북당에 심을꼬. 생각하여 백伯을 그리워하는지라 내 마음 병드누나.〔焉得諼草 言樹之背 願言思伯 使我心痗〕"라고 한데서 유래하였다.

6-6 위문하는 부문 : 을〔伏慰門 : 乙〕

통용〔通用〕

존장〔尊丈〕

○ 위로가 되었습니다.	伏慰[22]伏慰
○ 너무나 위로가 됩니다.	伏慰萬萬
○ 지극히 위로되는 마음을 이길 길 없습니다.	不任伏慰之至
○ 축하드리는 마음을 이길 길 없습니다.	無任伏賀
○ 위로되는 마음에 몸 둘 바를 모르겠습니다.	伏慰無地

집사와 노형〔執事及老兄〕

○ 축하드리는 마음 그지없습니다.	貢賀不已
○ 위로가 됩니다.	是所伏慰
○ 실로 기원하던 대로였습니다.	實愜[23]伏祝
○ 매우 축하드립니다.	獻賀萬千
○ 지극히 위로가 되고 축하드리는 마음을 이길 길 없습니다.	不任慰賀之至

---

22 慰 : 두주頭註에 "마음에 맞아 절로 편안함이다.〔愜于心而自安也〕"라고 하였다.

23 愜 : 두주頭註에 "'같다'와 같다.〔猶如也〕"라고 하였다.

평교〔平交〕

○ 우러러 위로가 됩니다. 仰慰仰慰

○ 실로 바라던 대로였습니다. 實愜所祝

○ 참으로 기도하던 대로였습니다. 實副所禱

○ 우러러 원하던 대로였습니다. 仰愜所願

○ 우러러 매우 위로가 되었습니다. 仰慰萬千

○ 헤아릴 수 없이 위로되고 감축하는 마음 한량 없습니다. 慰荷[24]沒量

시생〔侍生〕

○ 참으로 바라던 대로였네. 實副[25]所望

○ 위로되고 축하하는 마음 한량 없네. 慰賀沒量

○ 위로되는 마음 어떠하겠는가? 慰何如之

○ 얼마나 위로가 되든지. 何等仰慰

○ 기원하던 마음에 크게 위로되었네. 大慰所祝

○ 참으로 원하던 대로였네. 實副所願

수하〔手下〕

○ 말할 수 없이 위로가 되었네. 慰不可言

---

24 慰荷 : 두주頭註에 "위慰는 '위로'이고, 하荷는 '감축'이다.〔慰는 慰勞요 荷는 感祝也〕"라고 하였다.

25 副 : 두주頭註에 "자신의 마음에 맞음이다.〔稱于其心〕"는 뜻이라고 하였다.

○ 위로가 되었네. 是慰是慰

○ 위로가 되었네. 是所爲慰

○ 기쁘고 위로가 되어 미칠 듯 하였네. 喜慰欲狂

○ 축하하네. 貢賀貢賀

◎ 이상은 상대의 건강과 다른 사람들이 별다른 상황이 없음을 알고 기뻐하는 뜻이니 답장에 많이 쓴다. 다만 상대의 서신을 받지 않고 전해 들었던지, 어떤 사람의 구두를 통해 상대의 무고함을 알았을 때에도 이를 사용하니. 즉 '복승'이나 '복심'에 해당하는 말 앞에 '빙'자를 쓸 수 있다. 용법은 위의 '승지부문'에 자세히 실려 있으니 참고하라.

右는 相對者의 健康과 及其他의 異狀이 無함을 承知하고 欣悅하는 意니 答書에 多用하나니라 但相對者의 書信을 承接치아니하고 便轉으로던지 或人의 口頭로 因하야 彼의 無故함을 承知한 時에도 此를 用하나니 即伏承 或伏審語上에 憑字를 可用하나니라 用法은 上承知門에 詳載하니 參考하라

6-7 염려하는 부문 : 을〔伏慮門 : 乙〕

통용〔通用〕

존장〔尊丈〕

○ 간절히 걱정됩니다.	伏慮萬萬
○ 지극히 놀랍고 걱정되는 마음을 이길 길 없습니다.	伏不勝驚慮之至
○ 지극히 걱정되는 마음을 이길 길 없습니다.	迸無任伏慮之至
○ 매우 걱정됩니다.	爲之伏慮萬萬

집사와 노형〔執事及老兄〕

○ 간절히 걱정됩니다.	獻慮千萬
○ 걱정됩니다.	爲之伏慮[26]
○ 멀리서 다만 간절히 걱정할 뿐입니다.	遠外 只切貢慮而已

평교〔平交〕

○ 놀랍고 걱정되는 마음 간절합니다.	爲之驚慮萬千
○ 걱정이 끊이지 않습니다.	爲之獻慮不已

---

26 爲之伏慮 : 두주頭註에 "상대의 유고有故로 인하여 걱정하는 것이다.〔彼의 有故함을 爲하야 念慮함이라〕"라고 하였다.

○ 걱정이 끝이 없습니다. 貢慮無斁

시생〔侍生〕

○ 걱정이네. 貢慮貢慮

○ 우러러 걱정되네. 仰爲之慮

○ 다만 간절히 걱정할 뿐이네. 只切貢慮而已

수하〔手下〕

○ 매우 걱정이네. 甚慮甚慮

○ 놀랍고 걱정이네. 驚慮驚慮

○ 모든 것이 걱정이네. 慮無所不到

◎ 이상은 상대의 유고를 알고 놀라고 두려워하며 염려하는 것이다.

右는 相對者의 有故함을 承知하고 驚恐念慮함이라

7. 자신을 서술하는 사례〔自敍例〕

7-1 칭호 부문 : 병〔稱呼門 : 丙〕

보통〔普通〕

존장〔尊丈〕

○ 시하생侍下生[1] ○ 시생侍生[2]

집사와 노형〔執事及老兄〕

○ 소제少弟[3] ○ 하생下生[4] ○ 기하생記下生

평교〔平交〕

○ 제弟 ○ 경제庚弟[5] ○ 기하생記下生 ○ 의제誼弟

---

1 侍下生 : 두주頭註에 "아버지와 같은 존장尊丈에게 '시하생侍下生'이라고 하는 것은 부모님을 모시고 슬하에 있는 몸임을 이른다.〔父의 尊丈에게는 侍下生이라함은 謂侍父母者之下의 在한 身也라〕"라고 하였다.

2 侍生 : 두주頭註에 "시侍는 모시는 것을 이르고 '생生'은 자기를 일컫는 명사이니, 상대를 자기의 부모와 같이 모시고 대우하기 때문에 '부모를 모시는 몸'이라고 말하는 것과 같다.〔侍난 侍父母오 生은 自己를 稱하는 名詞니 彼를 己의 父母와 如히 侍遇하는 故로 猶謂侍父母之身이요〕"라고 하였다.

3 少弟 : 동년배에게 자신을 낮추어 이르는 말이다. 두주頭註에 "서로 10살이 차이가 나면 노소가 절로 구별이 되기 때문에 '노형老兄·소제少弟'라고 한다.〔相距十年則老少自別 故稱老兄少弟〕"라고 하였다.

4 下生 : 어른에게 자신을 낮추어 이르는 말이다.

5 庚弟 : 동갑 사이에 자신을 낮추어 이르는 말이다.

시생〔侍生〕

○ 제弟 ○ 기하記下[6] ○ 의형誼兄 ○ 생生

수하〔手下〕

○ 기하記下 ○ 기말記末[7]

스승〔師長〕

존장〔尊丈〕

○ 문하생門下生 ○ 문생門生 ○ 시교생示敎生

○ 소자小子[8]

척의〔戚誼〕[9]

존장〔尊丈〕

○ 척질戚侄 ○ 척손戚孫

집사와 노형〔執事及老兄〕

○ 척제戚弟

---

6 記下 : 두주頭註에 "기초記草하는 방 아래에 있는 사람을 이르는 것과 같다.〔猶云在於其記草室之下者也〕"라고 하였다.

7 記末 : 자기보다 지위가 낮은 사람에게 자기를 낮추어 이르는 말이다.

8 小子 : 두주頭註에 "소小는 '겸칭어謙稱語'이고, 자子는 '제자'이다.〔小는 謙辭요 子는 弟子〕"라고 하였다.

9 戚誼 : 친척간의 정의情誼를 이르는 말이다.

평교〔平交〕

○ 척제戚弟

시생〔侍生〕

○ 척종戚從　　○ 척형戚兄

수하〔手下〕

○ 척종戚從

세의〔世誼〕[10]

존장〔尊丈〕

○ 권하생眷下生　○ 휼하생恤下生

집사와 노형〔執事及老兄〕

○ 세하생世下生

평교〔平交〕

○ 세생世生

시생〔侍生〕

○ 세하世下

---

10 世誼 : 집안끼리 대대로 사귀어 온 정의를 이르는 말이다.

수하〔手下〕

○ 세말世末

상인〔喪人〕

존장〔尊丈〕

○ 죄시생罪侍生

집사와 노형〔執事及老兄〕

○ 죄하생罪下生 ○ 죄생罪生 ○ 심제인心制人[11]

○ 기복인朞服人 ○ 공복인功服人 ○ 시복인緦服人

평교〔平交〕

○ 죄제罪弟 ○ 심제제心制弟 ○ 기복제朞服弟

○ 공복제功服弟 ○ 시복제緦服弟

시생〔侍生〕

○ 죄생罪生 ○ 심제인心制人 ○ 기복인朞服人 ○ 공복인功服人

○ 시복인緦服人

수하〔手下〕

○ 죄인罪人

---

11 心制人 : 예법상 상복은 벗었으나 슬픔이 가시지 않아 대상大祥이 지난 뒤 담제禫祭까지 입는 복이 심제心制이며, 그에 해당하는 사람을 이른다.

◎ 이상은 상대에 대하여 자기를 일컫는 명사이다.

右는 相對者에게 對하야 自己를 稱하는 名詞라

◎ '시하생'은 아버지의 존장, 즉 할아버지의 평교에게 일컫는 말이다.

侍下生은 父의 尊丈 卽祖의 平交에 稱하나니라

◎ '경제'는 동년배에게 일컫는 말이다.

庚弟는 同甲에게 稱함이라

◎ '생·기하생·기하'는 관계가 소원한 사람에게 쓰는 말이다.

生·記下生·記下는 疏闊人에게 用하나니라

7-2 보통 자신을 서술하는 부문 : 병 〔普通自敍門 : 丙〕

영감하〔永感下〕[12]

존장〔尊丈〕

○ 돌보아주신 은혜를 입어 일상생활은 그럭저럭 아무 탈 없이 지내고 있습니다.

伏蒙下恤之澤하야 眠食이 姑保無恙이라

○ 일상생활에는 그럭저럭 탈이 없습니다.

眠食이 粗保無頉이라

○ 그럭저럭 먹고 자는 것은 보존하고 있습니다. 姑保眠食

집사와 노형〔執事及老兄〕

○ 그럭저럭 예전처럼 지내고 있습니다. 姑保昔狀

○ 그럭저럭 예전처럼 지내고 있습니다. 粗保前狀

○ 전과 다름없이 지내고 있어 드릴 말씀이 없습니다.

惟依前樣하야 無足奉白이라

---

12 永感下 : 부모가 죽고 없는 처지에 있는 사람을 이르는 말이다.

평교〔平交〕

○ 보잘것없는 상황이 예나 마찬가지입니다.

劣狀이 印昔이라

○ 예나 마찬가지로 지내고 있을 뿐이 달리 말씀드릴 것이 없습니다.

依是昔狀而已오 他無足仰浼리

○ 예나 다름없이 지낼 뿐이니 무엇을 번거롭게 말씀드리겠습니까?

只是昨日樣子耳라 何足仰煩이리

시생〔侍生〕

○ 보잘것없이 예나 다름없이 날을 보내고 있네.

劣狀이 依遣[13]

○ 한결같이 게으르고 산만하게 지내고 있네. 一味懶散

○ 예나 다름없이 졸렬하게 지낼 뿐이네. 汚拙如昨而已

○ 용렬함에 대해서는 말할 것이 없네. 澌劣 無足言耳

○ 한결같이 용렬할 뿐이네. 劣狀 一依而已

수하〔手下〕

○ 형편은 예나 다름없네. 狀依宿昔耳

○ 형편에 대해서는 할 것이 없네. 狀無足道也

○ 형편은 예나 다름없네. 狀姑印昔

---

13 遣 : 두주頭註에 “시일을 보냄이다.〔消日也〕”라고 하였다.

시하〔侍下〕[14]

존장〔尊丈〕

○ 부모님 모시며 아직은 편안합니다. 省狀姑安

○ 부모님 모시며 그럭저럭 지내고 있습니다. 姑保省狀

○ 부모님 모시며 그럭저럭 아무 탈 없이 지내고 있습니다. 侍狀姑保無恙

○ 조부모님을 모시며 그럭저럭 편안합니다. 重省姑安

집사와 노형〔執事及老兄〕

○ 예나 다름없이 부모님 모시고 지내고 있습니다. 省節依前

○ 부모님 모시며 그럭저럭 지내고 있습니다. 省側粗依

○ 부모님 모시고 예나 다름없이 지내고 있습니다. 省狀依昔

○ 조부모님 모시고 그럭저럭 별탈없이 지내고 있습니다. 重省 姑依無損

평교〔平交〕

○ 부모님 모시고 예나 마찬가지입니다. 省候比昔[15]

○ 부모님 모시고 예나 다름없이 별 탈 없이 지내고 있습니다. 省狀依前無損

○ 조부모을 모시고 예나 다름없이 지내고 있습니다. 重省依昔

---

14 侍下 : '부모나 조부모님을 모시고 있는 사람'을 이르는 말이다.

15 比昔 : 두주頭註에 "'전날에 비해 손상이 없다.'는 뜻과 같다.〔猶比於前日而無損〕"라고 하였다.

시생〔侍生〕

○ 부모님 모시고 예나 다름없이 그럭저럭 지내고 있네. 省節 粗依前狀

○ 부모님 모시고 별 탈 없이 지내고 있네. 省事無損

○ 조부모님 모시고 예나 다름없이 지내고 있네. 重省依遣

수하〔手下〕

○ 부모님 모시고 그럭저럭 별 탈 없이 지내고 있네. 省姑無損

○ 부모님 모시며 그럭저럭 지내고 있네. 省事粗遣

상인〔喪人〕

존장〔尊丈〕

○ 완악한 목숨만 구차히 보존하고 있습니다. 頑命[16]苟支

○ 실낱같은 모진 목숨 죽으려 해도 죽을 곳이 없습니다.

頑縷[17]如絲하야 欲死無地라

집사와 노형〔執事及老兄〕

○ 완악한 목숨만 구차히 보존하고 있을 뿐입니다. 頑命 苟支而已

○ 모진 목숨을 구차히 보존하고 있습니다. 頑喘[18] 苟保

---

16 頑命 : 두주頭註에 "완頑은 완악함이니 부모님이 돌아가셨는데 자기는 오히려 살아 있기 때문에 '완악한 목숨'이라고 한다.〔頑은 頑惡也니 父母沒而己則猶生存 故曰頑惡之命也〕"라고 하였다.

17 縷 : 두주頭註에 "끊어지지 않은 목숨이 실낱같음을 이른다.〔命存不絶이 只如一絲之云〕"라고 하였다.

18 喘 : 두주頭註에 "헐떡이는 숨이니 그 숨이 헐떡이면 죽으려하는 모양이다.〔喘息이니

평교〔平交〕

○ 실낱같은 목숨은 아직도 시일을 보존하고 있습니다. 殘縷尙保時日

○ 모진 목숨을 구차히 보존하고 있습니다. 頑喘苟保

시생〔侍生〕

○ 모진 목숨만 구차히 보존하고 있네. 頑喘苟存

수하〔手下〕

○ 모진 목숨만 아직도 부지하고 있네. 殘喘尙存

◎ '중성'은 조부모님을 모시고 있는 사람이 자신을 일컫는 것이다.

重省은 重侍下에 在한 人이 稱하나니라

◎ 객지에 있는 사람은 '객중·객리·여중' 등의 말을 자서부문에 해당하는 말 앞에 더하니 '여객상·여상·객황·객중면식' 등이다.

客中에 在한 者는 客中·客裏·旅中等語를 自敍門語上에 加하나니 旅客狀·旅狀·客況·客中眠食等이라

其息이 喘則欲死之貌也〕"라고 하였다.

7-3 연이어 자신을 서술하는 부문 : 을 〔連續自敍門 : 乙〕

벼슬아치〔仕宦〕

○ 공무에 바빠 여가 있는 날이 없습니다.

公務役役하야 惟日無暇라

○ 직무에 분주하여 날마다 골몰함을 일삼고 있습니다.

職務鞅掌하야 日事汨沒이라

○ 직무에 몸이 매여 있어 눈살을 펼 겨를조차 없습니다.

職務纏身하야 展眉無暇라

○ 직업에 매여 몸을 뺄 수가 없습니다.

職業所縻에 抽身末由

○ 직무에 매여 동분서주하고 있습니다.

職務所繫에 東奔西馳라

학생〔學生〕

○ 이른바 공부는 오직 이름만 내세우고, 속으로 딴 짓을 하여 평소 말씀하신 성대한 뜻을 저버렸습니다.

所謂工課는 惟伐齊爲名[19]하야 有違平日下敎之盛意라

○ 공부는 허송세월하고 있습니다.(허송세월은 면하였습니다.)

工夫는 未免浪度(幸免浪度)라

○ 공부는 황양黃楊의 탄식을 면치 못하였습니다.

所工은 未免黃楊之歎[20]이라

○ 공부는 퇴보한 뿐 발전은 없어서 패군敗軍이나 똑같습니다.

課業은 有退無進하야 便作敗軍似一般이라

○ 공부는 한가로움만 일삼아 조금도 발전이 없으니, 이번에 낙제할 것은 말하지 않아도 알 수 있습니다.

課工은 惟事優遊하야 少無進就하니 今度之落第는 不言是圖[21]라

○ 공부는 하루 또 하루 세월만 보낼 뿐 문득 발전이 없으니, 다만 장안長安의 쌀만 축내는 것이 어찌 우리들의 본분이겠습니까?

工課는 日復一日하야 頓難進步하니 但索長安米[22]가 是豈吾輩之本分耶아

---

19 伐齊爲名 : 겉으로는 정당하게 어떤 일을 하는 척하며 속으로 딴짓을 하는 것을 이르는 말로, 중국 전국시대 연燕 나라 장수 악의樂毅가 제齊나라를 쳐서 위명威名을 얻자, 제나라 장수 전단田單이 악의가 제나라 왕이 되려 한다고 모함을 하고는 속으로 자신이 제왕齊王이 되려고 계획했다는 고사에서 유래하였다.

20 黃楊之歎 : '자라지 않고 오히려 줄어든다.'는 뜻이다. 황양黃楊은 회양목을 가리킨다. 전설에 의하면 회양목은 1년에 겨우 1촌寸씩만 자라는데 윤년을 만나면 그나마 자라지 않고 도리어 1촌이 줄어든다고 한다.

21 圖 : 두주頭註에 "'알다'와 같다.〔猶知也〕"고 하였다.

22 索長安米 : 능력도 없으면서 벼슬하여 나라의 녹을 축내는 것을 이른다. 《한서漢書》 〈동방삭전東方朔傳〉에, 한漢 무제武帝 때 동방삭東方朔이 일찍이 무제에게 아뢰기를 "신의 말을 쓸 만 하다면 예우를 그들과 다르게 해 주시고, 쓸 만하지 못하면 파면해 주시어, 장안의 쌀만 다 없애도록 하지 마소서.〔臣言可用 幸其異禮 不

○ 공부는 다행히 여러 선생들의 지도에 힘입어, 자못 발전할 가망이 있습니다.

課業은 幸賴諸先生之指導하야 頗有進就之望이라

○ 이른바 공부는 비록 일취월장하지는 못하지만, 다행히 허송세월하는 것은 면하였습니다.

所謂工夫는 雖未能日就月將이나 幸免浪遊라

○ 공부는 비록 하는 일없이 노는 폐단은 면하였지만, 날로 달로 발전하는 성취는 보지 못하였습니다.

課業은 雖免優遊之弊나 未見其日進月盛이라

○ 공부는 여러 친구들의 도움과 지침에 힘입어, 허송세월하는 것은 면하였습니다.

所課는 惟藉諸益의 左右指針하야 幸免浪度라

○ 공부에 힘을 다하고는 있지만 효과를 보지 못하고 한갓 세월만 보내고 있으니, 제 자신을 돌아보면 부끄러워 차라리 말을 하고 싶지가 않습니다.

所課는 非不盡力이로되 未奏其效하고 徒費歲月하니 自顧慚愧하야 寧欲無言이라

○ 세월이 쏜살처럼 빠른데 공부는 그를 따라 가지 못하여, 세월이 흘러 늙어서 곤궁함을 하소연한다면 크게 탄식한들 어찌하겠습니까?

光陰은 如駒隙[23]之速이어늘 而工夫는 未能隨而追步하야 居諸[24]歲月이 白首

可用 罷之 無令但索長安米〕"라고 한데서 유래하였다.

23 駒隙 : '백구지과극白駒之過隙'의 줄임말로, 세월의 빠름을 비유하는 말이다. 《장자莊子》〈지북유知北遊〉에 "사람이 천지간에 살아감은 마치 흰 준마가 빠르게 달려 문틈을 지나가듯 순식간일 뿐이다.〔人生天地間 若白駒之過隙 忽然而已〕"라는 구절에서 유래하였다.

24 居諸 : '일거월저日居月諸'의 줄임말로, 세월이 흘러가는 것을 말한다. 《시경詩經》

窮하면 浩歎奈何오

○ 공부는 허송세월은 면하여 이번 시험에 낙제만 하지 않는다면 다행일 것이고, 감히 우등은 바라지도 않습니다.

所課는 未免浪度하야 今次試驗에 不至落第則幸矣오 不敢望優等矣라

상인〔商賈〕

○ 영업은 비록 작은 이익을 얻었지만 비용으로 다 돌아가고, 참으로 남는 것이 없습니다.

所課營業은 雖獲小利나 盡歸費用하야 實無所餘라

○ 영업은 한갓 고생만 하고 조금도 이익이 없습니다.

所營業務는 徒勞風霜이오 毫無利益이라

○ 관할하는 것은 전처럼 꾸려나가지만 별 다른 재미는 없습니다.

所管은 依前做去하되 別無滋味라

○ 경영은 요사이 이익이 없어 그간에 또 사업을 바꾸어 모업某業에 종사하고 있습니다.

所營은 近以無利로 間又易轍하야 從事某業이라

○ 이른바 모상某商은 요사이 거래하는 가격이 좋지 않아 무역이 부진하니 날마다 퇴보한다고 할 만합니다.

所業某商은 近以時價之不利로 貿易不振하니 可謂日就退步라

○ 이른바 상업은 발전은 작고 후퇴는 크다고 이를 만하니, 그만두는 것

〈일월日月〉에 "해와 달이 하토를 굽어본다.〔日居月諸 照臨下土〕"라는 구절에서 유래하였다.

만 못합니다.

所謂商業은 可謂日進月退니 不如中止라

○ 일하던 곳은 급료가 넉넉지 못하여, 다시 모처某處에 들어가 일하고 있습니다.

所業은 以給料不足으로 更入某處服仕라

○ 일하고 있는 것은 시세가 꽤나 괜찮아서 작으나마 소득이 있습니다.

所業은 時勢頗可하야 略有所得이라

○ 경영하고 있는 장사는 다행스럽게도 신의 도움으로 이익을 크게 얻었습니다.

所營商業은 幸賴神佑하야 大獲利益이라

○ 영업은 날로 번창하여 자못 전도가 유망합니다.

營業은 日就興旺하야 頗有前望이라

○ 영업하느라 날마다 시세를 좇아 사방을 두루 돌아다닙니다.

所營은 日逐時勢하야 周遊四方이라

○ 일하느라 아침에는 동쪽 저녁에는 서쪽으로 정처없이 이리저리 옮겨다녀 잠시도 정해진 곳이 없으니, 일에 골몰하여 견디기 어려움을 깨닫겠습니다.

所業은 朝東暮西하야 少無定方하니 勞勞役役하야 惟覺難堪이라

○ 날마다 작은 이익을 좇느라 이른바 '공자孔子가 앉은 자리는 따뜻해질 겨를이 없었다.'는 것입니다.

日逐蠅頭小利하야 可謂孔席이 不暖[25]이라

---

25 孔席不暖 : '늘 떠돌아다니기 때문에 자리가 따뜻해질 겨를이 없다.'는 뜻으로,

객지에서 병이 들었을 때〔客中病患〕

○ 타향의 날씨가 고향과 크게 달라 문득 병이 났습니다.(이전에 앓던 병이 다시 기승을 부립니다.)(끝내 모병某病에 걸렸습니다.)(날마다 고통을 일삼고 있습니다.)(요사이 피곤합니다.)

異鄕氣候가 大違故土하야 頓作疾病(前祟復肆)(卒罹某病)(日事叫苦)(近乃委頓)

○ 객지에 물과 풍토에 익숙지 못하여(배와 차에 익숙지 못하여) 끝내 모병某病에 걸려 요사이 신음하고 있습니다.(오랫동안 고통을 호소하고 있습니다.)(요사이 마침내 병약합니다.)(오랫동안 이미 고통스러워하였는데 최근 들어 자못 조금 낫습니다.)

旅裏에 不慣水土하야(不慣船車) 卒作某病하야 近頗呻吟(久已叫苦)(近遂委頓)(久已苦痛 近頗少可)이라

○ 풍토와 기후에 익숙지 않을 뿐만 아니라 아울러 매서운 추위와 심한 더위를 견딜 수 없어 마침내 병이 나서, 지금은 모某 증세로 고통스러워하면서 날마다 치료하고 있지만 조금도 효과가 없습니다.(조금은 전보다 낫습니다.)(요사이 자못 낫습니다.)(요사이 병이 나았습니다.)(이미 수일 전에 자리에서 일어나 업무를 보고 있습니다.)

不徒風氣之不慣이라 兼且甚寒盛暑에 抵耐不能하야 遂乃病作하야 現以某症으로 爲苦하야 日事刀圭하되 少無動靜(稍可於前)(近頗快可)(近日快差)(已於數日前起動視業)이라

○ 객지에서의 풍상을 사람들 중 누군들 고통스러워하지 않겠는가마는 오직 모某에 있어서는 평소 건강치 못하여 참고 견디기 어려움이 더욱이 남들보다 심해 마침내 모병某病으로 고통을 받고 있습니다.

《문자文子》에 "묵적은 굴뚝에 불을 땔 겨를이 없었고, 공자는 자리를 덥힐 사이가 없었다.〔墨子無黔突 孔子不暖席〕"라고 한데서 유래하였다.

客地風霜을 人誰不苦리오마는 惟在於某則素以不健으로 堪耐之難이 尤有甚於人者하야 遂以某病爲苦라

○ 객지에서 고생하는 상황은 이치상 벗어나기 어렵지만, 더욱이 음식이 입에 맞지 않고 잠자리가 편치 않아 고생하다가, 마침내 병이 나서 지금 모某 증세로 고통을 호소하고 있습니다.

客中苦況은 理所難免이로되 尤以飮食之不適과 寢處之不安으로 爲苦하야 遂至發病하야 現以某症叫苦라

○ 전에 자택(모지某地)에서 모某 병이 드러나자 곧바로 나았는데(몇 달을 고생하였는데) 이번 이곳에 오니 옛 병이 재발하여 피곤함을 드러냅니다.

前在自宅(某地)하야 曾以某祟[26]로 發以旋愈터니(幾朔叫苦) 今度來此에 舊症重發하야 殊形困憊라

○ 도회지는 집들이 절로 깨끗하지 못한 곳에 속해 있어 아무리 건강한 축에 드는 사람이라도 툭하면 병에 걸릴 판인데, 모某처럼 약골로 객지에 생활하고 모든 청결도 자유로이 할 수가 없으니, 지금 병에 걸린 것은 이치로 보면 필연적입니다.

都會之地에 人煙이 自屬不潔이라 雖係健康이라도 動輒罹病이온 況如某弱質로 寄居客裏하야 凡百清潔도 亦不得自由하니 今此罹病은 理所必來라

○ 모든 전염병은 오직 청결과 소독을 통해서만 비로소 전염병이 만연하는 폐단을 막을 수 있는데, 지금 모某는 반드시 예방을 충분히 하지 않은 것은 아니지만 형편상 어떻게 해 볼 도리가 없어 끝내 고생스러운 상황에 빠졌습니다. 그러나 (상황이 심히 혹독하지는 않으니 며칠이면 나을 것입니다.)(상황이 자못 가볍지 않아 무거운 걱정을 끼쳤습니다.)

凡屬傳染性病은 惟藉清潔消毒하야 始可消防其蔓延之弊어늘 今某則必非不

---

26 祟 : 저본에는 '崇'으로 되어 있으나, 문맥을 살펴 '祟'로 바로잡았다.

於豫防이언마는 奈緣勢所不及에 竟此陷于苦境이라 然이나 (勢不甚酷하니 自可數日見癒)(勢頗非輕 貽慮頗重)이라

객지에서 부모님 모시는 처지에 있을 때〔客中侍下〕

○ 객지에서 지내는 상황은 우선은 그럭저럭 보내고 있지만, 집소식이 오랫동안 막혀 답답한 마음 표현할 길이 없습니다.

客狀은 姑幸粗遣而庭信久阻하니 悶鬱難狀이라

○ 객지에서 지내는 상황은 그럭저럭 편안하지만, 부모님을 떠나 있는 정리는 언제나 견디기 어렵습니다.

客狀粗安而離闈情理가 時刻難堪이라

○ 아버지의 편지를 소식이 막힌 끝에 받아, 답답하던 마음이 전보다 조금 위안이 되었습니다.

家嚴書信을 得於阻餘하야 悶迫之私가 稍慰前日이라

◎ '연속자서'에 해당하는 말은 '칭호례'의 '자기부문' 아래에 기입하되, '보통자서부문'을 기입한 다음에 본부문에 해당하는 말을 연속기입할 때에는,

連續自敍語는 稱號例自己門下에 記入하되 普通自敍門을 記入한 次에 本門語를 連續記入할 時에는

사례

"돌보아 주신 은혜를 입어 생활은 우선 탈 없이 지내고 있으니 다행이고,(흔행부문) 공무에 바빠 겨를이 없으니(본부문) 매우 걱정입니다."라고 한다.

伏蒙下恤之澤하야 眠食이 姑保無恙하니 伏幸伏幸(欣幸門)而公務役役하야

惟日無暇하니(本門) 旋切伏悶이라 云云

◎ '연속자서부문'을 먼저 쓰고 다음에 '보통자서부문'에 해당하는 말을 기입할 때에는,

續自敍門을 先用하고 次에 普通自敍門語를 記入할 時에는

사례

"일이 바빠서 날마다 골몰하며(본부문) 지내지만 오직 생활은 그럭저럭 탈 없이 지내고 있으니(보통유서문) 매우 다행입니다."(흔행부문)라고 한다.

職務鞅掌하야 日事汩沒하되(本門) 惟眠食이 粗保無頉하니(普通有敍門) 伏幸萬萬(欣幸門)云云

◎ '보통자서부문'에 해당하는 말이던지 '연속자서부문'에 해당하는 말이던지 일부분만 쓰고 다른 사정을 기입할 때에는, 그 아래에 '단·황부·이우·이부·황차' 등의 글자를 쓰고 아래에 사정이 있는 일을 기입하니,

普通自敍門語던지 連續自敍門語던지 一段만 用하고 他事故를 記入할 時에는 其下에 但·況復·而又·而復·況且等字를 書하고 下에 有故한 事實을 記入하나니

사례

"직무에 매여 동분서주하고 있는데다가 조카가 현재 모병某病으로 날마다 치료하고 있으니(흠안부문) 답답합니다."라고 하니 이하는 모두 이와 같다.

職業所繫에 東奔西馳[27]어늘 而復舍侄이 現以某病으로 日事刀圭하니(欠安門) 伏悶伏悶云云 下皆倣此

---

27 職業所繫 東奔西馳 : 본서 7-3 연계자서부문〔連繫自敍門〕의 벼슬아치〔仕宦〕에 실린 구절로, 원문에는 '職務~'로 되어 있다.

7-4 기쁘고 다행스러울 때 보내는 부문 : 을 〔欣幸門 : 乙〕

통용〔通用〕

존장〔尊丈〕

○ 다행입니다.	伏幸伏幸
○ 매우 다행입니다.	伏幸萬萬
○ 다행스러움을 어떻게 말씀드리겠습니까?	伏幸何達
○ 아울러 간절히 바랍니다.	竝切伏幸

집사 · 노형 · 평교 · 시생간에 통용〔執事 · 老兄 · 平交 · 侍生通用〕

○ 다행입니다.	伏幸
○ 개인적으로 다행입니다.	私幸[28]私幸
○ 너무나 개인적으로 다행스럽습니다.	私幸千萬
○ 다행스러움이 끝이 없습니다.	自幸無斁
○ 간절히 개인적으로 다행스럽습니다.	切爲私幸
○ 아울러 개인적으로 다행일 뿐입니다.	竝私幸而已

---

28 私幸 : 두주頭註에 "자기에게 아무 일 없는 것은, 다만 자신의 다행일 뿐 다른 사람과 무관하기 때문에 '사행私幸'이라고 한다.〔自己之無故는 只是自己之幸이요 無關于他人故 曰私幸耳〕"라고 하였다.

○ 오직 스스로 위안이 됩니다. 惟自以爲慰

○ 이로써 스스로 위안되는 마음을 달리 전할 길이 없습니다. 以是自慰 無他可達

○ 매우 위안이 되고 다행스럽습니다. 慰幸萬千

수하〔手下〕

○ 개인적으로 다행이네. 幸私幸私

○ 다행스러움이 크네. 爲幸大矣

○ 스스로 위안이 되네. 自慰自慰

○ 다행스러움을 어떻게 말하겠는가? 幸何焉喩

○ 기쁘고 다행스러움을 비할 데가 없네. 喜幸無比

◎ 이상은 자신에게 별다른 상황이 없을 때 쓴다.

右는 自己及其他異狀이 無할 時에 用하나니라

7-5 걱정스러울 때 보내는 부문 : 병〔憂慮門 : 丙〕

통용〔通用〕

존장〔尊丈〕

○ 걱정입니다.	伏悶伏悶
○ 답답합니다.	伏庸悶沓[29]

집사와 노형〔執事及老兄〕

○ 답답하기 그지없습니다.	伏悶不已

평교〔平交〕

○ 답답합니다	悶沓
○ 답답한 일입니다.	悶事悶事

시생〔侍生〕

○ 답답함을 말로 할 수가 없네.	悶不可言

수하〔手下〕

○ 스스로 민망함을 어찌하겠는가?	自悶奈何
○ 민망하고 가련하네	悶憐

---

29 悶沓 : 저본에는 '悶畓'으로 되어 있으나, 문맥을 살펴 '畓'을 '沓'으로 바로잡았다. 이하의 경우도 같다.

부모님이 병들었을 때〔父母疾病〕

○ 애처롭고 민망합니다. 焦悶焦悶

○ 매우 애가 타고 민망합니다. 焦悶萬萬

○ 민망하고 애가 탑니다. 悶煎悶煎[30]

◎ '우려부문'에 해당하는 말은 자기가 별다른 상황이 있을 때 쓴다.

憂慮門語는 自己及其他異狀이 有한 時에 用하나니라

---

30 焦悶·悶煎 : 두주頭註에 초민焦悶과 민전悶煎은, "간담이 타는 듯하고 마음을 졸이기 때문에 이렇게 이른 것이다.〔如肝膽欲焦하고 心腸如煎 故云耳〕"라고 하였다.

7-6 각설하는 부문 : 병〔却說門 : 丙〕

통용〔通用〕

존장〔尊丈〕

○ 드릴 말씀은 다름이 아니라 就伏白

집사와 노형〔執事及老兄〕

○ 드릴 말씀은 다름이 아니라 就白[31]

○ 드릴 말씀은 다름이 아니라 就告

평교〔平交〕

○ 다름 아니라 就

○ 드릴 말씀은 陳[32]者

○ 드릴 말씀은 就悚

○ 드릴 말씀은 就控[33]

시생〔侍生〕

○ 다름 아니라 就

---

31 就白 : 두주頭註에 "다른 말은 각설하고 관계된 일을 가지고 말하는 것이다.〔除却他說하고 惟就所關事而言也〕"라고 하였다.

32 陳 : 두주頭註에 "말하는 것이다.〔告也〕"라고 하였다.

33 控 : 두주頭註에 "말하는 것이다.〔告也〕"라고 하였다.

○ 할 말은 啓[34]者

수하〔手下〕

○ 다만 第

○ 다만 바라건대 第惟

◎ '각설부문'은 이상에 상대방과 자신에 대한 안부 및 기타 사항에 나아가 인사한 뒤에 특별히 진술할 사항이 있을 때는 위의 글을 받아서 아래의 글을 잇는 중요한 부분이다.

却說門은 以上에 相對者와 自己에 對한 起居及其他事狀에 就하야 修人事한 然後에 特別이 陳述할 事項이 有한 時에 上文을 承하야 下文을 引續하는 關鍵이라

7-7 사실을 서술하는 부문〔敍事門〕

사실을 서술하는 것은 우리들이 생활함에 일의 계기가 하나가 아니고 수없이 단서가 많으니, 다만 한권의 책으로만 총괄할 수 없기 때문에 간략히 한다. 다만 아래에 '서찰왕복례'를 기술하니 여기에 대신 쓰는 것도 가능하다.

敍事는 吾人生活에 事機非一이요 端緖有萬하니 除非一卷冊子의 所可總括이라 故로 略之하고 但下에 書札往復例를 記述하니 此에 代用함도 可할가하노라

---

34 啓 : 두주頭註에 "일을 아뢰는 것이다.〔奏事〕"라고 하였다.

8. 결론짓는 사례〔結尾例〕

8-1 뜻을 전하며 결론짓는 부문 : 병 〔致意結尾門 : 丙〕

존장〔尊丈〕

○ 늘 문안드리고 싶은데 부모님의 병 때문에 날마다 애를 태우느라 한 글자 편지도 보내지 못하였으니 죄송합니다.

恒擬[1]問安이되 惟以親癠로 日事焦悶하야 一字上書도 亦此未能하니 伏悚伏悚이라

○ 매번 찾아뵙고 싶었지만 공사에 골몰하느라 뜻을 이루지 못하였습니다.

每欲造謁하되 公事汨沒하야 未得遂誠이라

○ 이렇게 몇 글자 편지를 감히 모某 우체우체에게 부치니 받아보시는데 며칠이나 걸릴지는 모르겠습니다.

玆以數字上書로 敢付某遞하오니 能臻下覽이 不知果費幾日이라

○ 찾아뵐 기약이 없으니 서운할 뿐입니다.

趨謁無期하니 只庸伏悵이라

○ 어느 때 혹시라도 내려올 길이 있으신지요?

何時에 或有下臨之道否아

---

1 擬 : 두주頭註에 "'헤아린다.'는 뜻이고, 또 '하고자 한다.'는 뜻이다.〔揣度이오 又欲也라〕"라고 하였다.

○ 모지某地에 행차할 적에 혹시라도 방문해주시면, 제 집의 영광이 무한할 것이니 미리부터 기대됩니다.

某地行次에 或蒙歷臨하면 塵門[2]生光이 不啻萬丈이라 謹此豫待하노이다

○ 모인某人은 서로 바라보이는 곳으로 이사하여 아침저녁으로 오가니, 적막하던 끝에 조금이나마 제 마음에 위안이 되었습니다.

某人은 寓[3]在相望하야 朝夕源源[4]하니 寂寞之餘에 稍慰下懷라

○ 모우某友는 요사이 이웃으로 이사 와서 제 마음에 위안이 되었지만, 서로 바빠 왕래하는 즐거움이 없으니 매우 서운합니다.

某友는 近寓隣里하야 殊慰下懷나 互相奔汨하여 殊無過從[5]之樂하니 旋切伏悵이라

○ 모우某友는 요사이 당신 고을로 이사와 살고 있으니, 밤낮으로 정을 주고받으며 밤낮으로 오가는 것이 무엇과도 비할 데가 없으리라 생각합니다.

某友는 近寓貴里하니 日夕源源이 伏想無比라

○ 병으로 대필시켜 간략하게 몇 글자 올립니다.

病伏倩草[6]하야 略上數字라

○ 매우 바빠 간략하게 몇 글자로 편지를 올립니다.

悤甚하야 略此數字上書라

---

2 塵門 : 두주頭註에 "진塵은 비루함이니 자기의 집을 이른다.〔塵은 陋也니 謂自己之門〕"라고 하였다.

3 寓 : 두주頭註에 "이사하여 사는 곳〔移居之地〕"이라고 하였다.

4 源源 : 두주頭註에 "친근한 정이 끊이지 않고 한결같은 모양을 이른다.〔親近之情이 不絶如一貌〕"라고 하였다. 《맹자孟子》 〈만장萬章 상上〉에 "늘 보고 싶어 자주 찾아오게 하였다.〔欲常常而見之 故源源而來〕"라는 구절에서 유래하였다.

5 過從 : 두주頭註에 "들러서 문안하며 상종함을 이른다.〔過問而相從也〕"라고 하였다.

6 倩草 : 저본에는 '猜草'로 되어 있으나, 문맥을 살펴 '猜'를 '倩'으로 바로잡았다.

○ 편지를 전하러 온 하인이 서서 재촉하여 자세히 말씀드리지 못합니다.

來使[7]立促[8]하야 不能詳白이라

○ 말씀드릴 많은 것들은 모두 뒤의 인편을 통해 다시 말씀드리겠습니다.

許多所白을 盡屬後便更達이라

○ 이제야 이곳에 도착하여 매우 분요하여 자세히 말씀드리지 못하니 모두 헤아려주십시오.

今纔抵此에 紛繆殆甚하야 不能詳告하니 都在下諒千萬이라

집사와 노형〔執事及老兄〕

○ 한 통의 편지로 안부를 여쭌 것은 진실로 간절하지 않아서가 아니지만 병에 골몰하느라 시일을 끌다가 이렇게 되었으니 그리운 나머지 민첩하지 못함을 자책합니다.

一書仰候가 誠非不切이언마는 滾汨病冗[9]하야 因循至此하니 瞻頌之餘에 還訟不敏[10]이라

○ 늘 찾아뵙고 싶었지만 일이 바빠 끝내 뜻을 이루지 못하였습니다.

每欲趨拜하되 役事倥傯하야 竟未遂意라

---

7 來使 : 두주頭註에 "사使는 '하인'이니, 저곳에서 온 하인을 이른다.〔使는 下人也니 謂彼處에서 來한 下人也〕"라고 하였다.

8 立促 : 보통 편지를 전하는 심부름꾼이 답장을 받아가기 때문에, 서서 답장을 써 달라고 재촉하는 것이다.

9 冗 : 두주頭註에 "안정되지 못한 것이니, 시일이 늦추어짐을 이른다.〔不定이니 猶豫也라〕"라고 하였다.

10 還訟不敏 : 저본에는 '還頌不敏'으로 되어 있으나, 문맥을 살펴 '頌'을 '訟'으로 바로잡았다.

○ 몇 글자 안부를 여쭙는 편지를 비로소 모某 우체를 통해 부치니 어느 날 받아보실지 모르겠습니다.

數字仰候를 始付某遞하니 不知何日에 果臻青鑑이라

○ 찾아뵙고 싶지만 방법이 없으니 더욱 서운합니다.

造拜末由하니 徒增悵悚이라

○ 언제쯤 찾아주시는 영광을 입을는지요?

那間에 可蒙惠臨之榮否아

○ 모지某地 머물고 계시니 진실로 방문해주신다면, 저의 집이 영광스러울 것이니 미리부터 빕니다.

某地稅(탈)駕[11]에 苟蒙歷枉하면 蓬蓽로 可增生光이라 豫庸顒祝이라

○ 왕림해주시기를 고대하다가 끝내 실망하였으니, 서운한 나머지 도리어 원망스러운 마음이 생깁니다.

苦俟光顧라가 竟失所望하니 悵結之餘에 還生怨恨이라

○ 모某 형은 셋집이 서로 가까우니 자주 만나게 되어 다행입니다.

某兄은 僦[12]舍相近하니 源源爲幸이라

○ 모인某人은 그간 이웃동네로 이사 와서 매우 기뻤지만, 피차 모두 바쁜 처지라 아직도 아침저녁으로 상종하지 못하고 있으니 매우 서운합니다.

某人은 間寓隣洞하야 殊甚欣慰나 但彼此俱屬悤忙하야 未獲朝夕相從하니 殊甚悵然이라

---

11 稅(탈)駕 : '멍에를 벗기다.'는 뜻이니, 휴식하거나 머무름을 이른다.

12 僦 : 두주頭註에 "빌린 것이니, 속언에 '세내는 것'이다.〔借賃也니 俗言세내는 것〕"라고 하였다.

○ 모우某友는 그간 당신의 이웃으로 이사하니, 함께 어울리는 즐거움이 마땅히 끊임없을 것이니 축하드립니다.

某友는 間寓貴隣하니 追隨之樂이 當復源源이라 爲之仰賀라

○ 병이 심해 대필시킵니다.

病甚倩草라

○ 땀을 흘리며 바삐 씁니다.

揮汗忙草라

○ 막 도착하니 소란스러워서 하고 싶은 말을 다하지 못합니다.

新到[13]紛擾하야 不能盡所欲言이라

○ 새벽에 일어나 등불을 켜고 잠시 안부를 대신합니다.

曉起呼燈[14]하야 暫此替白이라

○ 편지를 대하니 한갓 침울한 그리움이 더합니다.

臨楮에 徒增黯然之想이라

○ 여독이 심해서 우선 몇 글자로 말씀드리고, 모든 남은 사연은 뒤 인편을 통해 다시 말씀드리겠습니다.

路憊方甚하야 先此數字仰報하고 統留續便更報하노라

---

13 到 : 저본에는 '倒'로 되어 있으나, 문맥을 살펴 '到'로 바로잡았다.

14 呼燈 : 두주頭註에 "하인을 불러서 등불을 켜도록 하는 것을 이른다.〔呼下人하야 令點燈火也〕"라고 하였다.

평교〔平交〕

○ 마땅히 곧바로 편지를 올려 요사이 안부를 여쭈어야 하지만, 병이 이와 같아서 지금까지 미루고 있으니 탄식한들 어떠하겠습니까?

宜卽奉書하야 以問近候이되 病擾如此하야 尙稽至今하니 歎歎何如아

○ 늘 찾아뵙고 싶지만 일이 바빠 아직도 뜻을 이루지 못하고 있습니다.

每欲造拜호되 事務繁劇하야 尙未遂意라

○ 한 통의 뒤늦은 편지를 우편을 통해 비로소 부치니, 어느 날 좌하께 도착할지 모르겠습니다.

遲遲一書를 始付郵便하니 不知何日에 能徹座下라

○ 만날 날이 아득하니 오직 서운하기만 할 뿐입니다.

會面이 渺然하니 惟悄悵而已라

○ 어느 날에 방문하실 기약이 있는지요?

何日에 可有惠存之期否아

○ 모지某地의 행차에 혹시라도 왕림하실 수 있는지요? 걸상의 먼지를 털고 기다리겠습니다.

某地之駕에 或可歷枉가 掃榻[15]謹俟하노라

○ 요사이 한 번도 왕림하지 않으시니 형의 무정함이 누가 이렇게까지 된 줄 알았겠습니까? 만약 다른 사람이라면 이 지경에 이르렀다고 한들 이상할 것이 없을 것입니다.

比不一枉하니 兄之無情이 誰圖至此리오 若使他人至此면 固不足怪라

---

15 掃榻 : 손님을 반김을 말한다. 손님을 맞이하려고 걸상을 소제하는 것이다.

○ 모인某人이 같은 마을로 이사와서 밤낮으로 서로 친하게 지내니, 평소의 뜻에 위안이 되었습니다.

某人이 移來同閈하야 日夕相從하야 殆慰生平이라

○ 모우某友는 요사이 이웃이 되어 자못 위안이 되었지만 사정으로 인하여 각자 동서로 흩어졌으니, 이웃하고 있으면서도 자주 만나는 정의는 없습니다.

某友는 近作接隣하야 殊可爲慰나 惟因事故하야 各自東西하니 殊無同隣源源之誼라

○ 모우某友의 거처가 그대의 집과 약간 떨어져 있어, 밤낮으로 서로 상종하니 몹시 부럽기 그지없습니다.

某友之居가 距貴庄若干고 晨夕에 得與相從가 健羨不已라

○ 소회가 산처럼 많은데 편지에 다 쓰지 못하니, 묵묵히 이해해 주시기 바랍니다.

所懷如山호되 臨紙却寫不盡하니 惟冀默會라

○ 한낮 더위에 땀이 나서 많은 사연들을 다 쓰지 못합니다.

午熱揮汗에 萬不能盡이라

○ 편지를 대하고 보니 그리운 마음에 소회를 다 쓰지 못합니다.

臨紙依依하야 不盡所懷라

○ 여러 말들을 필설로는 다할 수 없습니다.

萬般說話가 除非筆舌可罄이라

시생〔侍生〕

○ 늘 문안편지를 보내고 싶었지만 우환에 골몰하느라 품은 뜻을 이루

지 못하니 서운하기만 하네.

每欲付候이되 汨於憂患하야 含意未遂하니 惟庸耿耿이라

○ 늘 찾아가고 싶었지만 공무에 바빠 그러지 못하였네.

每欲晉敍하되 公務奔走하야 此猶未果라

○ 안부를 묻는 한 통의 편지를 겨우 모某 인편을 통해 부치니, 언제쯤 그대에게 도착할지는 모르겠네.

一書探候가 纔付某便하니 不知何日에 能抵左右라

○ 무슨 방법으로 한 번 안부를 펼 수 있겠나?

其將何法하야 可得一敍오

○ 언제 방문해 줄 수 있는가?

那日에 可能惠顧否아

○ 모지某地의 행차에 방문해 줄 수 있는가? 미리 걸상의 먼지를 털고 기다리니 간절한 마음을 저버리지 말게.

某地行旆에 可能歷存가 豫庸掃俟하니 勿孤千萬이라

○ 병환이 있다는 것을 알고도 찾아가지 못하여, 슬픈 나머지 매우 염려가 되네.

知有所愆이라 不能相訪이로다 悵然之外에 奉慮旋切이라

○ 섣달도 며칠 남지 않았는데, 서로 멀리서 아득히 바라보고만 있네.

殘臘이 只有幾日하니 相望渺然이라

○ 모우某友는 요사이 같은 건물에서 지내며 함께 먹고 자니, 자주 만나 보는 즐거움이야 말하지 않아도 알 것이네.

某友는 近與同館하야 寢食與共하니 源源之樂은 不言可圖라

○ 모우某友와는 비록 한 마을에 살지만, 아침저녁으로 서로 종유하지 못하니 자못 서운하네.

某友는 雖居同里나 未獲朝夕相追하니 殊缺然이라

○ 모우某友는 그간 다른 곳으로 이사하여 자주 오가지 못하니, 좋은 벗을 잃은 서운함을 말로 하기 어렵네.

某友는 間移他處하야 無從源源하니 失一好友라 悵缺難狀이라

○ 어지럽게 휘갈겨 써서 미안하네.

潦草欠倣라

○ 편지를 가지고 온 하인이 서서 재촉하여 입에서 나오는 대로 써서 보내네.

來使立促하여 口占奉報[16]라

○ 인편이 너무 바빠 어지럽게 간략히 쓰네.

便甚忙하야 胡草略此라

○ 서운한 마음에 붓을 드니 꿈속의 혼이 먼저 사그러지네.

悒悵提筆에 夢魂先消라

○ 일반적인 말은 모두 다음 인편에 다시 말씀드리겠습니다.

一般話頭는 都付續便更敍라

---

16 口占奉報 : 두주頭註에 "처음부터 깊이 생각지 않고 오직 입에서 나오는 대로 불러서 답장을 올리는 것이다.〔初不深思하고 惟隨口而呼하야 奉上答書也〕"라고 하였다. '구점口占'은, 초고 없이 입에서 나오는 대로 완성시키는 것을 이른다.《한서漢書》〈설선주박전薛宣朱博傳〉에 "문하의 문서 담당 보좌관을 들어오게 하니 주박이 초고도 만들지 않고 입으로 불러 격문을 완성시켰다.〔閣下書佐入 博口占檄文〕"라는 구절에서 유래하였다.

수하〔手下〕

○ 언제나 편지를 부쳐 안부를 묻고 싶었지만, 보이는 건 온통 근심이라 눈살을 펴지 못하고 아직도 이렇게 소식이 막혔으니 매우 한탄스럽네.

恒欲付書探信이나 滿目憂故에 展眉不得하야 尙此相阻하니 甚歎甚歎이라

○ 늘 가서 만나고 싶었지만 일 때문에 머리를 썩이느라 그러지를 못하네.

每擬往見이되 役事擾惱하야 猶此未得이라

○ 이에 모某 인편을 통해 몇 글자 부치니, 며칠 지나지 않아 만날 수 있을 걸세.

玆付數字於某便하니 不過幾日에 自可接見이라

○ 비록 한 번 가보고 싶었지만 끝내 그러지 못하니 서운하네.

雖欲一往이나 竟不可能하니 惟悵然이라

○ 언제 방문하는가?

那當來問耶아

○ 모지某地로 갈 적에 들릴 수 있는가? 고대하는 마음 그지없네.

某地之往에 其可歷訪가 苦待不已라

○ 그간에 한 번도 오지 않으니 무슨 사고가 있어서 이렇게 소식이 막혔는가? 자못 서운하네.

此間에는 一不來見하니 抑因何故하야 阻隔若是오 殊結悵惘이라

○ 모우某友는 이웃 마을에 살고 있어서 상종하니 다행이네.

某友는 接在隣洞하야 可得相從하니 是爲可幸이라

○ 모우某友는 그사이 이웃으로 이사 와서 위안이 되었지만, 서로 바빠 때때로 만나지 못하니 서운할 뿐이네.

某友는 間寓隣里하야 可以爲慰나 奈互相奔走하야 時不能從하니 悵然而已라

○ 모우某友는 이곳에 이사 와서 그대의 고을에 우거하니, 과연 밤낮으로 상종하면서 도움이 있는가?

某友는 移此하야 寓居貴里하니 果與日夕相從하야 以受益耶아

○ 인편이 바빠 길게 말하지 못하네.

便忙不能長語라

○ 병석에 누워 남의 손을 빌려 간략하게 몇글자 적네.

伏枕倩人하야 略草數字라

○ 인편이 급한데 글 솜씨가 없어 대략 이렇게 휘갈겨 쓰네.

便急筆鈍하야 略此荒草라

○ 도중에 매우 바빠 장황하게 보내지 못하고, 오직 몇 글자 간략하게 쓰네.

路中甚忙하야 不能長遑하고 惟此數字略草라

◎ 이상은 결미에 해당하는 말이니 상대에 대하여 많은 인사를 서술하고 결미에 이르러 자세한 사정까지 상세하게 기술한다. 사항에 따라 한 구절을 사용하고 아래에 '보중결미'에 해당하는 말이나, 혹은 '간단결미'에 해당하는 말 중 하나만 선택하여 연속으로 기입한다.

右는 結[17]尾語니 相對者에 對하야 許多人事를 敍述하고 結尾에 至하야 些細한 事情까지 詳述함이니 事項에 因하야 一節을 用하고 下에 保重結尾語 或簡單結尾語兩門中一語만 選擇하야 連續記入하나니

---

17 結 : 저본에는 '給'으로 되어 있으나, 문맥을 살펴 '結'로 바로잡았다.

사례

○ "편지를 가지고 온 심부름꾼이 서서 재촉하여 자세히 말씀드리지 못합니다. 나머지는 오직 안부가 언제나 편안하시기를 빌며 남겨둡니다. 예를 갖추지 못하고 말씀드립니다."라고 쓴다.

來便立促하야 不能詳白이라 餘는 惟伏祝氣體候 對時萬安 姑不備白

○ "찾아뵐 기약이 없어 서운하여 우선 남겨둡니다. 예를 갖추지 못하고 말씀드립니다."라고 쓴다.

趨謁無期하니 只庸伏悵이라 姑留不備白이라

◎ 간단한 편지에는 이상과 같이 쓰지 않고 다만 '보중결미부문'에 해당하는 말을 쓰고, 더더욱 간단하게 하는 곳에는 '간단결미부문'에 해당하는 말을 쓴다.

簡單한 書簡에는 右를 不用하고 但保重結尾門語를 用하고 尤極히 簡單케하는 處에는 簡單結尾門語만 用하나니라

사례

○ "모사某事는 어떻습니까?"(서사부문) 아래에 곧바로 "나머지는 오직 안부가 건강하시기를 빌며 이만 줄입니다."라고 쓴다.

某事는 如何如何(敍事門) 下에 直히 餘는 惟伏祝起居萬康 不備白

○ "모사某事는 어떠합니까?"(서사부문) 아래에 곧바로 "나머지는 우선 남겨두고 이만 줄입니다."라고 쓴다.

某事는 如何如何(敍事門) 下에 直히 餘姑留不備白이라

8-2 몸을 보중하기를 빌며 결론짓는 부문 : 병
〔保重結尾門 : 丙〕

통용〔通用〕

존장〔尊丈〕

○ 나머지는 안부가 언제나 편안하시기를 빌며 이만 줄입니다.

餘惟祝氣體候 對時萬安[18] 姑不備白[19]

○ 나머지는 안부가 언제나 만강하시기를 빌며 이만 줄입니다.

餘惟伏祝氣候 以時萬康 不備白

○ 안부가 좋으시기를 빌며 우선은 남겨두고 이만 줄입니다.

惟伏祝起居萬康 姑留不備白

○ 다시 안부가 늘 편안하시기를 빌며, 이만 줄이고 문안 편지를 올립니다.

更伏祝起居 以時萬寧 不備 上候書

○ 나머지는 안부가 좋으시기를 빌며, 이만 줄이고 답장을 드립니다.

餘惟伏祝氣體候 以時萬福 姑不備 上答書

---

18 對時萬安 : 두주頭註에 "어느 때를 막론하고 때에 따라 편안하시기를 빕니다.〔不論何時하고 惟隨其時而安寧이라〕"라고 하였다.

19 不備白 : 두주頭註에 "하고 싶은 말은 많지만, 다 말씀드릴 수 없습니다.〔所欲言이 甚多호대 不能盡告也〕"라고 하였다.

집사와 노형〔執事及老兄〕

○ 도를 위해서 자신을 아끼시기를 빌며, 이만 줄이고 편지를 올립니다.

祝爲道自愛 不備上

○ 나머지는 도를 위해서 자신을 보배롭게 여기시기를 빌며, 이만 줄이고 편지를 올립니다.

餘惟伏祈爲道自玉[20] 不備達

○ 보배처럼 자신을 아끼시기를 빌며, 예를 갖추지 못하였습니다.

惟祝珍重自玉 姑不備禮[21]

○ 다시 절서에 따라 자중하시기를 빌며, 이만 줄이고 안부편지를 올립니다.

更伏乞順時自重 不備上候

○ 안부의 예는 갖추지 못하였습니다.

不備謹候禮

○ 이만 줄이고 안부편지를 올립니다.

不備候上

---

20 自愛……自玉 : 두주頭註에 자애自愛·자옥自玉은 "애愛는 아끼고 소중히 여기는 것이고, 옥玉은 보배롭게 여기는 것이니 보배처럼 아끼는 것이다. '자신의 몸을 아끼고 소중히 여기고 몸을 보배처럼 아끼라.'는 뜻이다.〔愛는 愛重이오 玉은 寶也니 卽寶而惜之라 謂其身을 愛重이요 其身을 寶惜也〕"라고 하였다.

21 不備禮 : 두주頭註에 "그 예를 갖추지 못하고 여기에 그치는 것이다.〔其禮를 不能具備而止此〕"라고 하였다.

○ 절서에 따라 자중하시기를 빌며, 답장의 예를 갖추지 못하였습니다.

惟冀順序自重 不備謝[22]禮

평교〔平交〕

○ 나머지는 언제나 형께서 늘 자신을 아끼시기를 빌며, 예를 갖추지 못하였습니다.

餘惟祝兄體 以時自愛 不備禮

○ 도를 위해서 자신을 아끼시기를 빌며, 이만 줄이고 편지를 올립니다.

餘惟祈爲道自玉 不備上

○ 다시 형의 안부가 절서에 따라 자신을 보호하시기를 빌며, 이만 줄이고 편지를 올립니다.

更乞兄體 順時自保 不備上

○ 나머지는 안부가 복 받으시기를 빌며, 예를 갖추지 못하였습니다.

餘祈動止萬福 不備禮

○ 다시 안부가 보배롭고 편안하시기를 빌며, 답장의 예를 갖추지 못하였습니다.

更祈寶攝起居 不備謝

시생〔侍生〕

○ 나머지는 절서에 따라 자신을 아끼기를 빌며, 이만 줄이네.

餘惟祝順時自愛 不備

---

22 謝 : 두주頭註에 "답하다.〔答也〕"라고 하였다.

○ 늘 자신을 아끼기를 빌며, 이만 줄이네.

惟更祝以時自玉 不備

○ 다시 늘 자중하기를 빌며, 답장의 예를 갖추지 않네.

更祝以時自重 不備謝

수하〔手下〕

○ 자신을 아끼기를 빌며, 이만 줄이네.

惟祝自愛 不備

○ 자신을 보배롭게 여기기를 빌며, 이만 줄이네.

惟冀自寶 不悉

8-3 간단하게 결론짓는 부문 : 병〔簡單結尾門 : 丙〕

통용〔通用〕

존장〔尊丈〕

○ 나머지는 우선 남겨두고 이만 예를 갖추지 않고 올립니다. 餘姑留 不備上白

○ 나머지는 우선 이만 예를 갖추지 않고 올립니다. 餘姑不備達

○ 나머지는 안부를 여쭙고 이만 예를 갖추지 않고 올립니다. 餘爲探安候 不備達

○ 나머지는 다음 인편에 전하기로 하고, 이만 예를 갖추지 않고 올립니다. 餘留續后 不備上書

○ 나머지는 이렇게만 안부하고 우선 예를 갖추지 않고 올립니다. 餘爲此 姑留不備白

○ 나머지는 이만 줄이고 답장을 올립니다. 餘姑不備 上答書

집사와 노형〔執事及老兄〕

○ 나머지는 예를 갖추지 않고 안부편지를 올립니다. 餘姑不備上候

○ 나머지는 예를 갖추지 못하였습니다. 餘姑不備禮

○ 나머지는 이렇게만 안부하고, 우선 예를 갖추지 않고 편지를 올립니다. 餘爲此 姑不備上

○ 나머지는 요사이 안부를 여쭙고, 우선 예를 갖추지 않고 안부편지를 올립니다. 餘爲探近候 姑不備上候

○ 나머지는 답장의 예를 갖추지 않습니다. 餘姑不備謹謝禮

○ 나머지는 이렇게만 여쭙고, 답장의 예를 갖추지 않습니다. 餘爲此 不備謹謝上候

평교〔平交〕

○ 나머지는 예를 갖추지 않고 드립니다. 餘不備上

○ 나머지는 이만 줄이고 말씀드립니다. 餘姑閣上[23]

○ 나머지는 이렇게만 간략히 말씀드리고 이만 줄입니다. 餘略此不備

○ 나머지는 근래의 안부를 여쭙고 이만 줄입니다. 餘爲探謹候 不備

○ 나머지는 이렇게만 여쭙고 안부의 예를 갖추지 않습니다. 餘爲此 不備候禮

○ 나머지 많은 말을 하지 못하고 간략하게 몇 글자만 쓰고, 예를 갖추지 못하고 올립니다.

餘掛一漏萬[24] 略此數字 不備上

---

23 閣上 : 두주頭註에 "각閣은 '물리치다.'라는 뜻이니, 다른 말은 물리치고 다만 이것만 말씀드립니다.〔閣은 却也니 謂除却他言하고 只此告上也라〕"라고 하였다.

24 掛一萬漏 : '어떤 일의 일부분만을 언급하고 전체는 빠뜨린다.'는 뜻으로, 한유韓愈의 시 〈남산南山〉에 "여기에 관련된 기록들을 모두 모아서 대강이라도 묘사해 보고 싶었지만, 일부분만을 언급하게 될 뿐 전체를 잃어버릴 염려가 있다고 생각되었다.〔團辭試提挈 掛一念萬漏〕"라는 구절이 있다.

시생〔侍生〕

○ 나머지는 이만 줄이네.	餘不備
○ 나머지는 예를 갖추지 않네.	餘不備禮
○ 이렇게만 안부하고 우선 줄이고 보내네.	爲此 姑閣上
○ 나머지는 안부를 탐문하네.	餘爲探候
○ 간략하나마 이렇게 안부의 예를 갖추네.	略此候禮
○ 나머지는 뒤에 안부하기로 하고 이만 줄이네.	餘爲探續后 不備
○ 이만 줄이고 답장을 보내네.	姑不備謝
○ 간략하게 이렇게만 전하고 답장의 예를 갖추지 않고 보내네.	略此 不備謝上

수하〔手下〕

○ 나머지는 일일이 다 말하지 않네.	餘不一
○ 나머지는 다 말하지 않네.	餘不悉
○ 나머지는 다 언급하지 않네.	餘不多及
○ 나머지는 우선 이렇게만 전하고 이만 줄이네.	餘姑此不宣
○ 나머지는 이만 줄이네.	餘不具
○ 간략하게 이렇게만 전하고 다 말하지 않네.	略此不一

상을 당한 사람이 평인平人[25]에게 쓰는 사례
〔喪人이 用於平人〕

○ 나머지는 경황이 없어 두서없이 편지를 올립니다. 餘荒迷不次[26]疏上[27]

○ 나머지는 경황이 없어 두서없이 편지를 올립니다. 餘荒迷不次謹狀上

○ 나머지는 경황이 없어 두서없이 편지를 올립니다. 餘荒迷不次謹疏上

○ 이만 줄이고 편지를 올립니다. 不備疏上

○ 이만 줄이고 편지를 올립니다. 不備狀上

◎ '위탐안후·위탐후' 등의 '위탐'은 상대의 안부를 묻기 위해 문후할 때 쓴다.

爲探安候·爲探候等의 爲探은 相對者의 安否를 探問키 爲하야 問候時에 用함이라

◎ '속후'라는 말은 다소 물어볼 말이 있지만, 이후 인편을 통해 이어서 안부를 할 것이기 때문에 이번에는 '여기까지만 쓰고 중지한다'는 것이다.

---

25 平人 : 상을 당한 사람에 대하여, 상제喪制 아닌 사람을 이르는 말이다.

26 荒迷不次 : 두주頭註에 "자신이 부모님의 상중에 있기 때문에 정신이 다급하고 희미하여 편지에 쓰는 말도 순서에 맞게 쓰지 못한다.〔身在父母之喪中 故精神이 倉荒稀迷하야 書札上語言도 不能循其次序也라〕"고 하였다.

27 疏上 : 상중에 있는 사람이 편지를 쓸 때 결미에 '배상拜上'이나 '장상狀上' 대신 쓰는 말이다.

續后는 多少可問할 說話가 有하나 后便에 連續하야 便候할지라 故로 今番에는 此에 中止한다 함이라

◎ '위차'는 특별히 한가지 사실을 위하여 안부를 물을 때 쓴다.

爲此는 特別히 一箇事實을 爲하야 探候할 時에 用함이라

◎ '불비상답서·불비사례·불비사상'의 '답'자와 '사'자는 답장에만 쓴다.

不備上答書·不備謝禮·不備謝上의 答字와 謝字는 答書에만 用하나니라

◎ '황미불차' 등의 말은 상을 당한 사람이 다른 사람에게 안부를 묻거나 답장을 쓸 때 쓰고, '불비소상·불비장상'은 상을 당하지 않은 보통사람들이 상을 당한 사람에게 안부를 묻거나 답장을 쓸 때 쓴다. 그러나 상을 당한 사람에게는 대상 전에는 '불비소상'이라고 하고, 대상 후에는 '불비장상'이라고 쓰며 상복을 입은 사람도 '장상'이라고 쓴다.

荒迷不次等語는 喪人이 他人에게 問候 或答書할 時에만 用하고 不備疏上·不備狀上은 普通人이 喪人에게 問候 或答書할 時에 用하나니라 但喪人에게 對하야 大祥前에는 不備疏上 大祥后에는 不備狀上이라 用하며 服人도 狀上이라하나니라

◎ '위탐'이라는 말을 쓰면 '서사부문'에 해당하는 말은 쓰지 않고, '서사부문'에 해당하는 말을 쓰면 '위탐'이라는 2자는 쓰지 않는다.

爲探을 用하면 敍事門語는 不用하고 敍事門語를 用하면 爲探 二字를 不用하나니라

9. 결구를 생략한 사례〔省(생)略結構例〕

9-1 첫 번째 결구 부문 : 갑〔第一結構門 : 甲〕

집사와 노형 · 평교〔執事及老兄 · 平交〕

○ 크게 편안하시기를 바랍니다.	伏惟大安
○ 날마다 편안하시기를 바랍니다.	伏惟日安
○ 밤새 편안하시기 바랍니다.	伏惟夜安
○ 날마다 편안하시기 바랍니다.	伏請日安
○ 밤새 편안하시기 바랍니다.	伏請夜安
○ 크게 평안하시기 바랍니다.	伏頌大安
○ 크게 편안하시기 바랍니다.	伏祝大安
○ 요사이 편안하시기 바랍니다.	敬頌近安
○ 잠자리가 편안하시기 바랍니다.	敬請寢安
○ 안부가 편안하시기 바랍니다.	伏頌體安
○ 요사이 편안하시기 바랍니다.	伏祝近安

시생〔侍生〕

○ 날마다 편안하시기 바랍니다.	仰請日安
○ 밤새 편안하시기 바랍니다.	仰請夜安

○ 크게 편안하시기 바랍니다. 仰頌大安

○ 즉일 형께서 편안하시기 바랍니다. 卽請兄安

○ 크게 편안하시기 바랍니다. 謹請大安

○ 안부가 편안하시기 바랍니다. 謹頌體安

수하〔手下〕

○ 부모 모시며 편안하시기를 빕니다. 此頌侍安

○ 편안히 지내기 바라네. 卽請靜安

○ 부모 모시며 복 받으시기 바랍니다. 卽惟侍禧

○ 밤새 편안하시기 바랍니다. 玆請夜安

◎ 이상은 많은 투식을 사용하지 않고 오직 4글자만을 사용하여 간단하게 결구를 맺는 것이니, 시급한 환난을 당하던지 아니면 서로 가까운 곳에서 아침저녁으로 만날 수 있는 사람에게 쓴다. 만약 멀리 있는 사람과 근방에 있더라도 존장에게는 쓰지 않는다.

右는 許多한 套式을 不用하고 惟四箇字를 用하야 簡單히 結構함이니 時急한 患難을 當하던지 或相近한 處에 朝夕相逢을 可得할 人에게 用하나니 若遠方에 在한 人과 近方에서라도 尊丈에게는 不得用이니라

◎ 이 아래에 '서사'에 해당하는 말을 곧바로 쓰면,

此下에 敍事語를 直用하면

사례

"크게 편안하시기를 빕니다. 다름 아니라 모물某物을 잠시 필요로 하니 빌려주십시오. 긴급히 써야 하기 때문입니다."

敬頌大安이라 就某物을 暫投爲要라 切有時急需用故耳라

◎ 이 아래에 '사모'에 해당하는 말을 쓰고 다음에 '서사'에 해당하는 말을 쓰면,

此下에 思慕語를 用하고 次에 敍事語를 記入하면

사례

"밤새 편안하십니까? 그립습니다. 다름 아니라 모일에 잠시 저의 집에 왕림하시는 것이 어떻습니까?"라고 쓴다.

伏惟夜安가 仰頌仰頌이라 就某日에 暫枉鄙所가 若何오

◎ 이 아래에 '사모'에 해당하는 말과 '자서례'에 해당하는 말을 쓰고 다음에 서사서사에 해당하는 말을 쓰면,

此下에 思慕語·自敍例語를 用하고 次에 敍事語를 用하면

사례

"요사이 편안하십니까? 그립습니다. 저는 말씀드릴 만한 것이 없습니다. 다름 아니라 내일 저의 아버지의 생신이라 간단하게 술을 마련하여 축하를 드리려고 하니 오전 8시 경에 와주시기를 요청합니다.(탐문례의 미심부문을 참고)

伏惟近安가 仰溸仰溸라 弟는 無足奉浼耳라 就明日은 卽家嚴晬辰이라 略具薄醪하야 擬供祝賀하니 午前八時頃에 光臨하심을 敬要라(探問例未審門에 參考하라)

9-2 두 번째 결구 부문 : 갑〔第二結構門 : 甲〕

집사와 노형〔執事及老兄〕

○ 벼슬하시는 안부는 신의 가호로 편안하시기를 빕니다. 伏祝仕體節萬相

○ 정양하시는 안부가 편안하시기를 빕니다. 伏惟靜體度萬重

○ 영감께서 잠자리가 편안하시기를 빕니다. 卽伏請令體節寢安

평교〔平交〕

○ 형께서 편안하시기를 빕니다. 伏頌兄體大安

○ 정사하시는 안부가 밤새 편안하시기 바랍니다. 伏請政體寢安

○ 형의 안부가 요사이 편안하시기를 빕니다. 順頌[1]兄體近安

○ 요사이 안부가 어떠하십니까?

比前에 起居若何오

시생〔侍生〕

○ 부모 모시며 크게 편안하게. 謹請侍體大安

○ 형의 안부가 밤새 편안하게. 謹請兄體夜安

○ 안부가 복 많으시기 바라네. 仰祝體事萬祉

○ 형의 안부는 요사이 어떠한가? 兄體 近果如何

---

1 順頌 : 편지의 끝에 쓰는 말로, '복축伏祝'과 뜻이 같다.

수하〔手下〕

○ 벼슬하시는 안부가 무사하시기 바라네. 卽請仕履無損

○ 정양하시는 안부가 날마다 편안하시기를 비네. 順頌靜履日安

○ 몸에 탈이 없기를 비네. 玆請身狀無故

◎ 이상은 6글자나 7글자로 결구하는 것이니, 활용법은 '첫 번째 결구부문'과 같다.

右는 六箇字 或七箇字로 結構함이니 活用法은 第一結構門과 同하니라

9-3 세 번째 결구 부문 : 갑〔第三結構門 : 甲〕

존장〔尊丈〕

○ 요사이 안부가 좋으시기를 빕니다. 伏祝日來 氣體候萬安

○ 밤이 돌아왔는데 안부가 좋으시기 바랍니다. 伏問漢回[2] 仕體候萬康

집사와 노형〔執事及老兄〕

○ 밤이 돌아왔는데 영감의 안부가 좋으시기를 빕니다. 伏頌夜回 令體節萬相

○ 부모님을 간호하시는 일은 다시 어떠하십니까? 伏惟湯節[3] 更復若何

평교〔平交〕

○ 요사이 형의 안부가 편안하신지요? 謹詢日來 兄體大安

○ 중춘에 공부하시는 안부가 신의 도움을 받아 잘 지내시는지요? 敬詢仲春 文體神相

---

2 漢回 : 두주頭註에 "한漢은 '은하수'이다. 은하수는 밤에 나오기 때문에 '소宵'로 '야夜'를 대신하고 '한漢'으로 '소宵'를 대신하여 '밤이 돌아온 것'을 이른다.〔漢은 銀河也니 銀河가 以夜而出 故로 以宵代夜하고 以漢으로 代宵而用하야 言宵回也라〕"라고 하였다.

3 湯節 : 저본에는 '陽節'로 되어 있으나, 두주頭註에 "약 시중을 드는 일이니, 부모님의 병환 중에 쓴다.〔侍湯之節이니 親患中에 用함이라〕"라고 한 것에 의거하여 '湯節'로 바로잡았다.

시생〔侍生〕

○ 요사이 형의 안부가 편안한가? 謹請比來 兄體大安

○ 이즈음 부모 모시는 안부가 편안하신가? 恪詢玆際 侍體大安

수하〔手下〕

○ 요사이 형제들의 안부가 무탈한가? 即詢比來 棣履無警

○ 이즈음 공부하시는 안부가 맑은 복을 받으시기 바라네. 玆請際玆 文案淸福

◎ 이상은 8글자나 9글자로 결구하는 것이니, 활용법은 '첫 번째 결구부문'과 같다.

右는 八箇字 或九箇字로 結構함이니 活用法은 第一結構門과 同하니라

9-4 변환 결구 부문 : 갑〔變換結構門 : 甲〕

집사와 노형〔執事及老兄〕

○ 따뜻한 봄기운이 아름다운 이때, 안부가 좋으시기를 빕니다.

春和正佳하니 此時에 起居萬相

○ 가을바람이 사람을 엄습하는 이때, 정양하시는 안부가 신의 도움으로 좋으시기 바랍니다.

秋風厲人하니 伏惟此時에 靜體節이 神護萬重

평교〔平交〕

○ 부모님 모시는 안부가 요사이 좋으시기를 빕니다.

卽惟侍體가 際玆淸勝

○ 지금은 11월인데 형님의 벼슬하시는 안부가 좋으시기를 빕니다.

玆際仲冬하야 兄仕體萬旺

○ 봄기운 따뜻한 이때 형님의 안부는 많은 복을 받으십시오.

際玆春和하야 兄體百福

시생〔侍生〕

○ 부모님 모시는 안부가 좋기를 비네. 際玆에 侍體萬旺

○ 정양하는 안부가 늘 건강하기를 비네. 卽請靜體 以時康旺

수하〔手下〕

○ 부모님 모시는 근황은 요사이 편안한가?

侍狀이 近果安保

○ 요즈음 부모님 모시는 안부는 아무런 일 없으며, 이런 늦봄에 안부는 어떠한가?

際玆에 侍履無驚[4]하며 趁此春暮하야 靜案이 何如오

◎ 이상은 일정한 투식을 앞뒤를 바꾸어 쓰는 것이니 활용법은 첫 번째 '결구문'과 같다.

右는 一定한 套式을 先後轉倒하야 用함이니 活用法은 第一結構文과 同하나니라

---

4 無驚 : 두주頭註에 "'경계警戒'의 뜻이고, 또 '놀라다.〔驚〕'는 뜻과 같다. 경계할 만한 일과 놀랄 만한 단서가 없으면 아무런 일이 없다는 것을 알 수 있다.〔警戒也 又猶驚也니 無可戒之事와 可驚之端이면 其無故를 可知라〕"라고 하였다.

9-5 안부에 답하는 결구 부문 : 을〔答候結構門 : 乙〕

존장〔尊丈〕

○ 편지를 받고 위안이 되었습니다. 伏承伏慰[5]

○ 안부가 좋으시다는 편지를 받으니 위안이 되었습니다.

卽伏承審氣體候萬安하니 伏慰伏慰

집사와 노형〔執事及老兄〕

○ 편지를 받고 위안이 되었습니다. 伏承仰慰

○ 안부가 좋으시다는 편지를 받으니, 매우 위안이 되었습니다.

伏承體安하니 仰慰萬千

평교〔平交〕

○ 편지를 받고 위안이 되었습니다. 伏拜仰慰

○ 편지를 받고 위안이 되었습니다. 承慰承慰

○ 형의 안부가 크게 좋으시다는 편지를 받고, 헤아릴 수 없이 위안이 되었습니다.

拜承兄體大安하니 爲慰沒量

---

5 伏承伏慰 : 두주頭註에 "'승承'은 상대의 편지를 받은 것이고, '위慰는' 이를 받고서 잘 지낸다는 것을 알고는 안심하는 것이니 매우 간단한 답서에 쓴다.〔承은 彼邊의 書信을 承受요 慰는 此를 承受하야 無故함을 安心함이니 極히 簡單한 答書에 用함〕"라고 하였다.

○ 방금 편지를 받았는데 편안하시다니 위안이 되었습니다.

卽拜惠函하야 仰慰體安

시생〔侍生〕

○ 편지를 받고 위안이 되었네. 承拜仰慰

○ 편지를 받고 날마다 편안하기를 비네. 拜頌日安

○ 편안하다는 편지를 받고 위안이 되었네. 承審體安爲慰

수하〔手下〕

○ 편지를 받고 위안이 되었네. 承慰承慰

○ 부모님 모시고 편안히 지낸다는 편지를 받고 위안이 되었네. 承審侍安爲慰

◎ 이상은 답장에 쓰는 것이니, 뒤에 '자서'에 해당하는 말을 쓰라.

右는 答書에 用함이니 下에 自敍語를 用하라

9-6 생략하고 알리는 부문 : 병〔省照門 : 丙〕

존장〔尊丈〕

○ 삼가 여쭐 것은	敬稟者
○ 삼가 여쭐 것은	謹稟者
○ 번거롭게 감히 장황하게 말씀드리지 않겠습니다.	煩不敢長白

집사와 노형〔執事及老兄〕

○ 삼가 말씀드릴 것은	敬白者
○ 삼가 말씀드릴 것은	謹白者
○ 번거롭게 감히 길게 제론하지 못합니다.	煩不敢長提
○ 장황한 말은 하지 않고 말씀드립니다.	除蔓白

평교〔平交〕

○ 삼가 말씀드릴 것은	敬啓者
○ 삼가 말씀드릴 것은	謹啓者
○ 번거로운 말은 생략하고	除煩
○ 번거로운 말은 생략하고	刪蔓

시생〔侍生〕

○ 삼가 말하네.	敬啓
○ 삼가 말하네.	謹啓
○ 번거로운 말은 덜어버리고	删煩
○ 번거롭고 장황하게 말하지 않겠네.	煩不拖長
○ 번거로운 말은 생략하고	除蔓

수하〔手下〕

○ 말하는 것은	啓者
○ 번거롭고 장황하게 말하지 않겠네.	煩不拖長
○ 번거로운 말은 생략하고	删蔓
○ 번거로운 말은 생략하고	删煩

◎ 이상은 '기두례'부터 '연속자서례'의 '각설부문'까지 쓰지 않고 서두에 이 말만 쓰고 아래에 '서사'에 해당하는 말을 쓰니, 당장 일이 급하거나 혹은 일상적으로 만나는 사람이라서 많은 사례의 투식을 사용하지 않아도 가능한 경우에 쓴다.

右는 起頭例로부터 連續自敍例 却說門까지 不用하고 書頭에 此語만 書하고 下에 敍事語를 用함이니 卽事機悤急하거나 或日常面會하야 許多例套는 不用하야도 可한 境遇에 用하나니라

사례

○ "번거로운 말은 생략하고 모사某事는 어떠어떠하니 헤아려 주시

기를 간곡히 바랍니다."라고 한다.

除煩하고 某事는 如何如何하오니 諒之를 千萬

○ "번거롭고 장황하게 말씀드리지 않고 모사某事를 어떠어떠하게 베풀어주시기를 바랍니다."라는 등과 같은 종류의 말을 사용하니, 아래에는 '결미부문'에 해당하는 말을 사용하지 않아도 가능하다.

煩不拖長하고 某事를 如何如何히 惠施를 爲祝等類니 下에 結尾門語는 不用하야도 可하니라

◎ '경계자'와 '근계자'라는 말은 단체나 광고형식의 문서에 사용하고 개인의 편지에는 많이 쓰지 않는다.

敬启者와 謹启者는 團體[6]에 對하던지 廣告式公函에 用하고 個人的書札에는 不多用하나니라

---

6 團體 : 저본에는 '團團'으로 되어 있으나, 문맥을 살펴 '團體'로 바로잡았다.

9-7 편지 끝에 뜻을 전하는 부문 : 병 〔書尾致意門 : 丙〕

○ 모某 어른께 미처 문후를 드리지 못하였으니, 뜻을 전해주시기 바랍니다.

某丈前에 未及問候하니 希爲致意하노라

○ 모우某友에게 따로 안부를 묻지 못하였으니 곁에서 언급하여 주시기 바랍니다.,

某友許에 未能另候하니 希轉爲傍及하라

○ 모우某友에게 미처 알리지 못하였으니, 저의 뜻을 전해주시기 바랍니다.

某友許에 未及附啓하니 乞伏申鄙意하라

○ 모군某君에게 따로 안부를 묻지 못하였으니, 저의 뜻을 전해주십시오.

某君에게 未另裁候하니 希叱名道意[7]하라

○ 모형某兄에게는 겨를이 없어 따로 편지를 보내 안부를 묻지 못하였으니 뜻을 전해주십시오.

某兄에게 未遑另柬通候하니 敢希致意하노라

○ 모우某友에게 저의 뜻을 전해주십시오.

某友許에 幸轉致鄙悃하라

---

7 叱名道意 : 두주頭註에 "저의 이름을 불러서 무례함을 꾸짖고, 저의 뜻을 전해주십시오.〔呼我之名而叱其無禮하고 因轉致我之意思也〕"라고 하였다.

○ 모모某某에게 소식을 전해주십시오.

某某處에 冀爲轉佈라

○ 모모某某에게 이러한 뜻을 전해주십시오.

某某處에 冀轉致此意라

○ 모모某某 벗과 함께 보아주시기 바랍니다.

與某某友로 雷照를 敬要

◎ 이상은 상대의 부탁에 따라 '제3자의 안부나 그 밖의 사정을 알려달라.'는 뜻이니, '모우허·모장허'의 '허'자는 보통 쓰이는 말이지만 '모인처·모모처'의 '처'자는 제3자가 나의 수하이든지, 혹은 그의 이름을 적시하여 쓰지 않은 곳에만 쓴다.

右는 相對者에게 依囑하야 第三者의 安否 或其外事狀을 通知하야달나는 意니 某友許·某丈許의 許字는 普通用하거니와 某人處·某某處의 處字는 第三者가 我의 手下던지 或其姓名을 摘書치아니하는 處에만 用하나니라

◎ '이 뜻을 전해달라.'는 말은 나의 상대가 협의한 사항이 있는 것을 제3자에게 통지할 필요가 있을 때 쌍방이 서로 상의한 뜻을 전달해달라고 하는 것이다.

轉致此意는 我의 相對者가 協議한 事項이 有한바 第三者에게 通知할 必要가 有한 時에 兩方相議한 意를 轉告하라함이라

◎ '뇌조'의 '뇌'는 '같다'는 뜻이고, '조'는 '본다'는 뜻이니, '제3자와 그 편지를 함께 보라.'는 뜻이다.

雷照의 雷는 同也오 照는 覽也니 卽第三者와 其書를 同看하라는 意라

10. 상을 당한 사람이 편지를 주고받는 사례〔喪人往復例〕

10-1 평인平人이 상을 당한 사람에게 보내는 부문 : 병〔平人用於喪人門 : 丙〕

평인이 상을 당한 사람에게 보내는 보통서찰의 서두에 사용함[1]

존장〔尊丈〕

○ 예는 생략하고 두 번 절하고 말씀드립니다. 省禮[2]再拜白

○ 예는 생략하고 두 번 절하고 말씀드립니다. 省禮再拜言

○ 예는 생략하고 말씀드립니다. 省禮白

집사와 노형〔執事及老兄〕

○ 예는 생략하고 말씀드립니다. 省禮言

○ 예는 생략하고 편지를 올립니다. 省禮拜

평교〔平交〕

○ 예는 생략합니다. 省禮

---

1 평인이……사용함 : 저본에는 없으나, 편의상 구분하기 위하여 보충하였다.

2 省禮 : 두주頭註에 "상대가 이미 상을 당한 사람이기 때문에 평인平人과는 절로 같지 않으니 '일체의 예는 생략한다.'는 뜻이다.〔彼旣喪人 故로 不與平人으로 自同則 一切凡禮는 除却한다는 意라〕"라고 하였다.

○ 편지의 서식은 생략합니다. 省式

○ 예는 생략하고 말씀드립니다. 省禮言

시생〔侍生〕

○ 편지의 서식은 생략하네. 省式

○ 예는 생략하네. 省禮

수하〔手下〕

○ 편지의 서식은 생략하네. 省式

◎ 이상은 평인이 상을 당한 사람에게 보내는 보통서찰의 서두에 쓰니, 상을 당한 사람은 한 사람의 죄인이라고 스스로 인정하기 때문에 평인을 대하는 것처럼 한가롭게 주고받는 '예식은 생략한다.'는 뜻이다.

右는 平人이 喪人에게 與하는 普通書札의 書頭에 用함이니 喪人은 一箇罪人으로 認하는 故로 平人에게 對함과 如히 汗漫한 禮式을 省略한다는 意라

기거례〔起居例〕[3]

존장〔尊丈〕

○ 상주의 안부 哀中氣體候

○ 상주의 안부 哀體候

○ 상주의 안부 哀奠[4]體候

---

3 起居例 : 저본에는 없으나, 편의상 구분하기 위하여 보충하였다.

4 奠 : 상중에 아직 장례를 치르기 전에 올리는 제사로, '조석전朝夕奠 · 소렴전小斂奠 ·

○ 상제喪制의 안부	制體候

집사와 노형〔執事及老兄〕

○ 상주의 안부	哀體節
○ 상주의 안부	哀體度
○ 상주의 안부	孝體節
○ 상제喪制의 안부	制體節

평교〔平交〕

○ 상주의 안부	哀體事
○ 상주의 안부	哀體
○ 상주의 안부	孝體
○ 상제喪制의 안부	制體事

시생〔侍生〕

○ 상주의 안부	哀體
○ 상주의 안부	孝體哀候
○ 상제喪制의 안부	制體

수하〔手下〕

○ 상주의 안부	哀履
○ 상제喪制의 안부	制體

대렴전大斂奠' 등을 올리는 상황에 있는 사람에게 쓰는 말이다.

◎ 이상은 '기거례'에 해당하는 말이니 대상 전에는 '애체후·애체' 등의 경우처럼 '애'자를 쓰고 대상 후에는 '제체후·제체사' 등의 경우처럼 '제'자를 쓴다.

右는 起居例語니 大祥前에는 哀體候·哀體等 哀字를 用하고 大祥後에는 制體候·制體事等 制字를 用하라

보중례〔保重例〕[5]

존장〔尊丈〕

○ 한결같이 몸을 지탱하십시오. 一向萬支

집사와 노형〔執事及老兄〕

○ 늘 몸을 지탱하십시오. 以時萬支

평교〔平交〕

○ 몸을 지탱하십시오. 萬支

○ 몸을 지탱하고 아끼십시오. 支嗇

시생〔侍生〕

○ 버티며 지내십시오. 支將

○ 버티고 지내십시오. 萬支

수하〔手下〕

○ 몸을 지탱하게. 支保

---

5 保重例 : 저본에는 없으나, 편의상 구분하기 위하여 보충하였다.

○ 몸을 지탱하게. 支將

◎ 이상은 '보중례의 만안부문'에 해당하는 말이다.

右는 保重例 萬安門語라

결미어〔結尾語〕[6]

존장〔尊丈〕

○ 삼가 편지의 예를 갖추지 못합니다. 不備謹候疏[7]

○ 삼가 편지의 예를 갖추지 못합니다. 不備謹疏上

○ 삼가 편지의 예를 갖추지 못합니다. 不備謹狀上

○ 삼가 안부편지의 예를 갖추지 못합니다. 不備謹候狀

○ 삼가 답장의 예를 갖추지 못합니다. 不備謹謝狀上

집사와 노형〔執事及老兄〕

○ 삼가 편지의 예를 갖추지 못합니다. 不備謹疏

○ 삼가 답장의 예를 갖추지 못합니다. 不備謹謝疏

○ 편지의 예를 갖추지 못합니다. 不備狀上

○ 삼가 답장의 예를 갖추지 못합니다. 不備謹謝狀

평교〔平交〕

○ 삼가 편지의 예를 갖추지 못합니다. 不備謹疏

---

6 結尾語 : 저본에는 없으나, 편의상 구분하기 위하여 보충하였다.

7 候疏 : 상주에게 보내는 위문편지를 이른다.

○ 삼가 답장의 예를 갖추지 못합니다. 不備謹謝疏上

○ 편지의 예를 갖추지 못합니다. 不備謹狀

○ 삼가 답장의 예를 갖추지 못합니다. 不備謹謝狀

시생〔侍生〕

○ 삼가 편지의 예를 펴지 않네. 不宣謹疏

○ 답장의 예를 갖추지 않네. 不備謝疏

○ 삼가 편지의 예를 펴지 않네. 不宣謹狀

○ 답장의 예를 갖추지 않네. 不備謝狀

수하〔手下〕

○ 편지의 예를 갖추지 않네. 不備疏

○ 답장의 예를 갖추지 않네. 不備謝疏

○ 편지의 예를 갖추지 않네. 不備狀

○ 답장의 예를 갖추지 않습니다. 不備謝狀

◎ 이상은 '결미'에 해당하는 말이니 대상 이전에는 '근후소·근소' 등의 경우처럼 '소'자를 쓰고 대상 이후에는 '근장상·근장' 등의 경우처럼 '장'자를 쓴다. 다만 '불비근소사상·불비근사장상' 등의 경우처럼 '사'자는 답장에만 쓴다.

右는 結尾語니 大祥以前에는 謹候疏·謹疏等 疏字를 用하고 大祥以後에는 謹狀上·謹狀等狀字를 用하나니 但不備謹疏謝上·不備謹謝狀上等 謝字는 答書에 用하나니라

10-2 상을 당한 사람이 평인平人에게 보내는 부문 : 병 〔平人用於喪人門 : 丙〕

서찰의 서두에 사용함[8]

존장〔尊丈〕

○ 머리를 조아리고 두 번 절하고 말씀드립니다. 稽顙[9]再拜言

○ 머리를 조아리고 두 번 절합니다. 稽顙再拜

○ 머리를 조아리고 말씀드립니다. 稽顙白

○ 머리를 조아리고 두 번 절하고 말씀드립니다. 頓首[10]再拜[11]言

○ 머리를 조아리고 두 번 절합니다. 頓首再拜

○ 머리를 조아리고 말씀드립니다. 頓首白

집사와 노형〔執事及老兄〕

○ 머리를 조아리고 두 번 절합니다. 稽顙再拜

---

8 서찰의……사용함 : 저본에는 없으나, 편의상 구분하기 위하여 보충하였다.

9 稽顙 : 두주頭註에 "상중인 사람은 일개 죄인으로 자인하기 때문에 머리를 조아리고 죄를 청하는 것이다.〔喪人은 一箇罪人으로 自認故로 叩其顙而請罪也〕"라고 하였다.

10 頓首 : 두주頭註에 "쓰임이 두 가지가 있는데, 하나는 '계상稽顙'의 뜻과 같으니 상주가 쓰는 말이고, 하나는 평인平人이 상주에게 쓰는 말이다. 이는 바로 상주는 평인과 같지 않기 때문에 존경의 뜻을 표하기 위하여 머리를 조아리는 것이다.〔其用이 二가 有하니 一은 稽顙之意와 同하니 喪人이 用함이요 一은 平人이 喪人의게 用함이니 卽喪人은 平人과 不同 故로 尊敬之意를 表하기 爲하야 其首를 頓함이라〕"라고 하였다.

11 再拜 : 두주頭註에 "옛날에 절은 반드시 두 번하였다.〔古者 拜必再也〕"라고 하였다.

○ 머리를 조아리고 말씀드립니다. 稽顙白

○ 머리를 조아리고 절합니다. 頓首拜

○ 머리를 조아리고 말씀드립니다. 頓首白

평교〔平交〕

○ 머리를 조아리고 말씀드립니다. 稽顙白

○ 머리를 조아립니다. 稽顙

○ 머리를 조아리고 말씀드립니다. 稽白

○ 머리를 조아리고 말씀드립니다. 頓首白

○ 머리를 조아립니다. 頓首

○ 머리를 조아리고 말씀드립니다. 頓白

시생〔侍生〕

○ 머리를 조아리네. 稽顙

○ 머리를 조아리고 말씀드립니다. 稽白

○ 머리를 조아립니다. 頓首

○ 머리를 조아리고 말하네. 頓白

수하〔手下〕

○ 머리를 조아리네. 稽顙

○ 머리를 조아리고 절하네. 稽拜

○ 머리를 조아리네. 頓首

○ 머리를 조아리고 절하네. 頓拜

◎ 이상은 서찰의 서두에 쓰니 대상 이전에는 '계상' 등의 말을 쓰고, 대상 이후에는 '돈수' 등의 말을 쓴다. 혹 평교 이상의 경우에는 '계상'이라고 쓰고, 시생 이하게는 '돈수'라고 쓰는 경우도 있다.

右는 書札書頭에 用함이니 大祥以前에는 稽顙等語를 用하고 大祥以後에는 頓首等語를 用하나니 或平交以上에는 稽顙이라 用하고 侍生以下에는 頓首라 用함도 有하니라

자서례〔自敍例〕의 칭호어〔稱號語〕[12]

존장〔尊丈〕

○ 거상居喪중인 시생	罪侍生
○ 거상居喪중인 시하생	罪侍下生
○ 시생 심제인	侍生心制人[13]
○ 시생 담제인	侍生禫祭人[14]

집사와 노형〔執事及老兄〕

○ 죄하생罪下生 ○ 죄인罪人[15] ○ 심제인心制人 ○ 담제인禫祭人

---

12 자서례自敍例의 칭호어稱號語 : 저본에는 없으나, 편의상 구분하기 위하여 보충하였다.

13 心制人 : 예법상 상복은 벗었으나 슬픔이 가시지 않아 대상大祥이 지난 뒤 담제禫祭까지 입는 복을 심제心制라 한다. 심제인은 심제 중에 있는 사람을 가리킨다.

14 禫祭人 : 초상으로부터 27개월 만인 대상大祥을 치른 그 다음 다음 달 하순의 정일丁日이나 해일亥日에 지내는 제사를 담제禫祭라 한다. 담제인은 담제 중에 있는 사람을 가리킨다.

15 罪人 : 죄를 지은 사람이라는 뜻으로, 초상을 당한 사람이 자신을 이르는 말이다.

평교〔平交〕

○ 죄제罪弟 ○ 죄인罪人 ○ 심제제心制弟 ○ 담제제禫祭弟

시생〔侍生〕

○ 죄생罪生 ○ 죄제罪弟 ○ 죄인罪人 ○ 심제인心制人
○ 담제인禫祭人

수하〔手下〕

○ 죄생罪生 ○ 죄인罪人 ○ 심제인心制人 ○ 담제인禫祭人

공통〔共通〕[16]

○ 고자孤子 : 아버지를 여읜 상주 父喪

○ 애자哀子 : 어머니를 여읜 상주 母喪

○ 고애자孤哀子 : 부모님을 모두 여읜 상주 父母俱喪

○ 고손孤孫 : 승중承重으로 할아버지를 여읜 상주 承重[17]祖父喪

○ 애손哀孫 : 승중承重으로 할머니를 여읜 상주 承重祖母喪

○ 고애손孤哀孫 : 승중承重으로 조부모를 모두 여읜 상주 承重祖父母俱喪

◎ 이상은 '자서례'의 칭호어이다. '죄시생·죄하생·죄인·죄생' 등과 같은 말은 대상 이전에 쓰고, '심제인·심제제' 등의 말은 대상 이후 담사 전에 쓰고 '담제인·담제제' 등의 말은 담사 이후 길사 전에 쓴다.

---

16 공통共通 : 저본에는 없으나, 편의상 보충하였다.

17 承重 : 아버지가 돌아가시고 손자가 할아버지를 잇는 것을 이른다.

右는 自敍例稱號語니 罪侍生·罪下生·罪人·罪生等語는 大祥前에 用하고 心制人·心制弟等語는 大祥后禫祀前에 用하고 禫祭人·禫祭弟等語는 禫祀后吉祀[18]前에 用하나니라

◎ '고자·애자·고손' 등의 말은 처음 조문에 답하는 편지에 많이 쓰며, 또 소원한 곳에 많이 쓴다.

孤子·哀子·孤孫等語는 初次[19]答弔狀에 多用하며 又疏闊한 處에 多用하나니라

자서례〔自敍例〕의 보통자서어〔普通自敍語〕[20]

○ 미욱한 목숨 구차히 살고 있습니다. 頑命苟活

○ 모진 목숨을 겨우 부지하고 있습니다. 頑喘僅支

○ 실낱같은 완악한 목숨을 아직도 부지하고 있습니다. 頑縷尙支

○ 실낱같은 목숨을 아직 부지하고 있습니다. 喘縷[21]尙支

○ 미욱하고 모진 목숨을 구차하게 연명하며 숨만 쉬고 있습니다. 頑忍 苟延視息[22]

○ 우매하고 완고하게 구차히 살고 있습니다. 冥頑苟活

---

18 吉祀 : '길제吉祭'라고도 하는데, 죽은 사람의 신주를 사당에 안치하기 위해 담제禫祭를 지낸 다음 달의 정일丁日이나 해일亥日에 지내는 제사를 이른다.

19 初次 : 저본에는 '次初'로 되어 있으나, 문맥을 살펴 '初次'로 바로잡았다.

20 자서례自敍例의 보통자서어普通自敍語 : 저본에는 없으나, 편의상 구분하기 위하여 보충하였다.

21 喘縷 : '잔천누명殘喘縷命'의 줄임말로, 아주 끊어지지 않고 겨우 붙어 있는 목숨을 이른다.

22 苟延視息 : 두주頭註에 "구차스레 연명하면서 보고 듣고 숨 쉬는 것을 이른다.〔苟且히 延命하야 視聽喘息也〕"라고 하였다.

○슬퍼서 천지에 호소하며 단지 실낱같이 부지한 목숨이 한스럽습니다.

哀號穹[23]壤[24]하야 只恨頑縷

○병든 목숨을 겨우 부지하고 있습니다.

僅支病喘

○ 죽어야 하는데도 죽지 않고 미욱하고 모진 목숨을 구차히 연명하고 있습니다.

宜死不死하고 頑忍苟支

○ 마땅히 죽어야 함에도 오히려 오늘까지 버티고 있습니다.

當滅不滅하고 尙支今日

◎ 이상은 '자서례'의 '보통자서부문'에 해당하는 말이니 탈상 이후 탈복 때까지 쓴다.

右는 自敍例 普通自敍門語니 服喪以後 脫服까지 用하나니라

결미례〔結尾例〕의 말[25]

존장과 집사, 노형과 평교간 통용〔尊丈執事及老兄平交通用〕

○ 정신이 없어 두서없이 편지를 올립니다. 荒迷不次 謹疏上

○ 정신이 없어 두서없이 답장을 올립니다. 荒迷不次 謹謝疏

---

23 穹 : 저본에는 '窮'으로 되어 있으나, 문맥을 살펴 '穹'으로 바로잡았다.

24 哀號穹壤 : 두주頭註에 "'궁양穹壤'은 하늘과 땅이니, 천지에 호소하며 통곡하는 것이다.〔穹壤은 天地니 卽號地叫天而痛哭也〕"라고 하였다.

25 결미례結尾例의 말 : 저본에는 없으나, 편의상 구분하기 위하여 보충하였다.

○ 정신이 없어 두서없이 답장을 올립니다. 荒迷不次 謹謝疏上

○ 예를 갖추지 못하고 편지를 올립니다. 不備謹狀上

○ 오로지 이 일 때문에 편지를 올립니다. 耑此[26]狀上

○ 예를 갖추지 못하고 편지를 올립니다. 不備上狀

○ 예를 갖추지 못하고 답장을 올립니다. 不備謹謝狀上

시생〔侍生〕

○ 두서없이 편지를 보내네. 不次謹疏

○ 예를 갖추지 못하고 답장을 보내네. 不備謹疏謝

○ 예를 갖추지 못하고 편지를 보내네. 不備謹狀

○ 예를 갖추지 못하고 답장을 보내네. 不備謹謝狀

수하〔手下〕

○ 정신이 없어 두서가 없네. 荒迷 姑不次

○ 두서없이 답장을 보내네. 不次謝疏

○ 두서없이 편지를 보내네. 不次謹狀

○ 두서없이 답장을 보내네. 不次謝狀

◎ 이상은 '결미례'에 해당하는 말이니 대상 전에는 '소'자를 쓰고 대상 후에는 '장'자를 쓴다.

右는 結尾例語니 大祥前에는 疏字를 用하고 大祥後에는 狀字를 用하나니라

---

26 耑此 : 耑은 '專'과 같다. 편지의 결미 부분에 사용하는 말로, "오로지 이 일 때문에 편지를 쓴다.〔專爲此事寫信〕"는 뜻이다.

11. 복인服人이 편지를 주고받는 사례〔服人往復例〕

11-1 평인平人이 복인服人에게 보내는 부문 : 병 〔平人用於服人門 : 丙〕

존장〔尊丈〕

○ 예는 생략하고 두 번 절하며 말씀드립니다. 省禮再拜白

○ 예는 생략하고 두 번 절하며 말씀드립니다. 省禮再拜言

○ 예는 생략하고 말씀드립니다. 省禮白

○ 예는 생략하고 두 번 절합니다. 省禮再拜

○ 머리를 조아리고 말씀드립니다. 頓首白

집사와 노형〔執事及老兄〕

○ 머리를 조아리고 말씀드립니다. 頓首白

○ 예는 생략하고 절합니다. 省禮拜

○ 머리를 조아리고 절합니다. 頓首拜

평교〔平交〕

○ 예는 생략하고 말씀드립니다. 省禮言

○ 예는 생략하고 절합니다. 省禮拜

○ 머리를 조아리고 말씀드립니다. 頓首言

시생〔侍生〕

○ 예는 생략하네. 省禮

○ 머리를 조아리고 말하네. 頓首

○ 머리를 조아리고 말하네. 頓白

수하〔手下〕

○ 예는 생략하네. 省禮

○ 머리를 조아리고 말하네. 頓首

○ 머리를 조아리고 절하네. 頓拜

◎ 이상은 복제인에 대한 서찰의 서두에 쓰니, 상을 당한 사람의 경우와 같이 '예는 생략합니다〔省式〕' 등의 말은 쓰지 않는다.

右는 服制人에게 對한 書札의 書頭에 用함이니 喪人에게와 如히 省式等語는 不用하나니라

◎ '복제'라 함은 '조부모상·백숙부모상·형제상·처상·자녀상·질손상·자매상' 등에 해당하는 복을 입는 것이다. 지금의 풍속에는 위의 상을 입은 사람에게 처음 보내는 위문장〔慰狀〕에만 이러한 투식의 말을 쓰고 뒤에 보통의 편지에는 일상적으로 쓰지 않으니, 이는 적절하게 적용하는 것이 좋다.

服制라함은 祖父母喪·伯叔父母喪·兄弟喪·妻喪·子女喪·侄孫喪·姊妹喪等을 服함이니 今俗에 右喪을 服한 人에게 初次慰狀에만 此套式語를 用하고 後에 普通書札에난 不常用하나니 此는 隨宜適用함이 可하니라

◎ '돈수' 등의 말은 지금 풍속에 '아내상·큰아들상·큰며느리상'을 당한 사람에게만 쓴다. 대개 다른 상복과 중요도가 절로 구별이 되기 때문이다.

頓首等話는 今俗에 妻喪, 或長子喪, 或長子婦喪을 服한 人에게만 用하나니 蓋他服과 所重이 自別한 故니라

기거례〔起居例〕[27]

존장〔尊丈〕

○ 복중의 안부　服中[28]氣體候

○ 복중의 안부　服體候

집사와 노형〔執事及老兄〕

○ 복중의 안부　服體節

○ 복중의 안부　服體度

평교〔平交〕

○ 복중의 안부　服體事

○ 복중의 안부　服中動止

○ 복중의 안부　服體

시생〔侍生〕

○ 복중의 안부　服體

수하〔手下〕

○ 복중의 안부　服體

◎ 이상은 '기거례'에 해당하는 말이다.

右는 起居例語라

---

27 기거례起居例 : 저본에는 없으나, 편의상 구분하기 위하여 보충하였다.

28 服中 : 기년복朞年服 이하의 상복을 입는 동안을 이른다.

보중례〔保重例〕

존장〔尊丈〕

○ 상중에 편안한가? 持服[29]萬安

집사와 노형〔執事及老兄〕

○ 상중에 편안하십니까? 持服萬重

평교〔平交〕

○ 상중에 편안하십니까? 持服萬旺

시생〔侍生〕

○ 상중에 한결같이 편안하십니까? 持服一安

수하〔手下〕

○ 너그럽게 위안하시고 자중하게. 寬慰自重

◎ 이상은 '보중례'에 해당하는 말이다.
右는 保重例語라

결미어〔結尾語〕[30]

존장〔尊丈〕

○ 예를 갖추지 못하고 편지를 올립니다. 不備謹狀上

○ 예를 갖추지 못하고 답장을 올립니다. 不備謹謝狀上

○ 예를 갖추지 못하고 안부를 올립니다. 不備謹候狀

---

29 持服 : 두주頭註에 "'복을 입고 있다.'는 뜻이다.〔服을 입고 잇단 意라〕"라고 하였다.

30 결미어結尾語 : 저본에는 없으나, 편의상 구분하기 위하여 보충하였다.

집사와 노형〔執事及老兄〕

○ 예를 갖추지 못하고 편지를 올립니다. 不備上狀

○ 예를 갖추지 못하고 답장을 올립니다. 不備謹謝狀

평교〔平交〕

○ 예를 갖추지 못하고 편지를 올립니다. 不備謹狀

○ 예를 갖추지 못하고 답장을 올립니다. 不備謹謝狀

시생〔侍生〕

○ 이만 줄이고 편지를 보내네. 不宣[31]謹狀

○ 이만 줄이고 답장을 보내네. 不備謝狀

수하〔手下〕

○ 예를 갖추지 못하고 편지를 보내네. 不備狀

○ 예를 갖추지 못하고 답장을 보내네. 不備謝狀

◎ 이상은 '결미어'에 해당하는 말이니, 지금의 풍속에는 복제 이후 처음 보내는 위문장〔慰狀〕에만 쓰고, 그 나머지 보통의 서찰에는 일상적으로 쓰지 않으니, 때에 맞게 적용하라.

右는 結尾語니 今俗에 服制后 第一次慰狀에만 用하고 其餘普通書札에는 不常用하나니 隨時適用하라

---

31 不宣 : '하고 싶은 말을 충분히 하지 못하였다.'는 뜻으로, 평교간平交間의 편지 끝에 쓰는 말이다.

11-2 복인服人이 평인平人에게 보내는 부문 : 병 〔服人用於平人門 : 丙〕

존장〔尊丈〕

○ 예는 생략하고 두 번 절하고 말씀드립니다. 省禮再拜白

○ 예는 생략하고 두 번 절하고 말씀드립니다. 省禮再拜言

○ 예는 생략하고 말씀드립니다. 省禮白

○ 예는 생략하고 두 번 절합니다. 省禮再拜

○ 머리를 조아리고 말씀드립니다. 頓首白

집사와 노형〔執事及老兄〕

○ 예는 생략하고 말씀드립니다. 省禮白

○ 예는 생략하고 절합니다. 省禮拜

○ 예는 생략하고 말씀드립니다. 省禮言

○ 머리를 조아리고 절합니다. 頓首拜

평교〔平交〕

○ 예는 생략하고 말씀드립니다. 省禮言

○ 예는 생략하고 절합니다. 省禮拜

○ 머리를 조아리고 말씀드립니다. 頓首言

시생〔侍生〕

○ 예는 생략하네. 省禮

○ 머리를 조아리네. 頓首

○ 머리를 조아리고 말하네. 頓白

수하〔手下〕

○ 예를 생략하네. 省禮

○ 머리를 조아리네. 頓首

○ 머리를 조아리고 절하네. 頓拜

◎ 이상은 복인이 평인에게 보내는 서찰의 서두에 쓰는데, 지금의 풍속에는 위문장〔慰狀〕에 답하는 편지에만 쓰고, 그 나머지 보통의 서찰에는 일상적으로 쓰지 않으니, 때에 맞게 적용하라.

右는 服人이 平人에게 對한 書札의 書頭에 用함이니 今俗에 答慰狀에만 用하고 其餘普通書札에는 不常用하나니 臨時適用하라

자서례〔自敍例〕의 칭호[32]

존장〔尊丈〕

○ 시생 侍生 기복인 朞服人[33]　○ 시생 侍生 공복인 功服人[34]

집사와 노형〔執事及老兄〕

○ 기복인 朞服人　○ 공복인 功服人

○ 소제 少弟 공복인 功服人　○ 소제 少弟 기복인 朞服人

---

32 자서례自敍例의 칭호 : 저본에는 없으나, 편의상 구분하기 위하여 보충하였다.

33 朞服人 : 두주頭註에 "기朞는 주년周年이니, 1년 복상이기 때문에 이렇게 이른다. 조부모祖父母·백숙부모伯叔父母·형제兄弟·여러 아들〔諸子〕·처妻·아직 시집가지 않은 자매〔未嫁姊妹〕 등의 초상에는 모두 '기복인朞服人'이라고 칭한다.〔朞는 周也니 一周年服喪故云耳라 祖父母·伯叔父母·兄弟·諸子·妻·未嫁姊妹等喪에는 皆稱朞服人〕"라고 하였다.

34 功服人 : 두주頭註에 "공복功服은 9월과 5월의 구별이 있으니 증조부모曾祖父母·손자孫子·4촌·6촌간 시집간 자매 등의 초상에는 '공복인功服人'이라고 칭한다.〔功服은 九月과 五月의 別이 有하니 曾祖·父母·孫子·四六寸間出嫁姊妹等喪에는 功服人이라 칭함〕"라고 하였다.

평교〔平交〕

○ 기복제朞服弟 ○ 공복제功服弟 ○ 시복제緦服[35]弟

시생〔侍生〕

○ 기복제朞服弟 ○ 공복제功服弟 ○ 기복인朞服人 ○ 공복인功服人

수하〔手下〕

○ 기복인朞服人 ○ 공복인功服人

◎ 이상은 '자서례'의 '칭호어'이니 '조부모·백숙부모·형제·여러 아이들의 초상'에는 '기복' 등의 말을 쓰고, '자매·여러 손자·여러 조카의 초상'에는 '공복' 등의 말을 쓴다.

右는 自敍例 稱號語이니 祖父母·伯叔父母·兄弟·諸子喪에는 朞服等語를 用하고 姊妹·諸孫·諸侄喪에는 功服等語를 用하나니라

결미어〔結尾語〕[36]

존장〔尊丈〕

○ 예를 갖추지 않고 편지를 올립니다. 不備謹狀上

○ 예를 갖추지 않고 안부편지를 올립니다. 不備上候狀

---

35 緦服 : 두주頭註에 "8촌 어른이나 부모 등의 초상에는 '시복인緦服人'이라고 칭하니 시복緦服은 삼베로 만드는데 이는 '가는 삼베'이다. 복服이 가벼울수록 베가 더욱 가늘다.〔八寸丈父母等喪에는 緦服人이라 稱하나니 緦服에 用緦麻하니 卽細布也라 服惟輕而布愈細也라〕"라고 하였다.

36 결미어結尾語 : 저본에는 없으나, 편의상 구분하기 위하여 보충하였다.

○ 예를 갖추지 않고 안부편지를 드립니다. 不備謹候狀

○ 예를 갖추지 않고 답장을 드립니다. 不備謹謝狀上

집사와 노형〔執事及老兄〕

○ 예를 갖추지 않고 편지를 올립니다. 不備上狀

○ 예를 갖추지 않고 답장을 드립니다. 不備謹謝狀

평교〔平交〕

○ 예를 갖추지 않고 편지를 올립니다. 不備謹狀

○ 예를 갖추지 않고 답장을 올립니다. 不備謹謝狀

시생〔侍生〕

○ 이만 줄이고 편지를 보내네. 不宣謹狀

○ 이만 줄이고 답장을 보내네. 不備謝狀

수하〔手下〕

○ 예를 갖추지 않고 편지를 보내네. 不備狀

○ 예를 갖추지 않고 답장을 보내네. 不備謝狀

◎ 이상은 '결미어'에 해당하는 말이다. 이 또한 보통서찰에는 일상적으로 쓰지 않으니 적절하게 적용하라.

右는 結尾語니 此亦普通書札에는 不常用하나니 隨宜適用하라

12. 관용어를 응용하는 사례〔慣語應用例〕

12-1 명령을 받고서 보내는 부문〔被動命令門〕

존장〔尊丈〕

○ 훈시訓示[1] ○ 하교下教 ○ 하회下誨 ○ 하시下示
○ 하계下戒 ○ 교하教下 ○ 하탁下託

집사와 노형〔執事及老兄〕

○ 교하教下 ○ 혜교惠教 ○ 시교示教 ○ 한명翰命[2]
○ 한교翰教 ○ 교명教命

평교〔平交〕

○ 혜시惠示 ○ 혜교惠教 ○ 청회淸誨 ○ 교의教意
○ 시유示諭 ○ 한명翰命 ○ 시명示命

시생〔侍生〕

○ 혜유惠諭 ○ 소교所教 ○ 소유所諭 ○ 소시所示
○ 시유示諭

수하〔手下〕

○ 시의示意 ○ 시사示事 ○ 내시來示 ○ 내의來意

---

1 訓示 : 두주頭註에 "가르쳐 알려주는 것이다.〔訓而示之也〕"라고 하였다.

2 翰命 : 두주頭註에 "'한翰'은 '편지'이고, '명命'은 '명령'이다.〔翰은 書也오 命은 命令也〕"라고 하였다.

◎ 이상은 상대가 나에게 요청하거나 명령하는 말이니, 이를 아는 동시에 내가 어떻게 처리하는지까지 기입한다.

右는 相對者가 我에게 請求 或命令하는 語니 此를 承知하는 同時에 我의 如何處置함까지 記入할지라

사례

○ 말씀하신 것을 받았고 모사某事는 어떻게 처리하였으니, 이를 헤아려 주시기를 간절히 빕니다.

下教는 伏承而某事는 如何處置하오니 以此下諒을 千萬千萬

○ 말씀하신 것은 다 알았고

教下는 伏悉而

○ 말씀하신 것은 받았고

示教는 謹承而

○ 말씀하신 것은 다 알았고

惠示는 謹悉而

○ 말씀하신 것은 받았고

示諭는 謹領而

○ 말씀하신 것은 공경히 다 알았고

惠諭는 恭悉而

○ 말씀하신 뜻은 간략하게나마 다 알았고

示意는 略悉而

○ 말씀하신 일은 이미 다 알았고, 등이다.

示事는 已悉而等이라

12-2 스스로 희망하는 바람을 보내는 부문〔自動希望門〕

존장〔尊丈〕

○ 축하드립니다.	伏祝伏祝
○ 바랍니다.	伏望
○ 간절히 바랍니다.	千萬伏望
○ 간절히 바랍니다.	千萬伏祝
○ 축하드리는 지극한 마음을 이길 길 없습니다.	無任伏祝之至
○ 간절히 비는 마음을 이길 길 없습니다.	無任伏乞之至
○ 어떻습니까?	若何

집사와 노형〔執事及老兄〕

○ 축하드립니다.	伏祝
○ 우러러 축하드립니다.	仰祝仰祝
○ 간절히 기도드립니다.	伏祈千萬
○ 간절히 축하드립니다.	千萬仰祝
○ 엎드려 빕니다.	伏乞
○ 삼가 바랍니다.	敬要
○ 어떻습니까?	若何

평교〔平交〕

○ 간절히 바랍니다.	千萬仰祝

○ 간절히 빕니다.	千萬千萬
○ 축하드리는 마음 그지없습니다.	仰祝無斁[3]
○ 간절히 빕니다.	千企萬乞
○ 삼가 바랍니다.	敬要
○ 어떻습니까?	若何

시생〔侍生〕

○ 기도하네.	仰企仰企
○ 우러러 축하하네.	仰祝仰祝
○ 우러러 비네.	仰乞
○ 우러러 기원하네.	仰祈
○ 축하하네.	爲祝
○ 바라네.	爲希
○ 바라네.	爲要
○ 어떤지 모르겠네.	未知何如
○ 어떤가?	何如

수하〔手下〕

○ 힘써 바라네.	務望
○ 희망하네.	是望爲希
○ 바라네.	是企
○ 바라네.	是要

---

3 無斁 : 두주頭註에 "역斁은 '싫어함'이니, '다함이 없는 것'을 이른다.〔斁은 厭也니 謂無盡也〕"라고 하였다.

○ 괜찮네. 可也

○ 괜찮을 듯하네. 似可

○ 좋을 듯하네. 似好

○ 가능하네. 爲可

○ 간절히 바라네. 切望

◎ 이상은 내가 상대에게 바라는 뜻을 표하는 말이다. 그러나 여기에는 5종류의 구별이 있으니 '약하·미지여하·하여' 등은 어떠한지를 묻는 뜻이다.

右는 我가 相對者에게 希望의 意를 表하는 語라. 然이나 此에 五種의 類別이 有하니 卽若何·未知如何·如何等은 웃더할는지의 意오

○ '사가·사호'는 '좋을 듯하다.'는 뜻이다.

似可·似好는 죠흘듯하다는 意오

○ '경요·위요·시오' 등은 모사某事를 이와 같이 처리하니 '헤아려 알아주시기를 구한다.'는 뜻이다.

敬要·爲要·是要等은 某事를 如是히 處置하니 諒知하기를 求한다는 意오

○ '위가·가야'는 '어떠어떠하게 처리하라.'는 뜻이다.

爲可·可也는 如何如何 處置하라는 意오

○ 그밖에는 '어떻게 처리하기를 바란다.'는 뜻이다. 그러나 존장에게는 '약하·미지여하·하여·사가·가야·위가야' 등의 글자는 사용하지 않으니 주의해서 적용해야 한다.

其外는 如何處置함을 바란다는 意니라 但尊丈에게는 若何外에 未知如何·何如·似可·可也·爲可也等字는 不可用이니 注意適用할지니라

12-3 감사하고 죄송한 마음을 보내는 부문〔感悚門〕

존장〔尊丈〕

○ 죄송합니다. 伏悚伏悚

○ 두려워 몸 둘 바를 모르겠습니다. 悚惶無地

○ 매우 황공합니다. 惶恐之至

○ 두렵습니다. 悚惶悚惶

○ 지극한 두려움을 이길 길 없습니다. 無任伏悚之至

집사와 노형, 평교와 시생간에 통용〔執事及老兄平交侍生通用〕

○ 두려움을 이길 길 없습니다. 不任悚惶

○ 감사하고 죄송하여 몸 둘 바를 모르겠습니다. 感悚無地

○ 감사한 마음 지극합니다. 感荷之極

○ 감사한 마음이 폐부에까지 스며들어, 어떻게 갚아야 할지 모르겠습니다.
感入肺腑에 不知攸報

○ 우러러 죄송합니다. 仰悚仰悚

○ 매우 감사하고 죄송합니다. 感悚千萬

○ 매우 감사합니다. 感荷萬萬

○ 마음에 새겨 감사합니다. 銘感銘感

○ 감사함이 끝이 없습니다. 感佩無斁

○ 뼈와 심장에 새기겠습니다. 刻骨銘心

○ 감사함을 오장에 새기겠습니다. 銘感五中

○ 오장 속 깊이 감사합니다. 感切五內

○ 매우 죄송하여 몸이 위축됩니다. 殊甚悚縮[4]

○ 두려워 위축되는 마음 절실합니다. 恐縮殊切

수하〔手下〕

○ 매우 감사하네. 甚感甚感

○ 매우 감사하네. 多感切切

○ 감사한 마음 마지않네. 爲感不已

○ 매우 죄송하네. 甚悚甚悚

○ 감사하네. 爲荷爲荷

○ 매우 감사하네. 感荷殊甚

◎ 이상은 '감축하다.'는 말이니 '고맙다.'는 뜻이고, '미안하다.'는 뜻이다.

右는 感祝하다는 語니 卽 고맙다는 意오 未安하다는 意니라

○ 상대에게 은혜를 받을 때는 '감하'라는 글자를 많이 사용한다.

相對者에게 恩惠를 受할 時에는 感荷字를 多用하나니

---

4 悚縮 : 두주頭註에 "매우 죄송하여 근골이 위축되는 것이다.〔悚惶之至에 筋骨이 縮小也라〕"라고 하였다.

사례

"모물某物은 부끄러워 땀을 흘리며 받았으니 매우 감사합니다." · "모 일은 다행스럽게도 옥성에 힘입어 과연 무사하였으니(뜻과 같았으니), 오장 속 깊이 감사합니다."라고 한다. 다만 존장께는 '감사한 마음 지극합니다.'라는 말에는 '죄송하다.'는 뜻이 본래 있기 때문에 '두렵습니다.' 등의 글자를 쓴다.

某物은 汗顔謹領하니 感荷千萬, 某事은 幸賴玉成[5]하야 果得無事(如意)하니 感切五中等이라 但尊丈에게는 感荷之極에 悚意가 自來하는 故로 惶悚等字를 用하나니라

○ 내가 그 사실에 따라 상대의 주선을 요구할 때 '두렵습니다.' 등의 말을 많이 쓴다.

我가 其事實에 依하야 相對者의 周旋을 請求할 時에는 悚惶等語를 多用하나니

사례

"죄송하지만 모 일은 이렇게 특별히 주선해 주시기를 간절히 바랍니다." · "모사某事는 어떠어떠하게 은혜를 베풀어 주시기를 매우 바라며 도리어 죄송합니다."

伏悚이오나 某事는 如是另旋하심을 千萬伏望이라 某事는 如何惠施하심을 千萬伏望이오며 旋切悚惶이라

---

5 玉成 : '사람을 옥처럼 훌륭히 완성시켜 준다.'는 뜻으로, 송宋나라 장재張載의 〈서명西銘〉에 "빈천과 우척은 너를 옥처럼 다듬어 완성시키는 것이다.〔貧賤憂戚庸玉汝於成也〕"라는 구절에서 유래하였다.

12-4 상대가 보낸 것을 받고 전하는 부문〔受賜門〕

존장〔尊丈〕

○ 하사下賜　○ 하혜下惠　○ 하송下送　○ 하황下貺

집사와 노형〔執事及老兄〕

○ 하투下投　○ 부사俯賜　○ 혜사惠賜　○ 후사厚賜

평교〔平交〕

○ 혜송惠送　○ 부투俯投　○ 혜시惠施

시생〔侍生〕

○ 혜송惠送　○ 혜척惠擲　○ 혜궤惠饋

수하〔手下〕

○ 혜송惠送　○ 소혜所惠　○ 소투所投

◎ 이상은 상대가 나에게 모물某物을 주었을 때 사용하는 말이니, 아래 '수의부문'에 해당하는 말과 앞뒤로 차용하라.

右는 相對者가 我에게 某物品을 受與한 時에 用하는 語니 下修儀門語와 先後借用[6]하라

---

6 借用 : 저본에는 '措用'으로 되어 있으나, 문맥을 살펴 '措'를 '借'로 바로잡았다.

12-5 상대에게 전하는 선물을 이르는 부문〔修儀門〕

보통〔普通〕: 부조물건을 상대에게 보낼 때[7]

○ 근의芹儀[8] ○ 근송芹松 ○ 부전不腆 ○ 박의薄儀

○ 보잘 것 없는 선물 不腆之儀

○ 변변찮은 물건 不腆微物

○ 비의菲儀 ○ 비구菲具 ○ 무의蕪儀

◎ 이상은 부조물건을 상대에게 보낼 때 쓰는 말이다.

右는 賻助物品을 相對者에게 送할 時에 用하는 語니

사례

○ 변변찮은 물건을 소략함도 잊고 부끄러워 땀을 흘리며 드리니 웃으며 받아주십시오.

不腆微物을 忘略汗呈하니 笑領을 爲要

---

7 부조물건……때 : 저본에는 없으나, 편의상 구분하기 위하여 보충하였다.

8 芹儀 : 두주頭註에 "옛날 어떤 농부가 따뜻한 해를 쬐면서 '등에 쬐는 따뜻함을 우리 임금에게 바치리라.'하니 그의 아내가 '옛날 맛있는 미나리를 가진 사람이 부자에게 미나리가 맛있다고 하자, 부자가 그것을 맛보고는 웃었으니 당신이 하는 말은 이를 두고 하는 말입니다.'라고 하였다. 그렇게 때문에 남에게 주는 물건을 '근芹'자를 쓰는 것은, 그 뜻이 여기서 취한 것이니 나에게는 아무리 진귀한 것이지만 남들은 비웃는 물건이라는 말이다.〔昔有田父가 曝日日 負日之暄으로 以獻吾君하리라 妻曰 昔有美芹莖者 對富人 稱其美한대 富人이 嘗之하고 笑之하니 子之言이 此之謂也라云 故로 以與人之物로 用芹字는 義取於此하니 言我雖珍之나 人則嗤笑之物也라〕"라고 하였다.

○ 삼가 변변찮은 물건을 보내어 보잘것없는 정성을 표하니, 정으로 받아주시면 감사하겠습니다.

敬修蕪儀하야 以表微忱하니 領情爲荷

○ 변변찮은 물건 약간을 간략함도 잊고 드리니, 굽어 받아주시기를 바랍니다.

○ 菲儀若干을 忘略伏呈하오니 下領을 伏望이라

보통〔普通〕 : 상대가 나에게 준 물건의 대명사[9]

○ 후의 厚儀 ○ 성의 盛儀 ○ 성황 盛貺 ○ 정황 鼎[10]貺

○ 후황 厚貺 ○ 다의 多儀 ○ 융의 隆儀

◎ 이상은 상대가 나에게 준 물건의 대명사이다.

右는 相對者가 我에게 贈與한 物品의 代名詞니

사례

○ 내려주신 성의는 매우 황공합니다.

下賜盛儀는 惶恐之至

○ 굽어 내리신 성대한 물건은 감사함을 잊을 수 없습니다.

俯賜鼎貺은 感佩無斁이라

○ 물건은 동일하지만 주고받음으로 인하여 칭호가 변하니 주는 사람은 '근의' 등의 말을 쓰고, 받는 사람은 '후의' 등의 말을 쓴다.

---

9 상대가……대명사 : 저본에는 없으나, 편의상 구분하기 위하여 보충하였다.

10 鼎 : 두주頭註에 "성대함이다.〔盛也〕"라고 하였다.

物品은 同一할지라도 授受에 因하야 稱呼가 變하나니 授者는 芹儀等語를 用하고 受者는 厚儀等語를 用하나니라

절세〔節歲〕

○ 절의節儀 : 연말年末

○ 하의賀儀

○ 근의巹儀 : 생신生辰

○ 축의祝儀

○ 신의贐儀

○ 부의賻儀

○ 불의紼[12]儀

○ 세의歲儀 : 경축慶祝

○ 칭의稱儀 : 혼인婚姻

○ 수의晬儀

○ 수의壽儀 : 송행送行

○ 전의餞儀 : 상장喪葬[11]

○ 저의楮儀

◎ 이상은 '애경사'의 종류에 따라 변용한다. 다만 '증여'와 '수혜'의 구별은 필요치 않고 서로 통용한다.

右는 哀慶의 種類에 因하야 變用함이니 但贈遺와 受惠의 區別은 不要하고 互相通用하나니라

---

11 喪葬 : 이하는 모두 상례喪禮에 쓰는 말이다.

12 紼 : 두주頭註에 "관을 끄는 끈이다.〔引柩之索〕"라고 하였다.

12-6 증여하는 부문〔贈遺門〕

존장〔尊丈〕

○ 이렇게 드립니다. 玆以伏呈

○ 삼가 이렇게 드립니다. 謹此伏上

○ 소략함을 잊고 드립니다. 忘略伏呈

○ 이렇게 감히 드립니다. 玆敢伏上

집사와 노형〔執事及老兄〕

○ 이렇게 드립니다. 玆以呈上

○ 이렇게 드립니다. 玆以奉呈

○ 삼가 이렇게 드립니다. 謹此呈上

○ 지금 이렇게 보내드립니다. 今此送上

평교와 시생간에 통용〔平交·侍生通用〕

○ 이렇게 보내드립니다. 玆以送呈

○ 삼가 이렇게 드립니다. 謹此以奉

○ 이렇게 우러러 드립니다. 玆以仰呈

○ 소략함을 잊고 이렇게 드립니다. 忘略玆仰

○ 소략함을 잊고 이렇게 드립니다. 忘略玆仰呈

○ 소략함을 잊고 땀 흘리며 드립니다. 忘略汗呈

○ 사소함을 잊고 드립니다. 忘些以奉上

○ 사소함을 잊고 땀 흘리며 드립니다. 忘些汗呈

○ 우러러 드립니다. 仰上

○ 지금 이렇게 드립니다. 今玆奉上

수하〔手下〕

○ 이렇게 보내네. 玆以送之

○ 이렇게 보내네. 此仰送

◎ 이상은 상대에게 물건을 보낼 때 쓰는 말이니, 위의 '수의부문' 아래에 이어서 쓰라.

右는 相對者에게 物品을 贈與할 時에 用하는 語니 上修儀門下에 承用하라

12-7 돌려보내는 부문〔還送門〕

○ 환정還呈　○ 환상還上　○ 봉정奉呈　○ 환완™還完
○ 환조還趙　○ 봉조奉趙　○ 환벽還璧[13]　○ 봉벽奉璧
○ 완벽完璧　○ 봉완奉完[14]　○ 봉환奉還

◎ 이상은 상대의 물건을 빌렸다가 되돌려줄 때 쓰는 말이다.

右는 相對者의 物品을 借用하얏다가 還送할 時에 用하는 語니

사례

○ 지난번에 은혜롭게 빌려주신 모물某物은, 그 사이 이미 꼭 필요한 곳에 사용하였기 때문에 이렇게 돌려 드리니 살펴서 받아주시기를 바랍니다.

向日 惠借某物은 間已需用故로 玆以還呈하오니 考納을 伏望

○ 어제 은혜롭게 빌려주신 모물某物은 당신의 큰 도움 덕분에 긴요한 곳에 사용하였으니, 감사함을 마음속에 새겨 잊지 않겠습니다. 해당 일은 지금 이미 다 마쳤기 때문에 지금 이렇게 되돌려 드리니 조사해서 받아주시기를 간절히 바랍니다.

昨日 惠借하신 某物은 幸賴鼎力하야 以需緊要하오니 感荷銘心이라 該事件이 現已畢役 故로 今玆奉趙하오니 查領을 千萬千萬이라

---

13 還璧 : 저본에는 '還壁'으로 되어 있으나, 문맥을 살펴 '壁'을 '璧'으로 바로잡았다. 아래의 봉벽奉璧과 완벽完璧도 같다.

14 還完……奉完 : 전국시대 조趙나라 인상여藺相如가 화씨벽和氏璧을 가지고 진秦나라에 갔다가, 열다섯 개의 성城과 바꾸겠다는 진나라의 약속이 미덥지 못하자, 다시 화씨벽을 온전히 보존해서 조나라로 되돌려 주었던 '완벽귀조完璧歸趙'의 고사에서 유래하였다.

12-8 받아주기를 바라는 부문〔冀收門〕

상대에게 물건을 보낼 때[15]

존장〔尊丈〕

○ 하령下領　○ 명수命收　○ 명납命納

집사와 노형·평교·시생·수하간에 통용〔執事及老兄·平交·侍生·手下通用〕

○ 소령笑領[16]　○ 신수哂收[17]　○ 신존哂存　○ 완존莞存[18]

○ 완납莞納　○ 소납笑納　○ 완령莞領　○ 부령俯領

◎ 이상은 상대에게 물건을 보낼 때 이를 '수령하라'는 말이니, 위의 '수의부문'에 해당하는 말을 참고하여 쓰라.

右는 相對者에게 物品을 贈與할 時에 此를 領受하라는 語니 上修儀門語와 參用하라

---

15 상대에게……때 : 저본에는 없으나, 편의상 구분하기 위하여 보충하였다.

16 笑領 : 두주頭註에 "보잘 것 없음을 웃으며 받아주십시오.〔笑其少而受之〕"라고 하였다.

17 哂收 : 두주頭註에 "신哂은 '미소'라는 뜻이니 보잘것없는 물건에 대해 미소를 띠며 받아달라는 말이다.〔哂은 微笑니 言笑其些少而收之也라〕"라고 하였다.

18 莞存 : 두주頭註에 "완이莞爾는 '웃는 모양'이니, '신수哂收'와 같은 뜻이다.〔莞爾는 笑貌니 意與哂收同이라〕"라고 하였다.

상대의 물건을 되돌려줄 때[19]

○ 사수査收　　○ 고납考納　　○ 고수考收　　○ 사령査領

○ 고령考領

◎ 이상은 상대의 물건이나 돈을 빌렸다가 되돌려 줄 때 수령하라는 말이니, 위의 '환송부문'에 해당하는 말을 섞어서 사용하라.

右는 相對者의 物品 或金額을 借用하얏다가 還送할 時에 受領하라는 語니 上還送門語와 參用하라

다만 금액은 해당되는 돈을 갚을 때뿐만 아니라 주는 경우에도 쓰니, 어떤 물건이든 막론하고 수효를 살펴서 받을 필요가 있을 경우에는 위의 말을 모두 적용하라.

但 金額은 借用한 金을 還償할 時뿐아니라 贈遺하는 境遇에도 用하나니 勿論何物하고 其數爻를 考査할 必要가 有한 境遇에는 右語를 擧皆適用하라

19 상대에게……때 : 저본에는 없으나, 편의상 구분하기 위하여 보충하였다.

12-9 상대를 청하여 맞이하는 부문〔請邀門〕

존장〔尊丈〕

○ 하림下臨 ○ 가림駕臨 ○ 왕림枉臨 ○ 하차下次

집사와 노형, 평교간에 통용〔執事及老兄·平交通用〕

○ 내림來臨 ○ 광림光臨 ○ 비림賁臨 ○ 왕굴枉屈
○ 부림俯臨 ○ 욕림辱臨

시생과 수하간에 통용〔侍生·手下通用〕

○ 왕고枉顧 ○ 혜고惠顧 ○ 왕존枉存 ○ 혜존惠存
○ 광강光降 ○ 혜연惠然 ○ 광고光顧 ○ 비연賁然
○ 왕枉

◎ 이상은 상대가 찾아와 주기를 청하는 말이다.
右는 相對者의 來顧함을 請하는 語니

사례

○ 모일某日은 아버지의 생신이기 때문에 이렇게 간청 드리니, 그 때 왕림하시어 저의 집을 영광스럽게 하여 주시기를 간절히 바랍니다.
某日은 卽家嚴의 壽辰이온 故로 玆에 伏懇하오니 屆時下臨하시와 以光蓬華하심을 千萬伏乞

○ 모처某處에 산꽃이 활짝 피어 한 번 감상할 만하다고 하니, 잠시 수고롭지만 왕림하시어 봄의 즐거움을 함께 누리시를 간절히 빕니다.

某處에 山花가 滿開하야 可堪一賞이라하오니 幸乞暫勞枉屈하시와 以共一春之樂을 千萬千萬

○ 지금 모사某事로 다만 만나 상의하지 않으면 어떻게 할 수가 없으니, 모쪼록 왕림하여 주시기를 요청합니다.

現以某事로 除非面商이면 不可如何하니 幸須惠存하심을 爲要라

12-10 찾아뵙겠다는 부문〔拜謁門〕

존장〔尊丈〕

○ 진알晉謁 ○ 추알趨謁 ○ 봉알奉謁 ○ 배알拜謁

○ 정알庭謁 : 부모父母

집사와 노형·평교간에 통용〔執事及老兄平交通用〕

○ 진후進候 ○ 진배晉拜 ○ 배오拜晤 ○ 진서進敍

○ 추배趨拜

시생과 수하〔侍生及手下〕

○ 봉오奉晤 ○ 위진委晉 ○ 오비晤扉 ○ 진터晉攄

○ 봉터奉攄 ○ 진오晉晤 ○ 조비造扉

◎ 이상은 자기가 상대를 방문하겠다는 말이다.

右는 自己가 相對者에게 往訪하는 語니

사례

○ 모일某日에 댁으로 찾아뵙겠습니다.

當於某日에 晉謁軒屛하오리다

○ 오늘 저녁에 댁으로 찾아뵙고 오랫동안 헤어졌던 마음을 펴려고

합니다.

擬以今夕으로 趨拜仙庄하야 以敍闊衷이라

○ 곧바로 찾아뵐 것이니, 헤아려주십시오.

卽當委晉하리니 亮照를 爲要

○ 지난번 댁을 찾아뵙고 외람되이 친절한 대접을 받으니, 집으로 돌아와서도 지금까지 잊지 못하는 마음이 여전히 깊습니다.

向造門扉하야 猥荷款接하니 歸來至今에 銘佩尙深이라

12-11 용서하기를 바라는 부문〔恕諒門〕

존장〔尊丈〕

○ 하촉下燭 ○ 하량下諒 ○ 하서下恕 ○ 하감下鑑[20]

집사와 노형·평교간에 통용〔執事及老兄·平交通用〕

○ 서량恕諒 ○ 부촉俯燭 ○ 혜촉惠燭 ○ 유서宥恕
○ 부량俯諒 ○ 해량海諒 ○ 서촉恕燭 ○ 후촉厚燭
○ 서주恕誅

시생과 수하〔侍生及手下〕

○ 혜서惠恕 ○ 혜량惠諒 ○ 함량涵諒 ○ 부죄不罪
○ 서유恕宥 ○ 후서厚恕 ○ 원유原宥 ○ 심서深恕
○ 심량深諒

◎ 이상은 상대에게 용서를 청하는 말이니, 내가 상대에게 요청하는 일이 있던지 미안한 일이 있을 때 상대에게 용서해 달라는 말이다.

右는 相對者에게 容恕함을 請하는 語니 我가 彼에게 請求함이잇던지 或不安心한 事가 有한 時에 彼에 對하야 容恕하라는 語라

---

20 鑑 : 두주頭註에 "'거울'이니 사람을 비추는 것이다. '거울처럼 밝게 비추어 보라'는 말이다.〔鏡也니 照人者也라 言如鏡之明照也라〕"라고 하였다.

사례

○ 지금 급하게 쓸데가 있어서 이렇게 말씀을 드리니, 모물某物을 빌려주시는 것이 어떻습니까? 살펴주시기 바랍니다.

現有緊急需用하와 玆以仰達하오니 某物을 借施하심이 若何오 下燭을 伏望

○ 모사某事는 어떠어떠하게 처리하였으니 헤아려주시기 바랍니다.

某事는 如何如何處置하얏사오니 恕諒을 敬要라

12-12 상대의 편지를 이르는 부문〔下書門〕

문후〔問候〕

존장〔尊丈〕

○ 하서下書 ○ 하찰下札

집사와 노형〔執事及老兄〕

○ 하한下翰 ○ 하함下函 ○ 한명翰命

평교〔平交〕

○ 화한華翰 ○ 운한雲翰 ○ 혜함惠函

시생〔侍生〕

○ 혜서惠書 ○ 혜찰惠札 ○ 귀함貴函 ○ 귀한貴翰

수하〔手下〕

○ 수서手書 ○ 수자手滋 ○ 수자手字 ○ 화자華滋

○ 수유手諭

답후〔答候〕

존장〔尊丈〕

○ 하답서下答書 ○ 하복찰下覆札 ○ 하답下答 ○ 하복함下覆函

○ 하복서下覆書

집사와 노형〔執事及老兄〕

○ 혜복서惠覆書 ○ 귀복시貴覆示 ○ 혜복교惠覆敎

평교〔平交〕

○ 혜복惠覆 ○ 혜복함惠覆函 ○ 귀복서貴覆書 ○ 귀복함貴覆函

시생〔侍生〕

○ 복교覆敎 ○ 복함覆函 ○ 복시覆示 ○ 귀답함貴答函

수하〔手下〕

○ 복함覆函 ○ 답서答書 ○ 답복答覆 ○ 답함答函

◎ 이상은 서찰의 대명사이니, 상대의 서찰을 소중히 생각함을 표시하는 것이다.

右는 書札의 代名詞니 相對者 書札을 尊重히 思함을 表示함이라

12-13 여쭙는 부문〔稟告門〕

존장〔尊丈〕

○ 복백伏白 ○ 복달伏達 ○ 복간伏懇 ○ 복고伏告

○ 품백稟白 ○ 품고稟告 ○ 품계稟啓 ○ 품달稟達

집사와 노형〔執事及老兄〕

○ 앙품仰稟 ○ 앙달仰達 ○ 앙고仰告 ○ 앙백仰白

평교〔平交〕

○ 앙간仰懇 ○ 앙청仰請 ○ 앙번仰煩

시생〔侍生〕

○ 앙번仰煩 ○ 앙매仰浼 ○ 앙탐仰探 ○ 앙독仰瀆

수하〔手下〕

○ 봉탐奉探 ○ 봉독奉瀆 ○ 위탐委探 ○ 위번委煩

◎ 이상은 상대에게 알리는 말이니,

右는 相對者에게 告知하는 語니

사례

○ 모모사某某事는 어떠어떠하기 때문에 이렇게 말씀드리니 헤아려 주시기 바랍니다.

某某事는 如何如何 故로 玆以伏白하오니 下諒을 伏望

○ 모사某事는 요사이 과연 어떠어떠하기 때문에 이렇게 말씀을 드리니, 추천해주시어 낭패를 면하게 하시기를 간절히 바랍니다.

某事는 間果如何如何일세 故玆伏懇하오니 幸達亟賜吹噓[21]하시와 俾免狼狽를 千萬伏祝

○ 모처某處의 소식은 요사이 과연 어떤지요? 알지 못해 매우 답답해서 이렇게 탐문하니 알려주십시오.

某處信息은 近果如何오 未知甚鬱하야 玆以奉探하니 示之是要라

21 吹噓 : 남을 칭찬하고 장려하여 추천함을 이르는 말로, 《송서宋書》〈심유지열전沈攸之列傳〉에 "날개로 알을 품어 주듯 입김을 불어넣어 관작에 오르게 되었다.〔卵翼吹噓 得升官秩〕"라는 구절이 있다.

12-14 부탁하는 부문〔囑托門〕

○ 급경汲綆 ○ 급인汲引 ○ 정력鼎力 ○ 성옥成玉
○ 원수援手 ○ 취허吹噓 ○ 수청垂青 ○ 암촉暗燭[22]
○ 불수佛手[23] ○ 수운수垂雲手[24] ○ 구각춘풍口角春風[25]

◎ 이상은 상대의 도움을 청하거나 감사를 표할 때 쓰는 말이다.
右는 相對者의 援助를 請求 或致謝할 時에 用하는 語니

사례

○ 모某는 생계가 본래 곤궁해서 빈곤에서 벗어나지 못하기 때문에 동서로 떠돌아다녀 마치 바람에 흩날리는 쑥대와 같습니다. 형께서는 평소 남을 급히 여기는 기풍이 넉넉하여 아름다운 명성이 앞뒤로 자자하게 끼칠 것이니, 저를 구제하여 발을 붙일 수 있는 곳에 두신다면, 어찌 한갓 살아서 잊지 않을 뿐이겠습니까? 또한 죽어서도 결초보은할 것입니다.

某는 生計素拙하야 未免貧困일세 東西流落하야 便若飄蓬이라 兄은 素富

---

22 暗燭 : 두주頭註에 "상대가 나를 돕는 것이 마치 캄캄한 밤의 촛불과 같아서 헤매는 길을 가리켜준다.〔彼之助我가 如暗夜之燭하야 可以指迷路라〕"라고 하였다.

23 佛手 : '부처의 손'을 이르는 말로, '불佛'자는 '복福'자와 발음이 유사하여 복의 상징으로 여겼다.

24 雲手 : '나운수拏雲手'의 줄임말로, 매우 뛰어난 솜씨를 이른다.

25 口角春風 : '남을 칭찬하여 추켜세움'을 이르는 말로, 두주頭註에 "봄바람은 만물을 도와서 이루어주고 말은 입에서 나오니, 말로 돕기를 마치 봄바람이 만물을 도와서 이루어주는 것과 같다는 말이다.〔春風은 助成百物이요 言語는 出自口하니 謂以言語相助를 如春風之助成百物也라〕"라고 하였다.

急人之風하야 貽厥芳名이 前後藉藉하니 幸須賜我汲綆하야 俾有着足之處하면 豈徒生而不忘而已리오 抑亦死且結草호리라

○ 모某는 졸업하고 나서 쓰일 길이 없어 근년 이래로 실망하여 초췌함을 견디지 못하겠습니다. 생각건대 우리 형과는 평소 밀접하게 사귀고 있으니, 저를 위해 추천을 해주시겠습니까. 간절히 바랍니다.

某는 一自卒業으로 需用無路하야 年來潦倒에 憔悴不堪이라 緬想吾兄은 素叨交好하니 不知肯爲我吹噓否아 至望至望

○ 칭찬을 아끼지 마시고 다 죽어가는 목숨을 구해주십시오.

幸不惜口角春風하야 以救幾死之命하라

○ 호의를 베풀어 주시어 친구를 구제하여 주십시오.

望乞垂靑하야 以濟故知하라

○ 서강의 물을 길어다 수레바퀴 자국에 고인 물에 있는 붕어를 살려주십시오.

幸汲引西江之水하야 以活轍鮒[26]하라

○ 당신의 큰 도움 덕분에 일은 과연 뜻을 이루었으니, 살아서나 죽어서나 모두 감사합니다.

幸賴鼎力하야 事果遂意하니 抑生死共且感恩이라

○ 캄캄한 밤에 촛불을 드리워 제가 길을 잃지 않게 하시니, 어찌 감사함이 끝이 있겠습니까?

幸垂暗燭하야 俾我不至失路하니 感荷何旣아

---

26 轍鮒 : 수레바퀴 자국에 고인 얕은 물속에서 숨을 헐떡이는 붕어를 이르는 '학철부어涸轍鮒魚'의 줄임말로, 곤경에 처해서 다급하게 구원을 요청하는 사람을 말한다. 《장자莊子》〈외물外物〉에 나온다.

12-15 소식을 잇는 부문〔續音門〕

존장〔尊丈〕

○ 답장을 주시어 성대하신 말씀을 아끼지 마십시오. 乞賜覆敎 勿靳盛咳

집사와 노형〔執事及老兄〕

○ 공손히 회답을 기다리겠습니다. 恭俟回音

○ 훌륭하신 가르침을 아끼지 마십시오. 勿吝盛誨

○ 때때로 옥음을 주십시오. 時賜玉音[27]

평교〔平交〕

○ 옥음을 멀리하지 마십시오. 勿遐玉音

○ 저에게 좋은 소식을 주십시오. 惠我好音

시생과 수하간에 통용〔侍生及手下通用〕

○ 이렇게 답장을 청하네. 玆請回照

○ 다시 편지를 기다리네. 更祈示音

---

27 玉音 : 두주頭註에 "금옥 같은 아름다운 목소리를 더하는 것이다.〔益金玉之美音也라〕" 라고 하였다.

◎ 이상은 상대에게 소식을 전하거나 답장을 달라는 말이다.

右는 相對者에게 通信하야달나 或答候하야달나하는 語니

사례

○ 우편을 통해 답장을 주십시오.

幸因羽便하야 乞賜覆教하라

○ 오늘 인편이 오니 공손히 회답을 기다립니다.

便來在卽하니 恭俟回音하노라

○ 편지를 때때로 전하니 옥음을 멀리하지 마십시오.

鱗鴻[28]時通하니 無遐玉音하라

○ 봄바람을 통해 저에게 좋은 소식을 전해주십시오.

乞因東風하야 惠我好音하라

---

28 鱗鴻 : '편지'를 이르는 말이다. 한漢나라의 소무蘇武가 흉노匈奴의 땅에서 비단에 쓴 편지를 기러기의 발에 매어 무제武帝에게 보냈다는 고사와, 옛날 사람이 먼 곳에 두 마리의 잉어를 보냈는데 그 뱃속에서 흰 비단에 쓴 편지가 나왔다는 고사에서 유래하였다.

12-16 승낙에 대한 부문〔承諾門〕

존장〔尊丈〕

○ 금락金諾　○ 성락盛諾

집사와 노형〔執事及老兄〕

○ 총락寵諾　○ 부윤俯允

평교〔平交〕

○ 중락重諾　○ 혜락惠諾

시생과 수하〔侍生及手下〕

○ 개윤慨允　○ 쾌윤快允

◎ 이상은 상대의 허락에 대한 대명사이다.

右는 相對者의 許諾의 代名詞[29]니

사례

○ 공손히 승낙을 기다려 시행여부를 도모하겠습니다.

恭俟金諾하야 以圖行止하노라

---

29 代名詞 : 저본에는 '名詞'로 되어 있으나, 문맥을 살펴 '代名詞'로 바로잡았다.

○ 모사某事는 반드시 허락을 기다린 뒤에 착수할 계획입니다.

某事는 必待俯允하야 然後着手伏計라

○ 모사某事는 허락하시는지요?

某事는 其肯惠諾否

○ 모우某友는 그 사이에 이미 허락을 받은 덕분에 생계를 꾸리고 있습니다.

某友가 間已慨允하야 賴以經營生意라

12-17 상대가 있는 곳에 대한 부문〔貴所門〕

존장〔尊丈〕

○ 문병門屛 ○ 문하門下 ○ 문정門庭

보통〔普通〕

○ 헌병軒屛 ○ 귀헌貴軒 ○ 귀장貴庄 ○ 선장仙庄

○ 귀제貴第

소활〔疏闊〕

○ 귀변貴邊 ○ 나변那邊 ○ 좌우座右 ○ 지실芝室

○ 헌비軒扉

고등관〔高等官〕

○ 담부潭府 ○ 숭계崇階 ○ 태헌台軒

◎ 이상은 상대가 사는 곳의 대명사이다.

右는 相對者 住所의 代名詞라

사례

○ 지난번 댁을 찾아갔었는데 만나 뵙지 못하였습니다.

向晉門屛하야 未獲拜謁

○ 어제 귀댁으로 찾아가 맑은 가르침을 받았습니다.

昨造貴軒하야 穩承淸誨[30]

○ 한 친구가 귀댁에서 와서 비로소 모모某某의 소식을 들었습니다.

一友人이 自貴邊來하야 始承某某之報

○ 귀댁의 농사 형편은 요사이 어떻습니까?

那邊農形은 近果如何오

---

30 穩承淸誨 : 저본에는 '蘊承淸誨'로 되어 있으나, 문맥을 살펴 '蘊'을 '穩'으로 바로잡았다.

12-18 관용적으로 쓰는 글자를 응용하는 부문 〔慣字應用門〕

하나〔一〕

○ 복伏 ○ 부俯 ○ 하下 ○ 왕枉
○ 혜惠

둘〔二〕

○ 앙仰 ○ 소溯 ○ 하下

셋〔三〕

○ 약하若何 ○ 여하如何 ○ 하여何如 ○ 하사何似
○ 하약何若

넷〔四〕

○ 부否 ○ 호乎 ○ 재哉 ○ 야耶
○ 여歟

다섯〔五〕

○ 야也

◎ 이상은 서찰에 관용적으로 쓰는 글자이니, 서간에서는 남을 높이고 자신을 낮추는 것을 본래의 뜻으로 삼기 때문에 말을 선택할 때 혹시라도 부주의하면 공손하지 못한 행동을 저지르게 된다. 세속의 말에 '지나친 공손은 예가 아니다.'라고는 하지만, 차라리 지나치게 공손한 것이 낫지 공손하지 못한 일을 저지르는 것은 불가하다. 사소한 문자와 말로 남의 감정을 야기하는 것은 대단히 불가하니 주의해야 한다.

右는 書札에 慣用하는 字이니 書簡은 尊人卑己로 本旨를 作하는 故로 措語時에 或不注意하면 不恭에 便涉하나니 俗語에 過恭이 非禮라 云하나 寧過恭할지언정 不恭에 涉함은 不可하니 些少한 文字와 句語에 因하야 人의 感情을 惹起함은 大히 不可하니 注意할지어다

○ '복'자는 상대에 대하여 자기의 낮음을 드러내는 것이다. 바로 상대는 높고 자신은 낮다고 인식하기 때문에 '낮은 사람이 높은 사람에게 굴복한다.'는 뜻이니, '복승·복걸·복순·복송·복축' 등의 모든 글자는 모두 이러한 뜻을 포함한다.

伏字는 相對者에 對하야 自己의 卑屈함을 表함이니 卽彼尊我卑라 認하는 故로 卑者가 尊者에게 向하야 屈伏하는 意니 如伏承·伏乞·伏詢·伏悚·伏祝等一切字는 皆此意를 含함이라

○ '부'자는 바로 상대의 위치가 자신보다 존귀하다고 인식하기 때문에 상대에 대해 '자기의 몸을 앞으로 숙여 수응하라.'는 뜻이니, '부촉·부시·부혜' 등의 '부'자와 같다.

俯字는 卽彼의 位置가 我보다 尊하다 認하는 故로 彼處로 此處에 對하야 其身을 前屈하야 酬應하라는 意니 如俯燭·俯施·俯惠等俯字라

○ '하'자와 '왕'자도 '부'자와 뜻이 같으니, '하림·하교·하촉·하시와'·'왕림·왕존·왕굴' 등과 같다.

下字及枉字도 俯字와 意同하니 下臨·下教·下燭·下示及枉臨·枉存·枉屈等이라

○ '앙'자는 나의 위치가 상대보다 낮다고 인식하기 때문에 높은 곳을 향하여 자신의 머리를 드는 동작을 한다는 의미이니, '앙송·앙번·앙고·앙청' 등과 같다.

仰字는 我의 位置가 彼보다 低함으로 認하는 故로 高處에 向하야 其首를 仰擧動作하는 意味니 如仰頌·仰煩·仰告·仰請等이라

○ '하'자도 '앙'자와 뜻이 같으니 '하회·하정' 등과 같다. 다만 '하'자는 상대와 나 양쪽 모두 쓰니, '하회·하정'의 '하'자는 자신을 가리키는 말이고, '하시·하림' 등의 '하'자는 상대방을 가리키는 말이다.

下字도 仰字와 意同하니 下懷·下情等이라 但下字는 兩方으로 用하나니 下懷·下情의 下는 自方을 指하야 云함이라요 下示·下臨 등의 下字는 彼方을 指하야 云함이라

○ '혜'자는 '은'·'사'의 뜻이니, '혜림·혜송·혜량'이라고 할 때의 '혜'자는 은혜의 '혜'자이니, '은혜롭게 왕림하고 전송한다.'는 뜻이고, '하혜·부혜'의 '혜'자는 상대가 '나에게 주다.'는 뜻이다.

惠字는 恩也오 賜也니 如惠臨·惠送·惠諒의 惠字는 恩惠之惠니 謂恩惠로 臨하고 送한다는 意오 下惠·俯惠之惠는 卽彼가 我에게 賜與하는 意라

○ '약하·여하'는 희망하는 말이니, 예컨대 '모사某事를 이렇게 조처하는 것이 어떻습니까?'·'모물某物을 이번 인편에 보내는 것이 어떻습니까?'라는 등의 종류이다. 다만 존장에게는 '약하' 외에 '여하'는 써서는 안 되니, 거만함에 가깝기 때문이다. '하여·하사·하약'은 의문사이니, 예컨대 '모모某某 일의 상황은 요사이 어떠합니까?'·'어떠합니까?'·'기력은 어떻습니까?'·'기거는 어떠하십니까?' 등과 같은

종류다. 다만 존장에게는 '하사' 외에 '하여'는 쓸 수 없다.

若何·如何는 希望語니 如某事를 如是如是調處가 若何오·某物을 此便에 付送이 如何等類니라 但尊丈에게는 若何外에 如何는 不可用이니 近於傲慢故니라 何如·何似·何若은 疑問辭니 如某某事狀은 間果何如오 或何似오 氣力이 何如오 或起居何似等類라 但尊丈에게는 何似外에 何如는 不可用이니라

○ '부·호·재·야·여'는 말끝에 두는 의문사이니, 존장에게는 '부'자 외에 '호·재·야·여' 등과 같은 글자는 써서는 안 된다. 예컨대 '댁내가 모두 평안하십니까?〔否〕'·'병은 그간에 나았습니까?〔否〕' 등과 같은 종류니 이 '부'자 대신 '호·야' 등의 글자를 쓰면 안 된다.

否·乎·哉·耶·歟는 語尾에 措하는 疑問詞니 尊丈에게는 否자 外에 乎·哉·耶·歟等字는 不可用이니 如宅內가 竝萬康否아 愼候는 間果勿藥否아 等類니 若此否字代에 乎·耶等字를 用하면 不可하니라

○ '야'자는 서찰에 쓰면 명령어가 되는 곳이 있다. 예컨대 '모사某事는 이렇게 조처하십시오.'·'모물某物은 소략함을 망각하고 보내니 웃으면서 받아주십시오.' 등과 같은 종류이니 이러한 경우에는 '희망'에 해당하는 말 대신 사용한 것이니, 수하가 아니면 쓸 수 없다. 이는 바로 명령하는 말에 가깝기 때문이다.

也字는 書札에 用하면 命令辭로 되는 處가 有하니 如某事는 如是如是調處也·某物을 忘略送之하니 笑領也等類니 如是한 境遇에는 希望語의 代로 用함이니 手下가 아니면 不可用이라 卽命令에는 近한 故니라

13. 칭호류 일람[1]

13-1 친족들 간의 칭호류〔親屬稱呼類〕

	자기 친족들 가운데 살아 있는 사람들을 부르는 호칭〔己의 親屬生存者의 稱呼〕	남의 친족들 가운데 살아 있는 사람들을 부르는 호칭〔人의 親屬生存者의 稱呼〕	자기 친족들 가운데 죽은 사람을 부르는 호칭〔己의 親屬死亡者의 稱呼〕	남의 친족들 가운데 죽은 사람을 부르는 호칭〔人의 親屬死亡者의 稱呼〕	가족끼리 편지를 보낼 때 사용하는 호칭〔家族相互間 書札上 稱呼〕
아버지〔父〕	가친家親·노친老親·가엄家嚴·엄친嚴親·가군家君	춘부장春府丈·춘장春丈·춘당春堂·대정大庭	선인先人·선친先親·선고先考	선장先丈·선부장先府丈·선대인先大人·선부군先府君	부주父主
어머니〔母〕	가자家慈·노자老慈·자친慈親[2]·자위慈闈·자정慈庭·노모老母	훤당萱堂·북당北堂·훤위萱闈·대부인大夫人·자당慈堂	선비先妣·선자先慈·선모친先母親	선대부인先大夫人	자주慈主
아들〔子〕	미독迷督 : 큰 아들〔長子〕·가아家兒·가돈家豚·미돈迷豚·미아迷兒	자사子舍·윤사允舍·윤군允君·영윤令允·현윤賢允·윤랑允郞·윤우允友·윤형允兄			자子·남男·차자次子·차남次男·차아次兒·장아長兒·장남長男
딸〔女〕	비식鄙息·비녀鄙女·비하녀鄙何女·유녀幼女	영애令愛·영규令閨			
며느리〔子婦〕	하자부何子婦·자부子婦·비식鄙媳	영자부令子婦			
할아버지〔祖父〕	왕부王父·조부祖父	왕존장王尊丈·왕부장王府丈·존조부장尊祖父丈	선조고先祖考·선왕부先王府·선왕부先王父	선조부장先祖父丈·선왕고장先王考丈·선왕대인先王大人	조부주祖父主

1 칭호류 일람 : 저본에는 없으나, 편의상 구분하기 위하여 보충하였다.

2 慈親 : 저본에는 '子親'으로 되어 있으나, 문맥을 살펴 '子'를 '慈'로 바로잡았다.

	자기 친족들 가운데 살아 있는 사람들을 부르는 호칭〔己의 親屬生存者의 稱呼〕	남의 친족들 가운데 살아 있는 사람들을 부르는 호칭〔人의 親屬生存者의 稱呼〕	자기 친족들 가운데 죽은 사람을 부르는 호칭〔己의 親屬死亡者의 稱呼〕	남의 친족들 가운데 죽은 사람을 부르는 호칭〔人의 親屬死亡者의 稱呼〕	가족끼리 편지를 보낼 때 사용하는 호칭〔家族相互間 書札上 稱呼〕
할머니〔祖母〕	왕모王母·조모祖母	존왕대부인尊王大夫人·존조모尊祖母	선왕모先王母·선조모先祖母·선조비先祖妣	선왕대부인先王大夫人·선존조비先尊祖妣	조모주祖母主
손자〔孫〕	손아孫兒·장손長孫·차손次孫·모손某孫	영포令抱·영손씨令孫氏·영모포令某抱·현포賢抱·인포麟抱			손孫·술손述孫
숙부叔父	사숙舍叔·숙부叔父·백부伯父·중부仲父·계부季父	완장阮丈·백완장伯阮丈·중완장仲阮丈·계완장季阮丈	선백부先伯父·선중부先仲父·선계부先季父	선완장先阮丈·선백부장先伯父丈·선중부장先仲父丈·선계부장先季父丈·선숙부장先叔父丈	사숙舍叔
조카〔侄〕	사질舍侄·질아侄兒·차질次侄·비질鄙侄	영함씨令咸氏·영질씨令侄氏·현질씨賢侄氏·귀함씨貴咸氏			사질舍侄
형兄	사백舍伯·사중舍仲·사형舍兄	백씨伯氏·중씨仲氏·영백씨令伯氏·영중씨令仲氏	선사백先舍伯·선중형先仲兄	선백씨장先伯氏丈·선중씨장先仲氏丈	백형주伯兄主
아우〔弟〕	사계舍季·가제家弟·아제阿弟·아계阿季·기제幾弟	영계씨令季氏·영제씨令弟氏	망제亡弟	선계씨先季氏·선제씨先弟氏	사형舍兄·사제舍弟
종숙從叔	비종숙鄙從叔·비당숙鄙堂叔	종완장從阮丈·종숙부장從叔父丈·당완장堂阮丈	선종숙先從叔·선당숙先堂叔	선종완장先從阮丈·선당숙장先堂叔丈	종숙주從叔主
당질堂侄	비종질鄙從侄·비당질鄙堂侄	영당함씨令堂咸氏·영종질씨令從侄氏			종질從侄·당질堂侄
종형從兄	비종형鄙從兄·비종씨鄙從氏·비종백鄙從伯	영종씨令從氏·영종백씨令從伯氏	선종씨先從氏·선종백씨先從伯氏·선당형先堂兄	선종백씨장先從伯氏丈·선종씨장先從氏丈	종형주從兄主
종제從弟	비종제鄙從弟·종아從阿	영종씨令從氏·현종씨賢從氏			종제從弟
항렬에 따른 종조손간〔隨行從祖孫間〕	비족조鄙族祖	귀족조貴族祖			기종조주幾從祖主·기종손幾從孫

<table>
<tr><th></th><th>자기 친족들 가운데 살아 있는 사람들을 부르는 호칭〔己의 親屬生存者의 稱呼〕</th><th>남의 친족들 가운데 살아 있는 사람들을 부르는 호칭〔人의 親屬生存者의 稱呼〕</th><th>자기 친족들 가운데 죽은 사람을 부르는 호칭〔己의 親屬死亡者의 稱呼〕</th><th>남의 친족들 가운데 죽은 사람을 부르는 호칭〔人의 親屬死亡者의 稱呼〕</th><th>가족끼리 편지를 보낼 때 사용하는 호칭〔家族相互間 書札上 稱呼〕</th></tr>
<tr><td>항렬에 따른 족숙〔隨行族叔〕</td><td>비족숙鄙族叔·비족질鄙族侄</td><td>귀족숙貴族叔·귀족장貴族丈·영족씨令族氏·귀족貴族</td><td></td><td></td><td>기족숙주幾族叔主·기족질幾族侄</td></tr>
<tr><td>족조손 호칭〔族祖孫稱〕</td><td>비족조鄙族祖·비족손鄙族孫</td><td></td><td></td><td></td><td>족조주族祖主·족대부주族大父主·족손族孫</td></tr>
<tr><td>항렬에 따른 형제〔隨行兄弟〕</td><td></td><td></td><td></td><td></td><td>기종형주幾從兄主·기종제幾從弟</td></tr>
<tr><td colspan="6">무릇 서찰에 4촌 밖으로 10촌까지 형벌 되는 사람에게는 오직 몇 번째 '종從'이라고 하지 '형兄'자를 쓰지 않고, 할아버지벌〔祖〕되거나 아지씨벌〔叔〕되는 사람에게는 마땅히 몇 번째 종조從祖나 몇 번째 종숙從叔이라고 쓰고, 연월年月 아래에 일률적으로 작은 글자로 쓰는 것이 서식에 합당할 듯하다. 그밖에 항렬이 낮은 사람은 항렬에 따라 '족제族弟·족질族侄·족손族孫'이라고 하고, 항렬이 높은 사람에게는 통칭 '족종族從'이라고 하고, 일률적으로 이름을 쓰며 동족 중에 나이가 나보다 많지만 항렬이 나보다 낮은 사람에게는 통칭 '족장族丈'이라고 하고, 족조族祖나 족숙族叔을 막론하고 항렬에 낮은 사람에게는 자신을 '족종族從'이라고 칭한다. 같은 종친이지만 족보를 함께하지 않는 사람이면 '종하생宗下生·종생宗生·종말宗末'이라고 칭한다.

凡於書札에 四寸以外는 至于十寸까지 爲兄者는 惟稱幾從而不書兄字하고 爲祖爲叔者는 當書幾從祖幾從叔하고 年月下에 一例書小字가 恐合書式이오 此外行下者는 隨行하야 稱族弟·族侄·族孫하고 行高者는 統稱族從하고 一例書名하며 同族中에 年高於己하되 行下於我어든 統稱族丈하고 無論族祖族叔하고 行下者에 對하야 自稱曰 族從이오 同宗不同譜하면 稱宗下生·宗生·宗末이니라</td></tr>
<tr><td>고모부〔姑夫〕</td><td>비고숙鄙姑叔·비작고鄙作姑</td><td>존고숙장尊姑叔丈·모장某丈</td><td></td><td></td><td>고숙주姑叔主·인숙주姻叔主</td></tr>
<tr><td>고모 姑母</td><td>비고모鄙姑母</td><td>존고모부인尊姑母夫人</td><td></td><td></td><td>고모주姑母主</td></tr>
<tr><td>처질 妻侄</td><td>비고질鄙姑侄·비인질鄙姻侄·부질婦侄</td><td></td><td></td><td></td><td></td></tr>
<tr><td>자부 姊夫[3]</td><td></td><td></td><td></td><td></td><td>자형姊兄·인형姻兄</td></tr>
</table>

3 姊夫 : 저본에는 '妹夫'로 되어 있으나, 문맥을 살펴 '姊夫'로 바로잡았다.

	자기 친족들 가운데 살아 있는 사람들을 부르는 호칭[己의 親屬生存者의 稱呼]	남의 친족들 가운데 살아 있는 사람들을 부르는 호칭[人의 親屬生存者의 稱呼]	자기 친족들 가운데 죽은 사람을 부르는 호칭[己의 親屬死亡者의 稱呼]	남의 친족들 가운데 죽은 사람을 부르는 호칭[人의 親屬死亡者의 稱呼]	가족끼리 편지를 보낼 때 사용하는 호칭[家族相互間 書札上 稱呼]
처제妻弟					부제婦弟·인제姻弟
여러 숙모[諸叔母]	사백모舍伯母·사중모舍仲母·사계모舍季母·사숙모舍叔母	존백모부인尊伯母夫人·존숙모부인尊叔母夫人	선백모先伯母·선숙모先叔母	왼쪽과 동일함[左同]	백모주伯母主·중모주仲母主·계모주季母主·숙모주叔母主
수嫂	형수兄嫂·중수仲嫂·제수弟嫂	존수씨부인尊嫂氏夫人·영수씨부인令嫂氏夫人	선수씨先嫂氏·망수씨亡嫂氏		구수씨丘嫂氏[4] : 형이 죽고 형수가 살아 있는 경우[兄亡嫂在]·형수씨兄嫂氏·중수씨仲嫂氏·제수씨弟嫂氏
자매姊妹	자씨姊氏·매아妹阿	영자씨令姊氏·영매씨令妹氏			자기보다 나이가 많으면 '자주姊主'라고 하고, 나이가 적으면 '매아妹阿'라고 한다.[年上曰 姊主 年下曰 妹阿]
외할아버지와 외할머니[外祖父母]	외조부外祖父·외조모外祖母	존외조尊外祖·존외조모尊外祖母			외조부주外祖父主·외조모주外祖母主
외손外孫	비외손鄙外孫	현외손賢外孫·영외기손令外幾孫			외손外孫
외숙부모[外叔父母]	비외숙鄙外叔·비표숙鄙表叔·비외숙모鄙外叔母	존외숙장尊外叔丈·위양장渭陽丈·귀표숙貴表叔·외완장外阮丈·존외숙모尊外叔母			내구주內舅主·외숙주外叔主·표숙주表叔主

4 丘嫂氏 : '구수丘嫂'에 대해서는 여러 가지 설이 있다. 응소應劭는 구丘를 성姓이라 하였고, 맹강孟康은 공空의 뜻으로 "형은 죽었는데, 공연히 형수만 있다.[兄亡空有嫂也]"라 하여 과부 형수로 보았고, 《한서漢書》에는 '구수'를 거수巨嫂, 즉 맏형수로 보았다.

	자기 친족들 가운데 살아 있는 사람들을 부르는 호칭〔己의 親屬生存者의 稱呼〕	남의 친족들 가운데 살아 있는 사람들을 부르는 호칭〔人의 親屬生存者의 稱呼〕	자기 친족들 가운데 죽은 사람을 부르는 호칭〔己의 親屬死亡者의 稱呼〕	남의 친족들 가운데 죽은 사람을 부르는 호칭〔人의 親屬死亡者의 稱呼〕	가족끼리 편지를 보낼 때 사용하는 호칭〔家族相互間 書札上 稱呼〕
생질甥侄	생질甥侄	현생질賢甥侄			생질甥侄
외종형제外從兄弟					내형주內兄主·내종제內從弟
내종형제內從兄弟					표형주表兄主·외종제外從弟
이모와 이질〔姨母及姨侄〕					이숙주姨叔主·이모주姨母主
이종형제姨從兄弟					이종형주姨從兄主·이자씨姨姊氏·이종제姨從弟·이성異姓인 4촌 이외는 모두 '척戚'이라고 칭한다.〔異姓四寸以外는 皆稱戚〕
아내〔妻〕	형처荊妻·실인室人·내자內子	현합賢閤·내상內相·현호賢壺	망실亡室·망처亡妻·고실故室·고처故妻		실인室人·자신을 '부夫'라고 칭한다.〔自稱曰 夫〕
처부모妻父母					외구주外舅主·빙장聘丈·빙모聘母·악장岳丈·악모주岳母主
사위〔婿〕	교객嬌客	옥윤玉潤			외생外甥·장인이 자신을 칭할 때는 '부옹婦翁'이라고 한다.〔丈人自稱曰 婦翁〕

13-2 병에 걸렸을 때의 칭호류〔疾病時稱呼類〕

<table>
<tr><th></th><th>자기에 관해 병이 걸렸을 때의 칭호
〔自己에 關한 疾病時 稱呼〕</th><th>남에 관해 병이 걸렸을 때의 칭호
〔他人에 關한 疾病時 稱呼〕</th></tr>
<tr><td rowspan="3">부모父母</td><td rowspan="3">친환親患·친제親癠·친병親病·자제慈癠 : 어머니의 병〔母病〕</td><td>색우色憂·탕절湯節·탕환湯患 : 아버지와 어머니에 통용한다.〔父母通用〕</td></tr>
<tr><td>대정환후大庭患候·춘당환절春堂患節·대정신후大庭愼候 : 아버지의 경우 쓴다.〔父用〕</td></tr>
<tr><td>북당환후北堂患候·훤위신후萱闈愼候 : 어머니의 경우 쓴다.〔母用〕</td></tr>
<tr><td rowspan="3">자기 자신
〔己身〕</td><td>미신微愼·미양微恙·천양賤恙·천질賤疾·미수微祟·신우薪憂·천우賤憂 : 보통普通</td><td>환절患節·환후患候·조후調候 : 존장尊丈</td></tr>
<tr><td>침아沈痾·고황지질膏肓之疾 : 중병〔病重〕</td><td>신절愼節·신후愼候·미신美愼 : 보통普通</td></tr>
<tr><td>숙증宿症·숙수宿祟 : 오랜 병〔久病〕</td><td>소신所愼 : 시생侍生</td></tr>
<tr><td>아내〔妻〕</td><td>형우荊憂·내우內憂·내환內患·실우室憂·처병妻病·처우妻憂</td><td>합환閤患</td></tr>
<tr><td>아들〔子〕</td><td>아우兒憂·아환兒患</td><td>유우惟憂</td></tr>
<tr><td>조카〔侄〕</td><td></td><td>십기지우十起之憂</td></tr>
<tr><td>자매姊妹</td><td></td><td>연수지우燃鬚之憂</td></tr>
</table>

13-3 시하 칭호류〔侍下稱呼類〕

○ 중시하重侍下 : 조부모를 모실 경우〔祖父母侍下〕
○ 구경하具慶下 : 부모가 모두 살아 계실 경우〔父母俱存〕
○ 엄시하嚴侍下 : 어머니가 돌아가시고 아버지가 살아 계실 경우〔母沒父存〕
○ 자시하慈侍下 : 아버지가 돌아가시고 어미지가 살아 계실 경우〔父沒母存〕
○ 영감하永感下 : 부모가 모두 돌아가셨을 경우〔父母具沒〕

13-4 가족공동 칭호류〔家族共同稱呼類〕

자기의 가족에 대한 공동칭호〔己의 家族公同 稱呼〕	남의 가족에 대한 공동칭호〔人의 家族公同 稱呼〕
혼솔渾率·혼비渾庇·혼권渾眷·혼가渾家·혼실渾室·권솔眷率·권비眷庇·가내家內·가중家中·거가擧家·거실擧室·담비覃庇·제상諸狀	댁내제절宅內諸節·대소댁제절大小宅諸節 : 존장尊丈 보담寶覃·대도大度·담절覃節·합절閤節·합담閤覃·보합寶閤 : 보통普通
부모님을 모시고 있으면 시하侍下에 대한 인사를 먼저 하고, 다음에 본 칭호에 해당하는 말을 쓰라.〔侍下어든 侍下人事를 先述하고 次에 本稱號語를 用하라〕	사람의 안부를 먼저 묻고, 다음에 본 칭호에 해당하는 말을 쓰라.〔人의 起居를 先問하고 次에 本稱呼語를 用하라〕

13-5 사제간 칭호류〔師弟間稱呼類〕

선생의 칭호〔先生의 稱〕	제자의 칭호〔弟子의 稱〕
함장函丈·선생先生·장석丈席	문하생門下生·문생門生·소자小子·시교생侍敎生

13-6 노비 칭호류〔奴婢稱呼類〕

자기의 노비〔己의 奴婢〕	남의 노비〔人의 奴婢〕
미노迷奴·가비家婢·소해小奚	귀성貴星·귀팽貴伻·귀개貴价·여사女使·거사蘧使

부 록

색인 범례

1. 색인의 대상

본 색인은《신식新式 비문척독備文尺牘》의 본문本文을 대상으로 하였으며, 목차目次를 포함하였다.

2. 색인 작성 방법

1) 색인어는 역자譯者 주석을 제외한 본문의 모든 항목을 포함하였다.

2) 본문의 중요한 어휘와 구두를 색인어로 추출하였다.

3. 색인 배열 및 표시

1) 본문과 목차에 있는 표제자의 독음讀音을 한글 가나다 순서에 따랐으며, 두음법칙을 적용하여 배열하였다.

2) 각 색인어의 가나다 순서에 따라 정리하였다.

예) 可呵可呵 83 家內 316

3) 색인어의 위치는 아라비아숫자로 책의 면수面數를 표기하였다.

예) 感荷 70, 76, 98, 276, 277, 278, 285, 299

4) 동일한 색인어는 '——'를 사용하여 생략하였다.

예) 恪詢 108, 239 ——兹際 239

5) 목차색인의 경우, 소제목을 대표하는 대제목에는 '(大)'라고 표기하였다. 나머지는 대제목에 종속된 소제목이다.

예) 答候舒慰例 4, 97(大) 萬安門 : 丙 5, 161

목차색인

종합색인

【ㄱ】

【ㅂ】

【ㅅ】

【ㅇ】

【ㅋ】

【ㅌ】

【ㅍ】

【ㅎ】

역자 소개

박상수朴相水

檀國大學校 漢文學科 박사과정 수료

韓國古典飜譯院 연수부 및 일반연구부 수료

國史編纂委員會 초서 기초과정 및 고급과정 수료

溫知書堂 한문 수학

檀國大學校 漢文教育科 강사

檀國大學校 東洋學研究所 전문위원

韓國漢文學會 출판이사

語文政策正常化推進會 사무국장

傳統文化研究會 연구위원(현)

저역서

《간찰, 선비의 일상》, 《고시문집古詩文集》, 《다천유고茶泉遺稿》, 《붓 끝에 담긴 향기》, 《구소수간歐蘇手簡》, 《동국명현유묵東國名賢遺墨》, 《동작금석문집銅雀金石文集》, 《미국 와이즈만 미술관 한국 문화재 도록》, 《사문수간師門手簡》, 《사상세고沙上世稿》, 《서포일기西浦日記》, 《아언각비雅言覺非》, 《습재집習齋集》, 《오가보첩吾家寶帖》, 《왕양명 집안 편지》, 《율곡 친필 격몽요결》, 《주자, 스승 이통과 학문을 논하다》, 《초간독草簡牘》, 《퇴계 편지 백 편》, 《항전척독杭傳尺牘》, 《한문독해첩경-문학편》, 《한문독해첩경-사학편》, 《한문독해첩경-철학편》, 《중국의 음식디미방》 외 다수

전통문화연구회 도서목록

新編 基礎漢文教材

- 新編 四字小學·推句 고전교육연구실 編譯 11,000원
- 新編 啓蒙篇·童蒙先習 고전교육연구실 編譯 11,000원
- 新編 明心寶鑑 李祉坤·元周用 譯註 15,000원
- 新編 擊蒙要訣 咸賢贊 譯註 12,000원
- 新編 註解千字文 李忠九 譯註 13,000원
- 新編 原文으로 읽는 故事成語 元周用 編譯 15,000원
- 新編 唐音註解選 權卿相 譯註 22,000원

漢文讀解捷徑시리즈

- 漢文독해 기본패턴 고전교육연구실 著 15,000원
- 四書독해첩경 고전교육연구실 著 20,000원
- 한문독해첩경 文學篇 朴相水 李和春 李祉坤 元周用 著 15,000원
- 한문독해첩경 史學篇 朴相水 李和春 李祉坤 元周用 著 15,000원
- 한문독해첩경 哲學篇 朴相水 李和春 李祉坤 元周用 著 15,000원

東洋古典國譯叢書

- 大學·中庸集註 - 개정증보판 成百曉 譯註 10,000원
- 論語集註 - 개정증보판 成百曉 譯註 27,000원
- 孟子集註 - 개정증보판 成百曉 譯註 30,000원
- 詩經集傳 上·下 成百曉 譯註 各 35,000원
- 書經集傳 上·下 成百曉 譯註 各 35,000원
- 周易傳義 上·下 成百曉 譯註 各 40,000원
- 小學集註 成百曉 譯註 30,000원
- 古文眞寶 後集 成百曉 譯註 32,000원

五書五經讀本

- 論語集註 上·下 鄭太鉉 譯註 各 25,000원
- 孟子集註 上·下 田炳秀·金東柱 譯註 各 30,000원
- 大學·中庸集註 李光虎·田炳秀 譯註 15,000원
- 小學集註 上·下 李忠九 外 譯註 各 25,000원
- 詩經集傳 上·中·下 朴小東 譯註 各 30,000원
- 書經集傳 上·中·下 金東柱 譯註 各 30,000원
- 周易傳義 元·亨·利·貞 崔英辰 外 譯註 各 30,000원
- 詳說古文眞寶大全後集 上·下 李相夏 外 譯註 各 32,000원
- 春秋左氏傳 上·中·下 許鎬九 外 譯註 各 36,000원~38,000원
- 禮記 上·中·下 成百曉 外 譯註 各 30,000원

東洋古典譯註叢書

〈經部〉

- 十三經注疏
  - 周易正義 1~4 成百曉·申相厚 譯註 各 30,000원~40,000원
  - 尙書正義 1~7 金東柱 譯註 各 25,000원~36,000원
  - 毛詩正義 1~6 朴小東 外 譯註 各 32,000원~37,000원
  - 禮記正義 中庸·大學 李光虎·田炳秀 譯註 20,000원
  - 論語注疏 1~3 鄭太鉉·李聖敏 譯註 各 25,000원~40,000원
  - 孟子注疏 1~2 崔彩基·梁基正 譯註 各 30,000원
  - 孝經注疏 鄭太鉉·姜珉廷 譯註 35,000원
  - 周禮注疏 1~2 金容天·朴禮慶 譯註 30,000원
- 春秋左氏傳 1~8 鄭太鉉 譯註 各 18,000원~35,000원
- 禮記集說大全 1~2 辛承云 外 譯註 各 25,000원~30,000원
- 東萊博議 1~5 鄭太鉉·金炳愛 譯註 各 25,000원~35,000원
- 韓詩外傳 1~2 許敬震 外 譯註 各 29,000원~33,000원
- 說文解字注 1 李忠九 外 譯註 35,000원

〈史部〉

- 思政殿訓義 資治通鑑綱目 1~21 辛承云 外 譯註 各 18,000원~35,000원
- 通鑑節要 1~9 成百曉 譯註 各 18,000원~40,000원
- 唐陸宣公奏議 1~2 沈慶昊·金愚政 譯註 各 35,000원~45,000원
- 貞觀政要集論 1~4 李忠九 外 譯註 各 25,000원~32,000원
- 列女傳補注 1~2 崔秉準·孔勤植 譯註 各 30,000원~38,000원
- 歷代君鑑 1~4 洪起殷·全百燦 譯註 各 32,000원~35,000원

〈子部〉

- 近思錄集解 1~3 成百曉 譯註 各 25,000원/35,000원
- 孔子家語 1~2 許敬震 外 譯註 各 35,000원/36,000원
- 老子道德經注 金是天 譯註 30,000원
- 大學衍義 1~5 辛承云 外 譯註 各 26,000원~30,000원
- 墨子閒詁 1~5 李相夏 外 譯註 各 32,000원~38,000원
- 說苑 1~2 許鎬九 譯註 各 25,000원
- 世說新語補 1~4 金鏞玉 外 譯註 各 29,000원~38,000원
- 荀子集解 1~7 宋基采 譯註 各 25,000원~38,000원
- 心經附註 成百曉 譯註 35,000원
- 顏氏家訓 1~2 鄭在書·盧曒熙 譯註 各 22,000원/25,000원
- 揚子法言 1 朴勝珠 譯註 24,000원
- 二程全書 1~4 崔錫起·姜導顯 譯註 各 36,000원~38,000원
- 莊子 1~4 安炳周·田好根 共譯 各 25,000원~30,000원
- 政經·牧民心鑑 洪起殷·全百燦 譯註 27,000원
- 韓非子集解 1~5 許鎬九 外 譯註 各 32,000원~38,000원
- 武經七書直解
  - 孫武子直解·吳子直解 成百曉·李蘭洙 譯註 35,000원
  - 六韜直解·三略直解 成百曉·李鍾德 譯註 26,000원
  - 尉繚子直解·李衛公問對直解 成百曉·李蘭洙 譯註 26,000원
  - 司馬法直解 成百曉·李蘭洙 譯註 26,000원
- 管子 1~2 李錫明·金帝蘭 譯註 各 30,000원
- 列子鬳齋口義 崔秉準·孔勤植·權憲俊 共譯 34,000원

〈集部〉

- 古文眞寶 前集 成百曉 譯註 30,000원
- 唐詩三百首 1~3 宋載卲 外 譯註 各 25,000원~36,000원
- 唐宋八大家文抄 韓愈 1~3 鄭太鉉 譯註 各 22,000원/28,000원
- 〃 歐陽脩 1~7 李相夏 譯註 各 25,000원~35,000원
- 〃 王安石 1~2 申用浩·許鎬九 共譯 各 20,000원/25,000원
- 〃 蘇洵 李章佑 外 譯註 25,000원
- 〃 蘇軾 1~5 成百曉 譯註 各 22,000원
- 〃 蘇轍 1~3 金東柱 譯註 各 20,000원~22,000원
- 〃 曾鞏 宋基采 譯註 25,000원
- 〃 柳宗元 1~2 宋基采 譯註 各 22,000원
- 明淸八大家文鈔 1 歸有光·方苞 李相夏 外 譯註 35,000원
- 〃 2 劉大櫆·姚鼐 李相夏 外 譯註 35,000원

東洋古典新譯

- 당시선 송재소·최경렬·김영죽 편역 22,000원
- 손자병법 성백효 역주 14,000원
- 장자 안병주·전호근·김형석 역주 13,000원
- 고문진보 후집 신용호 번역 28,000원
- 노자도덕경 김시천 역주 15,000원
- 고문진보 전집 上·下 신용호 번역 각 22,000원

동양문화총서

- 동양사상 해설과 원전 정규훈 外 저 22,000원
- 화합의 길 《중용》 읽기 금장태 저 20,000원
- 호설과 시장 신용호 저 20,000원

문화문고

- 경전으로 본 세계종교 그리스도교 이정배 편저 10,000원
- 〃 도교 이강수 편역 10,000원
- 〃 천도교 윤석산·홍성엽 편저 10,000원
- 〃 힌두교 길희성 편역 10,000원
- 〃 유교 이기동 편저 10,000원
- 〃 불교 김용표 편저 10,000원
- 〃 이슬람 김영경 편역 10,000원
- 논어·대학·중용 / 맹자 조수익·박승주 공역 각 10,000원
- 소학 박승주·조수익 공역 10,000원
- 십구사략 1~2 정광호 저 각 12,000원
- 무경칠서 손자병법·오자병법 성백효 역 10,000원
- 〃 육도·삼략 성백효 역 10,000원
- 〃 사마법·울료자·이위공문대 성백효 역 10,000원
- 당시선 송재소·최경렬·김영죽 편역 10,000원
- 한문문법 이상진 저 10,000원
- 한자한문전통교재 조수익·이성민 공역 10,000원
- 士小節 선비 집안의 작은 예절 이동희 편역 12,000원
- 儒學이란 무엇인가 이동희 저 10,000원
- 동아시아의 유교와 전통문화 이동희 저 13,000원
- 현대인, 동양고전에서 길을 찾다 이동희 저 10,000원
- 100자에 담긴 한자문화 이야기 김경수 저 12,000원
- 우리 설화 1~2 김동주 편역 각 10,000원
- 대한민국 국무총리 이재원 저 10,000원
- 백운거사 이규보의 문학인생 신용호 저 14,000원